U0958373

国家自然科学基金面上项目（71673195）
四川省科技厅软科学项目（21RKX0020）
四川农业大学科研双支计划“现代农业产业组织及制度创新研究团队

异质性社员合作收益能力、公平感知与持续合作倾向

Cooperative Profitability, Fair Perception and Continuous Cooperation Tendency of Agricultural Cooperatives' Heterogeneous Members

刘宇荧　傅新红　等◎著

经济管理出版社
ECONOMY & MANAGEMENT PUBLISHING HOUSE

图书在版编目（CIP）数据

异质性社员合作收益能力、公平感知与持续合作倾向/刘宇荧等著 . —北京：经济管理出版社，2021.1
ISBN 978-7-5096-7669-1

Ⅰ.①异…　Ⅱ.①刘…　Ⅲ.①农业合作社—研究—四川　Ⅳ.①F321.42

中国版本图书馆 CIP 数据核字(2021)第 012687 号

组稿编辑：郭　飞
责任编辑：曹　靖　郭　飞
责任印制：赵亚荣
责任校对：王淑卿

出版发行：经济管理出版社
（北京市海淀区北蜂窝 8 号中雅大厦 A 座 11 层　100038）
网　　址：www. E-mp. com. cn
电　　话：（010）51915602
印　　刷：唐山玺诚印务有限公司
经　　销：新华书店
开　　本：720mm×1000mm/16
印　　张：12.75
字　　数：242 千字
版　　次：2021 年 1 月第 1 版　　2021 年 1 月第 1 次印刷
书　　号：ISBN 978-7-5096-7669-1
定　　价：88.00 元

·版权所有　翻印必究·
凡购本社图书，如有印装错误，由本社读者服务部负责调换。
联系地址：北京阜外月坛北小街 2 号
电话：（010）68022974　　邮编：100836

序

合作社是个舶来品。当人们谈及或者讨论合作社时，首先想到的就是1844年在英国罗虚代尔小镇成立的罗虚代尔先锋社。这是由28个成员组成的消费者合作社，最早的形态就是合作商店。他们每人出资1英镑，每个人都几乎平均地参加合作社的劳动，于是，每个成员的出资和投入的劳动量都是相同的，这是典型的同质性合作社。也就是说，在这个经典的合作社里，每个成员对合作社的投入都是相同的。在这种情况下，合作社盈余应该按照怎样的原则进行分配呢？传统的按资本投入或者劳动投入的分配方式显然无效了。在分配理论上，无论是按投入分配，还是按劳动分配，其实质就是按贡献分配。除了股金和劳动，还有什么贡献？对于这个合作社而言，就是交易量了。也就是说，每个成员，谁和合作社的交易量大，谁的贡献就大，因此，按交易量分配最能体现按贡献分配的基本原则，谁都没有意见。实际上，他们的交易量差距也不是很大。在罗虚代尔先锋社基础上发展起来的西方发达国家合作社，不论消费者合作社，还是生产者合作社，其同质性的特征都是比较突出的。

而当前我国的农民专业合作社，大都呈现出较强的异质性特征。主要表现在：①初始资金投入的差异较大。一般情况下合作社的初始资金为理事长或者少数核心社员所投入，一般社员不投入或者投入较少。本人看过一家农民专业合作社的社员账户，总注册资金100万元，几个核心社员97万元，剩下的100多个社员出资3万元。②投入的固定资产差异较大。合作社的固定资产包括办公用房、办公设备等，一般为理事长或者少数核心社员提供。③投入的劳动量差异较大。合作社的经营管理工作通常由理事长或者少数核心社员打理，一般不拿补贴或者很少拿补贴，普通社员很少参与。④交易量差异较大。在种植大户带动的农民专业合作社中，大户的种植面积、产品产量、交易量都远大于一般社员；而在销售大户带动的农民专业合作社，大户则可能没有用于交易的农产品，其作用仅是销售。从上面的分析可以看出，交易量存在的基础是资金、固定资产、劳动等要素的投入，如果合作社盈余主要按照交易量（额）进行分配，显然是极不公平的。一些地方依据《农民专业合作社法》规范专业合作社的发展，把多元化的分配方式调整为主要按照交易量分配，极大地打击了理事长等核心社员的积极性，对合作社的持续发展不利。

基于上述异质性现状，中外农民合作社的运行规则会呈现出极大的差异性，从而引起了国内外大批学者的关注。我们甚至可以说，研究中国农民专业合作社问题，如果舍弃掉异质性现象，则很难把握其本质特征，单纯计量分析的结果就很值得质疑。本人也是从这个角度研究合作社问题的，并主持过国家自然科学基金面上项目“成员异质性、合作社理论创新与农民专业合作社发展政策体系构建（71273267）”，发表了一些成果，但总感觉有很多问题没有说清楚。可喜的是，在合作社研究群体中，青年一代迅速崛起，并以纯熟的现代经济学方法有效弥补了我们这一代人研究的不足，四川农业大学的刘宇荧博士就是其中的佼佼者之一。她在博士学位论文基础上修改而成的《异质性社员合作收益能力、公平感知与持续合作倾向》就是从异质性角度研究合作社问题的优秀成果。

该书基于对四川省 80 个蔬菜种植合作社和 869 份合作社社员问卷，研究社员异质性条件下合作收益能力和公平感知对其持续合作倾向的影响机理，得出了一系列很有意义的结论。该书的主要特点有：一是数据资料翔实可靠。80 份合作社问卷和 869 份合作社社员问卷，需要花费很大的人力、物力和时间，弥足珍贵。二是构建了异质性社员资源禀赋差异性的指标体系，并以此为基础开展后续研究。指标体系可以为之后的研究者所借鉴。三是对计量经济模型的熟练运用，得出了一系列有意义的结论，如在其他条件不变的情况下，高资源禀赋组合作社社员所拥有的合作收益能力比其在低资源禀赋时所能够获得的合作收益能力高。但有意思的是，在核心社员中，高资源禀赋组社员所拥有的合作收益能力并没有显著高于该组拥有较少资源禀赋的社员所能获得的合作收益能力。这个结论是否具有普遍性？值得进一步商榷。科学研究的趣味性正在于此，我们甚至可以说，该书的重要意义之一也在于此。从方法论角度来看，一项研究如果能够开启系列性探讨，研究选题的意义就彰显出来了。本书的选题正是如此。

可能是由于本人也在研究合作社问题，刘宇荧博士的学位论文答辩前，她的导师傅新红教授专门邀请我对其学位论文进行审核。这些年来，专门研究农民专业合作社问题的博士学位论文越来越少了，重要原因之一就是数据资料很难获取。刘宇荧博士知难而进的科研态度和精益求精的科学精神，很值得在当下的博士生中弘扬。其论文中有很多闪光点和创新之处，读者自会领悟，无须赘言。刘宇荧博士邀求本人为其书作序，本人借此机会表达一下看到“后浪”涌来的惶恐和欣喜。希望能够看到刘宇荧博士更多的学术成果，也希望看到农经界更多的青年学者投身到合作经济问题的研究中。

是为序。

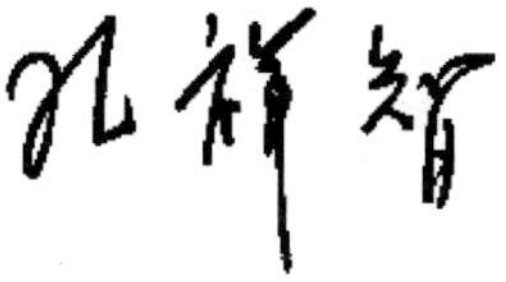

2020 年 12 月 24 日

前　言

农民专业合作社（以下简称合作社）是实现产业兴旺的重要载体，是对接小农户与现代农业的有效媒介。实现合作社可持续发展对促进乡村振兴、实现农业农村现代化具有重要意义。在农村社会分层和农民群体分化的情景下，合作社异质性社员的普遍存在是不争的客观事实。异质性社员在利益诉求、风险偏好、感知判断等方面的差异影响着彼此的合作，最终对合作社的可持续发展形成威胁。本书从异质性社员角度探讨合作收益能力和公平感知对其持续合作倾向的影响，旨在为促进合作社持续发展提供对策建议。

本书研究的核心内容包括：①借鉴期望理论、分配理论、交易成本理论、农户行为理论、资源基础理论和公平理论等多个理论，构建异质性社员“客观收益—主观感知—持续合作倾向”的理论分析框架。②通过梳理中国合作社的发展历程与社员异质性的历史演进，厘清中国合作社异质性社员产生的根源。③笔者组织了对四川省蔬菜种植合作社社员的一对一问卷调查，获取第一手数据资料，在此基础上使用主成分分析、T 检验、调整逆概率加权（IPWRA）等方法展开实证。首先，构建异质性社员资源禀赋评价指标体系，测评异质性社员的资源禀赋，并将其分为高低资源禀赋两组，进而解析两组社员在合作收益能力、公平感知与持续合作倾向方面的差异；其次，在控制了其他因素的影响后，分别分析合作收益能力与公平感知在异质性社员间的差异；再次，剖析异质性社员合作收益能力与公平感知对其持续合作倾向的影响；最后，提出有针对性的对策建议。

本书的主要研究结论如下：①社员异质性是中国合作社发展所必须正面应对的客观实际，突出表现在资源禀赋异质性方面，主要由自然、人力、资金、社会四方面资源构成，并且合作社社员的初始资源禀赋普遍较低。②由社员对合作社的合作贡献以及从合作中获得的合作收益比值架构出的合作收益能力能够正向影响社员的持续合作倾向，对合作过程的公平感知也能正向影响其持续合作，并且两者在作用于持续合作倾向时具有互补效应。③社员合作收益能力和公平感知受到初始资源禀赋的正向影响，这种影响因社员在合作社中的角色以及实际合作维度的不同而存在差异。初始资源禀赋较低的社员若是成为核心社员，或参与合作社的管理其持续合作倾向会显著提升。④合作收益能力与公平感知对资源禀赋不同社员的持续合作倾向提升效果存在差异。对于资源禀赋较低的社员，合作收益能力有一定的提升则能够显著增加其持续合作倾向，但是对于资源禀赋较高的社员而言，只有在合作收益能力足够高时，其持续合作倾向才会有所提升。公平感知对社员持续合作倾向的提升作用，在资源禀赋较低的社员中更为显著。

基于以上研究结论，提出如下对策建议：①以绿色农业为导向，提升合作社的收益能力，增加社员可分配的利益。②优化合作社分配制度，切实维护合作社社员所投要素资源的投资价值，按资源要素投入给予社员回报，保证社员的获利公平。特别地，承认核心管理人员的额外时间、资金等投入，将其纳入合作社利益分配依据。③提升合作社民主决策水平，完善合作社民主决策程序，加强民主决策程序的宣传，强化社员合作的公平体验。有针对性地吸纳和鼓励低资源禀赋农户入股或参与日常管理，承认其对合作社的剩余索取权和剩余控制权。④营造“效率”与“公平”兼顾的合作社制度环境，秉持“以人为本”的原则，构建提升社员合作意识与合作能力的支撑体系。

本书的创新之处在于：①创建了异质性社员“客观收益－主观感知－持续合作倾向”的理论分析框架。多学科理论融合，以利益驱动为核心，将效率与公平结合，把社员的合作收益能力视为短期利益的实现，将社员的主观公平感知视为对长期利益预期的衡量，剖析了两者对持续合作倾向的影响机理，实现了现实利益与预期利益的统一、短期利益与长期利益的结合、持续合作倾向客观因素与主观因素的融合，丰富了合作社理论。②从自然、人力、资金和社会四个资源维度构建了资源禀赋量化指标体系，深入剖析了异质性社员的资源禀赋差异。在吸收既有研究对资源禀赋界定的基础上，构建了合作社社员初始资源禀赋衡量指标体系，量化了社员资源禀赋水平。突破已有文献分析社员异质性时，仅定性地描述社员间资源禀赋的特征差异，而对社员资源禀赋缺乏系统评判的不足。③引入合作社吸纳能力，创新界定合作社社员持续合作倾向的内涵。在衡量社员“持续合作倾向”时不仅考察了社员主观持续合作意愿，而且对社员合作能力、合作社吸纳能力进行了评判，更为准确地反映了社员持续合作的可能性，弥补了已有研究仅用持续合作意愿表示社员持续合作倾向的不足。

合作社源自国外，与中国国情的融合尚在探索之中，关于合作社持续发展、利益机制的研究是颇为庞大的课题，对研究者能力水平要求颇高。由于笔者水平有限，加之撰写时间仓促，书中错误与不足之处在所难免，恳请广大读者批评指正。

目　录

第1章　绪论

小规模家庭经营仍是中国农业的主要经营方式（苑鹏和丁忠兵，2018）。在城镇化和农业现代化的趋势下，合作成为小农户增强谈判能力、融入大市场最重要的方式（张红宇，2018）。将农民组织起来是中国在小农户基础上实现农业现代化的唯一出路（孔祥智和穆娜娜，2018），合作社是农民组织化的核心载体（徐旭初和吴彬，2018）。本章首先介绍本书的背景、目的与意义，然后对相关研究进行梳理，整理研究思路与内容，进而提出适合本书的研究方法，最后尝试总结其可能的创新。

1.1　研究背景与意义

1.1.1　研究背景

中国是农业大国，重农固本是安民之基、治国之要[①]。随着社会主义市场经济的深入发展，国家进一步放开对农产品市场的控制，农民开始独自面对市场竞争。在这个过程中，农民群体深感无力。为了提高农业收入，增加市场谈判能力，农民组建代表自己利益的组织——合作社。改革开放以来，合作社在带动农户进入市场、实现农业现代化发展和盘活农村集体资产等方面发挥着重要作用（孔祥智，2018），已发展成为产业兴旺的重要载体，是新型农业经营主体的骨干力量。2007年《中华人民共和国农民专业合作社法》[②]颁布后，合作社的数量飞速增长，详见图1－1。截至2018年年底，全国依法登记的合作社达217.3万家，

① 2018年9月22日，习近平总书记在首届中国农民丰收节讲道："中国是农业大国，重农固本是安民之基、治国之要。"

② 以下简称《合作社法》。

是 2012 年的 3.15 倍①。

20 世纪 80 年代以来，农村家庭联产承包责任制的实施解放了农村剩余劳动力，农民获得自由选择职业的权利，囿于户籍制度和城乡分割，拥有农村户口的农民开始出现以市场为机制、以职业为基础的分化。随着改革开放深入推进，中国农村发生着巨大的变化，农村劳动力进一步从农业生产中解放出来。伴随着城镇化与工业化的发展，农业人口不断离开土地、农业、农村，涌入城市，成为非农劳动者。由于农村始终是农民的主要生活地和消费地，伴随着农民进城务工，资金资本和技术资本也会从城市流入农村，农民群体进一步分化，显著表现为资本、技术拥有者与土地、劳动力拥有者并存。农民分化意味着农民群体内部从同质格局走向异质状态（高帆，2018），务农群体由单一结构的农村家庭承包户向多元结构并存的全职、兼业小农户与专业化、规模化职业农民演变（徐旭初，2016）。差异化的农民阶层虽然使农村资源得到了优化配置，但也对农民平等地参与市场提出了挑战。

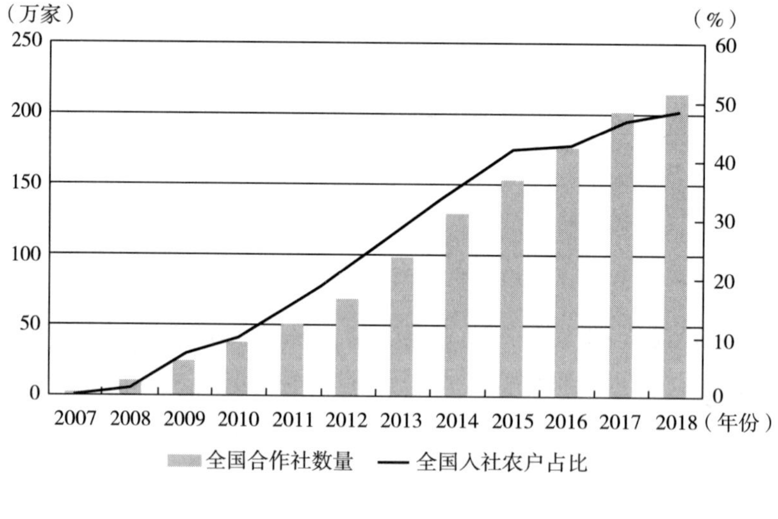

图 1－1　全国合作社数量及入社农户比例

从各地实践来看，合作社的领办者或创办者以生产大户、营销大户、龙头企业等具有一定经济规模和经济实力的主体居多，其次是政府涉农部门、基层管理

① 2019 年中国新型农业经营主体发展分析报告（二）——基于农民合作社的调查和数据［EB/OL］. http：//szb. farmer. com. cn/nmrb/html/2019－02/23/nw. D110000nmrb_20190223_1－07. htm? div =－1. 2019－02－23.

部门和供销社，由小农户自主联合创办的合作社数量偏少（杨军，2014）。根源于农民分化的异质性社员结构是合作社发展不可避免的客观实际，合作社的形成过程使得合作社社员异质性问题在成立初期就比较突出。合作社社员的异质性程度不仅决定着不同利益主体间资源禀赋和利益诉求的差异程度（应瑞瑶等，2016），同时对合作社的产权结构、治理机制和盈余分配机制、发展绩效等也产生着重要影响（王丽佳和霍学喜，2016），甚至可能会引发合作社治理、利益分配和持续发展等难题。合作社也因此受到社会各界的质疑和担忧（邓衡山等，2016；黄宗智，2017）。

西方国家应对异质性农民合作的基本经验是拓展传统合作社理论，优化传统合作社治理机制，其中最具代表性的是20世纪90年代产生于北美地区的新一代合作社（New Generation Cooperatives）。相比于传统合作社，新一代合作社创新性地提出了生产前购买惠顾额，且惠顾额的购买数量须与合作社股份成正比，且可以在社员间进行交易。这一创新承认了社员间的异质性，并且较好地处理了异质性社员在合作社中权责利的关系。但新一代合作社的经验是建立在人少地多、土地私有、农民自我意识较强等客观实际上，这与中国国情不符。因此，在以社员同质性为基础的传统合作社理论缺乏指导力的情况下（徐旭初和吴彬，2017），关于合作社的实践不能仅局限于引入西方的合作社理论或借鉴国外的经验，而必须拓展和创新合作社理论，探索符合中国农业经营户实际的合作道路（楼栋和孔祥智，2014）。

不患寡而患不均。农民的分化蕴含着物质、资金、劳动力等生产资料在农民中分布不均。在同一个组织内部，由初始资源禀赋导致的异质性社员间的投入不均、收益不均、权利不均等更为凸显，这在以公平、平等、合作为口号的合作社中表现得更加突出。根据产权理论，投入不同，其所能享有的剩余索取权和剩余控制权理所应当会有差异。但是，在农民认知有限的情况下，这些不均将带来不公平的感知，这种感知上的不公平将引起异质性社员间的矛盾，特别是弱势社员对强势社员的仇视。而作为理性经济人，强势社员也不会一味地无私奉献，总会想办法更多地占据合作社的剩余控制权和剩余索取权。长此以往，最终影响异质性农民参与合作社的满意度以及参与的积极性。那么，如何提升异质性社员在参与合作社中的公平感知，成为激发异质性社员合作积极性，推动异质性社员持续合作的重要举措。

基于此，中国出台了一系列政策（部分相关政策详见附录），不断对合作社组织进行调整。从国家层面看，21世纪以来共有18个中央一号文件鼓励农业经营户合作、引导合作社发展；从一开始鼓励专业合作社拓展业务范围，到后来鼓励开展不同类型的合作，使其合作领域不断拓宽，合作类型不断丰富。在2017年修订的《合作社法》中，原《合作社法》关于同类农产品或同类农业生产经营服务的限制被取消，表明异质性农民差异化的合作需求已得到政府的高度重视。从地方层面看，四川省政府于2015年先后颁布了一系列与合作社相关的政策意见①，旨在强调支持用水合作社、培训农机专业合作社、推广土地股份合作社、扶持养殖专业合作社等，丰富合作社类型。随后，2017年四川省发布《关于支持新型农业经营主体开展农业社会化服务的指导意见》，强调不仅要大力发展股份合作、社区合作等多种形式的合作社，还特别指出要推动区域合作和同业联合发展，培育壮大合作社②。同时，四川政府相关政策还鼓励工商资本进入农业领域③。不难看出，中国制度设计层已经注意到农业经营户间的异质性，及其关于农业领域合作的多样性要求和异质性利益诉求。但相关政策法规的调整，也进一步加强了合作社的多样性、合作社社员的异质性。异质性社员结构意味着社员合作关系的复杂性、利益诉求的差异性、持续合作的挑战性。那么，如何改善异质性农业经营户的合作，提升其合作意愿，协调其合作收益，促成其持续合作，成为实现农民持续增收、农业持续发展、农村社会稳定及其他政策目标的重中之重。

综上所述，合作社兼具经济与社会功能，社员的合作收益能力及其对合作的公平感知，对社员的持续合作和合作社的可持续发展具有重要意义。那么，在合作社异质性社员结构普遍存在的背景下，异质性社员的合作收益能力和公平感知各自存在何种差异？两者通过怎样的路径影响着社员持续合作倾向？在异质性社员间，这种作用路径有何差异？如何才能从主客观因素出发促进异质性社员间的持续合作，保证合作社的可持续发展？围绕这些疑问，本书拟从剖析异质性社员产生的原因出发，深入探讨异质性社员合作收益能力和公平感知对其持续合作倾向的影响机理，从利益角度细致探析问题背后的深层原因，期望找出合理的解

---

① 四川省人民政府关于创新重点领域投融资机制鼓励社会投资的实施意见［EB/OL］. http：//125.64.4.135/10462/10883/11066/2015/8/4/10346971.shtml，2015－08－04；四川省人民政府关于加快转变农业发展方式的实施意见［EB/OL］. http：//125.64.4.135/10462/10883/11066/2015/10/17/10355870.shtml，2015－10－17.

② 四川省人民政府办公厅关于支持新型农业经营主体开展农业社会化服务的指导意见［EB/OL］. http：//www.rs.gov.cn/info/1667/35546.htm，2017－06－14.

③ 关于印发推进农业供给侧结构性改革加快四川农业创新绿色发展行动方案的通知［EB/OL］. http：//125.64.4.135/10462/11555/11563/2016/11/17/10404282.shtml，2016－11－01.

答。截止到2017年年底，四川省共有合作社8.9万家，比2016年增长了20%[①]。全省主要社会经济指标，特别是蔬菜产业方面的相关表现，在西南地区乃至全国都具有典型代表性。农业经营户1666.12万户，其中，规模农业经营户13.51万户[②]。过去，四川有大量青壮年农村劳动力选择外出务工，留下老人、妇女从事农业生产。近年来，受到政府返乡创业政策的鼓励，不少人开始返回农村从事农业生产。为了更好地利用当地自然资本资源，从农业生产中获得利润，拥有社会、资金资本等稀缺生产资料的人牵头组建合作社，这加剧了四川农业经营户的异质性。鉴于此，本书拟选取四川省作为调研区域，对全省蔬菜种植合作社社员的合作收益、公平感知和持续合作倾向进行深入探索，为西南地区乃至全国蔬菜种植户持续合作问题以及蔬菜种植合作社的可持续发展问题的解决提供政策参考。

1.1.2 研究目的

本书力求客观描述当前合作社异质性社员持续合作所遇到的瓶颈，解释社员持续合作以及合作社持续发展所面临困境的深层次原因。探讨社员合作收益能力和公平感知对异质性社员持续合作倾向的影响，并探索其中的影响机理，为合作社社员持续合作与合作社健康发展等研究领域做出边际贡献，为农户、合作社、政府等相关决策者提供参考，为后续研究提供借鉴与比对。

详细目的如下：①搭建"客观收益—主观感知—持续合作倾向"理论分析框架，阐明社员合作收益能力、公平感知与其持续合作倾向的内在逻辑关系。②基于调研数据，使用统计分析方法剖析异质性社员合作收益能力、公平感知和持续合作倾向的特征差异。③厘清异质性社员间合作收益能力的差异。④剖析异质性社员公平感知的差异。⑤实证检视合作收益能力、公平感知对持续合作倾向的影响机理，辨析该影响在异质性社员间的差异。⑥以四川省蔬菜种植合作社社员为例，针对异质性社员持续合作倾向、合作收益能力、公平感知提升的问题，提出对策建议。

1.1.3 研究意义

1.1.3.1 理论意义

第一，从影响社员持续合作的主客观两个维度出发，构建了"客观收益—主观感知—持续合作倾向"理论分析框架。以农户行为理论为指导，引入期望理论

---

① 四川省农民专业合作社联合会，http：//www.scaic.gov.cn/.

② 四川省第三次全国农业普查主要数据公报（第五号）[EB/OL].http：//www.sc.stats.gov.cn/sjfb/tjgb/201712/t20171230_251177.html/ywdt/stdt/201803/t20180312_534164.html，2017-12-30.

和公平感知理论，提出社员合作的驱动力在于对利益（短期利益与长期利益）的追求。从社员客观收益能力角度分析社员短期利益的满足对其持续合作倾向形成的贡献，从社员主观公平感知角度分析社员长期利益的正向预期对其持续合作倾向形成的作用，为合作社持续发展的研究提供了一个新视角。

第二，基于中国合作社的实践，构建中国合作社异质性社员持续合作倾向影响机理的逻辑分析框架，系统分析异质性社员的合作收益能力和公平感知对持续合作倾向的影响，是合作社中国化的理论探索，深化了合作经济理论，拓展了农户行为理论，有利于推进中国特色合作社理论的构建与发展，一定程度上从理论上回答了“中国目前的合作社是经典合作社的异化还是创新”这一争论。

1.1.3.2　现实意义

第一，本书找到主客观作用于异质性社员持续合作倾向的路径，并从这些作用路径入手，提出改善社员合作环境，推进社员进行实际合作的建议。为合作社优化其生产经营决策制度、管理制度、分配制度，提升社员的公平感知，增强在合作社中的获得感提供决策参考。

第二，本书能够为政府制定促进社员持续合作、推动合作社发展的相关政策提供决策参考。社员进行合作的目的在于获得经济利益，提升合作社盈利能力，优化合作社决策机制与分配制度有利于增加社员的合作收益。通过研究分析，本书从优化合作社决策机制和分配机制入手，提出政府应当为合作社提供适度的政策支持和恰当的监管约束的建议，为政府作出相应决策提供研究参考。

第三，系统研究资源禀赋异质性社员的持续合作问题，既有利于指导扫除当前低资源禀赋社员进行合作的障碍，为提升低资源禀赋社员的合作收益能力和公平感知，保证其持续合作提供指导；又有利于指导高资源禀赋社员调整合作策略，保障其较高的合作收益能力与公平感知，促进异质性社员的持续合作，维护合作社的持续良好发展。

1.2　国内外研究现状及评述

中国作为人口大国，农产品自给自足是国家安全的基本保障。在市场经济快速发展，农业却以小规模家庭经营为主的情景下，小农户如何参与市场竞争，能否平等参与市场竞争，不仅是诸多学者研究的热点问题，也成为政策制定者以及社会各界关注的焦点问题。合作社作为连接小农户与大市场的有效载体进入人们的视野。随着实践的深入，社会结构的改变，合作社社员结构由传统意义上的同质性向异质性转变，随之也产生了合作社治理失效、利益分配不均、行为不规范等问题，关于异质性社员的研究也成为合作社研究领域的重要组成部分。分析异质性社员持续合作倾向的形成机理，需要站在巨人的肩膀上，从整体的视角对合作社异质性社员的类型、社员异质性产生的原因及影响、社员的行为动因及差异、合作社持续发展的途径、社员公平感知等进行系统归纳梳理。

1.2.1 异质性社员的类型研究

1.2.1.1 合作社社员的界定

社员异质性是有别于传统合作社社员特征的社员间的特征差异化（邵科和徐旭初，2008）。异质性社员是社员异质性的结果与表征，其分类需要以社员边界的确定为研究起点。国外鲜有对合作社社员进行界定的研究或相关组织机构给出的定义。国内对社员的界定相对较多，其中具有代表性的是应瑞瑶等（2016）提出的，对于新一代的合作社，社员是同时购买了投票权和销售权的农民。经典意义上的合作社社员，是与合作社交易的惠顾者，是合作社的治理者，是合作社的所有者（李琳琳和任大鹏，2014）。学者们也纷纷根据自己的研究目标，从不同角度对合作社社员进行概念的界定。例如，石旭斋（2006）从保障社员权益角度，将社员视为是拥有民主选举、民主决策、民主监督和知情权的控制合作社的主体。蔡荣（2011）和邵科（2012）着重考虑合作社审批功能，认为合作社社员是经社员大会审议的、登记在合作社社员花名册中的农民和组织。潘劲（2013）从合作社的重要属性出发，认为投资入股是合作社社员身份的重要标志，他对社员的构成做了分析，认为社员应该以农民为主体（占80%以上）。张德峰（2014）从工商部门承认角度，指出社员是在工商部门登记注册为合作社社员的农民和组织。

1.2.1.2 合作社社员的类型划分

经典意义上的传统合作社具有“产权不清晰”且“股权不能交易”等缺陷，这导致了不同类型合作社社员的产生（Cook，1994）。目前中国合作社的发展仍然面临着产权不清晰等问题，再加上农民分化等现实问题，中国合作社社员类型也呈现出多样化。回顾文献可知，学者们主要将社员分为两类，即核心社员与普通社员，只是划分的标准有所不同，主要依据有以下几个方面：在合作社中的身份（袁久和祁春节，2013；祝华军和刘小伟，2016）、是否担任职务（王真，

2016）、社会身份（胡燕，2011；齐文娥和彭朵芬，2014）、合作程度（崔宝玉等，2008）、投入要素多少（李明贤和周蓉，2016）、对合作社贡献的大小（吕晨钟，2012）、是否参与合作社管理（廖小静等，2016）等。具体来讲，任大鹏和于欣慧（2013）将社员直观地分为生产者社员与投资者社员。钱森等（2013）将占股比例大幅高于均值的农户也归类为核心社员。黄胜忠和伏红勇（2014）按照社员资源禀赋差异将社员分为普通社员（一般农户）和核心社员（生产大户、运销大户、村社干部、基层农民服务组织、基层供销社和龙头企业等）。还有部分学者类似地按照“管理者”与“被管理者”将社员进行区分（张雪莲和冯开文，2008；梁巧等，2014；蔡荣等，2015）。也有学者将核心社员和普通社员进一步地细分为边沿社员、外围社员等，按照入股要素，将社员分为“理事长”“资金类社员”“土地类社员”“土地和劳动力并重类社员”和“劳动力类社员”（何安华等，2012）。何国平和刘殿国（2016）按照社员想要在合作社中获得的服务类型，将社员分为技术服务导向型和营销导向型社员。

关于不同类型社员的特征，不同学者描述的侧重点有所差异。林坚和黄胜忠（2007）从要素投入角度，认为核心社员拥有丰富的资金、人力和社会资本资源等稀缺的关键生产要素。徐龙志和包忠（2012）从资金拥有量的差异入手，分析认为普通社员是仅持有少量甚至根本不持有股金，主要充当惠顾者角色的社员，核心社员则是拥有雄厚资金实力的能人、企业和政府职能部门工作人员等的社员。黄胜忠和伏红勇（2014）也指出核心社员拥有较多的初始资本，积极参与合作社的经营管理；而普通社员由于缺少资金往往选择不出资或象征性地出资，并且常存在机会主义行为。周应恒和王爱芝（2013）特别指出合作社核心社员一般具有一定的企业家才能特质。廖小静等（2016）按照是否参与管理，认为普通社员一般是名义社员或被动参加者。黄胜忠和伏红勇（2014）从社员所掌握的资本要素类型出发，指出核心社员掌握着社会资本和资金等关键生产要素，而普通社员仅有土地和劳动力等基础性生产要素。毛敏等（2018）以农户的边际生产成本差异刻画生产要素异质性，指出核心社员拥有更高的生产效率。

1.2.2 社员异质性的成因及影响研究

社员异质性具有一定的必然性和普遍性（Berkhout et al.，2011；刘冬文，2018）。从合作社的发展轨迹来看，合作社从单点合作发展到多点合作，这印证了合作社社员异质性的必然性（于欣慧和任大鹏，2017）。也有学者从农户家庭资源禀赋差异角度，指出我国农户家庭条件普遍不同，最终表现为农户参与合作社的动机和具体行为的普遍差异（赵凯，2012）。黄胜忠和伏红勇（2014）指出社员异质性是我国合作社区别于发达国家和地区合作社的基本特征。

1.2.2.1 社员异质性的成因、表征及测度

尽管“罗虚戴尔”原则下的合作社是同质性社员的合作（Iliopoulos & Valentinov，2018；孔祥智，2018），但从合作社的实践情况来看，无论中国还是欧美等发达国家，合作社社员的异质性已经成为不可忽视的客观事实（应瑞瑶等，2017）。中国合作社社员结构的异质性是必然现象，也具有一定的合理性（徐旭初，2012）。要分析不同类型社员在合作社中的利益贡献、利益分配以及持续合作倾向，首先应该厘清合作社社员异质性产生的原因与具体表征以及测度指标体系（Trechter，2002；Kyriakopoulos et al.，2004；Kalogeras et al.，2009；周蓉和李明贤，2019）。

国外学者将社员异质性归结于农户和合作社两方面的原因。在农户方面，农户在加入合作社前的自身资源禀赋的差异是引起社员异质性的直接原因（Sexton，1986；Vercammen et al.，1996），例如年龄、受教育水平（Constantine Iliopoulos，1999；James，2006）、生产经验（Höfer & Rommel，2015）、农场规模（Alho，2015；Plakias & Goodhue，2015）、获取信息的能力（Andrei Cechin，2013）以及是否有继承人（Pascucci et al.，2011）等方面的差异。这些基础性的差异导致了社员入社动机（Andrei Cechin，2013）、投资偏好（Alho，2016），在合作社的角色、参与程度（Andrei Cechin，2013）、交付农产品的数量、类型和质量以及对合作社的态度（Alho，2015；Liang & Hendrikse，2016）等方面的异质性。也有学者具体指出社员异质性源自于社员自身及其家庭资源禀赋的差异（Karantininis，2001）。总的来说，社员资源禀赋不同导致了合作社社员异质性（Cottrell et al.，2007）。

在合作社方面，学者们主要从合作社时空发展需要来进行社员异质性成因的论述，包括以下观点，一是从空间来看，合作社地域覆盖范围越广，其吸纳拥有差异化资源禀赋农户为社员的可能性越强，进而产生社员异质性，具体表现为社员文化的异质性、语言的异质性和生产条件的异质性（Zusman，1992；Mark & Hansen，2002）。二是从时间来看，处于生命周期不同阶段的合作社其社员异质性存在差异（Kalogeras et al.，2009）。合作社成立年份越久，社员异质性越明显。另外，还有学者认为出于合作社发展的需要，合作社需要破弱者联合的范畴，不仅接收拥有土地、劳动力等生产资料的普通农户，还吸纳拥有管理技术、生产技术和资金资本等稀缺生产资料的精英农户（Österberg & Nilsson，2009）。最终形成

在同一合作社中同时存在拥有不同资源特征、经营能力和社会地位等的农户社员，形成或加剧社员异质性（Berkhout et al.，2011）。合作社发展需要具体表现在，一方面为了应对农业产业内部结构性调整所带来的市场挑战，另一方面也为了生产出质量更高的农产品，以满足消费者日益增长的对安全农产品的需求（Alho，2016）。社员异质性的不同维度也会相互影响（Cook & Burress，2009）。

国内学者关于合作社社员异质性的产生有以下几种：从根源上讲，村庄内部分化的社会阶层结构、社员农户自身存在要素禀赋差异是造成农户异质性的主要原因（林坚和黄胜忠，2007；于会娟和韩立民，2013；楼栋和孔祥智，2014；徐旭初和邵科，2014；颜华和冯婷，2015；赵晓峰和邢成举，2016）。直接原因是拥有不同要素禀赋和利益诉求的主体进入了合作社，例如，外部资本拥有者、拥有更多人力资本的精英等能人（颜华和冯婷，2015；李萍和田世野，2019）。特别是这些资源禀赋拥有者在投入合作社时也存在要素投入的差异（潘婷等，2015），与要素投入高度相关的是入社动机和具体参与行为存在不同（徐旭初和邵科，2014）。从整体上讲，关于社员异质性表征，学术界基本认为资源禀赋差异是社员异质性主要原因（邵科和徐旭初，2008；黄胜忠和徐旭初，2008；徐旭初和邵科，2014；周蓉和李明贤，2019）。学者们关注的资源禀赋大致包括自然资源、资本资源、人力资本和社会资本（林坚和黄胜忠，2007）。也有学者依据研究对象的特点，主要关注其中几类资源，例如，黄胜忠和伏红勇（2014）重点关注人力资本、物质资本和社会资本的异质性。尤其是产业纵向一体化是合作社延长产业链、增加价值链的有效措施，但这又助推了合作社社员异质性的产生（郭晓鸣和廖祖君，2010）。例如，黄胜忠和徐旭初（2008）从产业发展的角度，提出面对市场激烈的竞争，合作社需要聚集不同要素的所有者，并指出这间接为社员异质性结构提供了可能。国内学者也发现，合作社在拓展组织规模和边界时会进一步加剧社员的异质性（李萍和田世野，2019；崔宝玉，2015）。从外部因素看，市场供求关系的要求和政府政策的指引也会对社员异质性产生一定的影响（黄珺和朱国玮，2007；仝志辉和温铁军，2009）。

从上述成因可以推断出社员异质性的表征，已有文献提到的社员异质性表征可以被分为以下三个方面，详见表1-1。首先，社员异质性最直观地表现为个人特有的差异和家庭特征的差异，其中个人特征差异主要包括年龄、受教育程度（Pascucci et al.，2011；徐旭初和邵科，2014；Höfer & Rommel，2015）、从业经验、技术水平、风险态度、谈判能力（Bourgeon & Chambers，1999）、声誉及社交能力（毛敏等，2018）、风险承担能力（孔祥智和蒋忱忱，2010）。也有文献指

表1-1 部分学者对社员异质性表征的指标选取

类型	定义	测量	代表作者
社员特征			
个体特征	不同的人类学特征	年龄、受教育水平、种植经验、来自合作社的收入占家庭总收入的比例、是否有继承人	Pascucci 等，2011；徐旭初和邵科，2014；Höfer 和 Rommel，2015
风险态度	风险态度和风险观念	自我评价和以往经验	于会娟和韩立民，2013；Alho，2015；毛敏等，2018
家庭特征			
农场大小	社员的种植规模	农场的面积、雇员的数量、固定资产、交付的数量、成本结构、耕地面积、资源、产量、效率大小	Kalogeras 等，2009；赵凯，2012；黄胜忠等，2014；Plakias 和 Goodhue，2015
空间差异	合作社的社员覆盖范围	社员与合作社的距离，社员分布在多少不同的地区	Österberg 和 Nilsson，2009；Jerker Nilsson，2015
参与合作社的特征			
时间差异	社员的时间观念	加入合作社的时间、计划持续成为合作社社员的时间	Andrei Cechin，2013；Alho，2016
合同	社员的合同关系	与合作社签订的交付数量	Jia 和 Huang，2011
参与形式	合作社中担任的职位和社员承诺	在合作社中担任的职位，自我评估	Trechter，2002；李明贤等，2016
参与动机	入社动机	自我评估	孔祥智等，2010；Andrei Cechin，2013；徐旭初和邵科，2014
交付产品	产品细碎化	销售给合作社的产品种类、产品质量等级	黄珺和朱国玮，2007；Hendrikse，2011；Pascucci 等，2011；Liang 和 Hendrikse，2016

注：笔者通过整理文献所得。

出社员异质性表现在政治资本的差异以及在当地声望、社会地位的差异（Berkhout et al.，2011；陈东平和任芃兴 2013）。家庭特征的差异，包括生产领域、储蓄存款额度、固定资产的规模、农场大小（赵凯，2012）、成本结构（Sexton，1986；Constantine Iliopoulos，1999；Alho，2015）、成本效益（Plakias et al.，2015）以及生产效率（Karantininis，2001）。其次，社员异质性还表现在合作社层面，包括对合作社的要素投入、合作贡献（胡燕，2011），对合作社控制权的拥有（Banerjee et al.，2001），对合作社的参与期望和参与策略（林坚和黄胜忠，2007）。例如，利益预期与偏好、角色定位以及在合作社中起到的角色作用（黄胜忠和徐旭初，2008；孔祥智和蒋忱忱，2010；邓衡山等，2016），以及对盈余分配和控制权分配的态度（Karantininis & Zago，2001）等方面的差异。具体来讲，有的社员为了获得价格改进和技术服务，有的社员则是倾向于节约交易成本、实现纵向一体化等（邓衡山等，2016；崔宝玉和王纯慧，2017）。

关于社员异质性的测度，赵凯（2012）较早提交社员异质性的测度指标与方法，并结合三家合作社的调研数据，测度了同一合作社内部不同社员的异质性，以及不同合作社社员的异质性，并指出两种社员异质性均非常显著。周蓉和李明贤（2019）从资源禀赋出发，基于一个合作社的数据，用自然资源、资本资源、人力资本和社会资本的差异来定量测度社员的异质性，发现同一个合作社中，不同社员投入的资源存在较大差异，同一个社员也会投入不同的资源。

1.2.2.2　社员异质性的影响研究

随着合作社的发展，社员异质性程度不减反增（崔宝玉和李晓明，2008），异质性的社员结构在合作社蔓延（Birchall & Simmons，2004）。异质性社员结构对合作社的服务供给、产权结构、组织结构、治理机制、利益分配机制和运行绩效均产生着重要影响（任大鹏和郭海霞，2009；赵凯，2012；郭晓鸣和廖祖君，2010）。但学术界关于社员异质性的影响拥有不同的态度，例如，虽然有学者指出社员异质性必然会影响社员对合作社的认同和投入（黄胜忠等，2007），但也有学者实证研究发现社员异质性并不会影响社员对合作社的承诺水平（蔡荣等，2015）。就影响正负而言，学者们并没有形成一致意见，有不少学者认为社员的异质性并不必然对合作社的发展造成正面或者负面的影响（徐旭初和邵科，2014；周蓉和李明贤，2019），例如，张靖会（2012）指出社员异质性对合作社稀缺资源的激励与公平的权衡、委托代理问题、决策成本与缔约成本的增加、抵减规模经济的作用等具有负面影响；然而，其又有利于促进合作社的形成，有利于社员之间的学习与互补，起到提高合作社效率的作用。总的来说，关于社员异质性影响的文献可以归纳为以下几个方面：对合作社组织性质、治理结构、治理机制、盈余分配制度和组织效率的影响。

1.2.2.3　合作社组织性质的影响

关于社员异质性对合作社组织性质的影响，有的学者认为社员异质性有利于促成异质性社员的合作，维持合作社的组织性质；也有学者从发展的视角，认为社员异质性不利于合作社组织性质的维持，会引起合作社的异化。具体来讲，第一种观点以 Gannakas 和 Fulton（2004）为代表，认为社员异质性能够促成合作社的组建并在一定程度上影响着合作社的降低农业投入品价格、提高创新率、增进社员福利等作用的发挥。只有异质性农户才能够有若干个经济利益点，使得不同类型农户都能找到自己的利益点（任大鹏等，2012），进而实现合作。邓宏图和鹿媛媛（2014）认为，异质性农户是合作社产生的条件，同质性农户很难合作，即使合作了也很难有效运转，再次强调了社员异质性对合作社的创建起到的必要性意义。

第二种观点以邓衡山和王文烂（2014）为代表，认为社员异质性的存在影响了合作社“所有者与惠顾者同一”的本质规定性。社员异质性对组织性质的影响主要体现在社员资源禀赋和在合作社中角色的差异对社员持续承诺的影响（黄胜忠，2008），也会因为异质性社员具有差异的入社目的和动机，在博弈过程中达成的均衡结果就是合作社的异化（罗攀柱，2015）。郭晓鸣和廖祖君（2010）就从资源的比较优势、产权归属、农户理性选择的角度解释了异质性社员结构下，合作社异质化制度设计的合理性。有学者重在强调社员异质性会引起合作社的变异，例如，社员异质性的增强会导致合作社逐渐异化为公司，是合作社异化的直接原因（林坚和黄胜忠，2007；邵科和徐旭初，2008）。也有学者将异质性进行分类，对比不同异质性对合作社组织性质的影响。例如，周娟（2017）指出要区分资源禀赋的异质性与需求异质性的区别，认为相较于资源禀赋异质性，需求异质性更容易导致合作社的异化。然而也有学者直接将需求异质性看成是资源禀赋异质性的结构（周蓉和李明贤，2019）。社员异质性也会直接导致合作社的失败，例如，崔宝玉和李晓明（2008）指出社员异质性会随着合作社的运行进一步增强，这可能会破坏初始合作的激励相容条件，最终导致丧失资金合作的激励，甚至造成合作社的失败。近几年关于社员异质性这一事实的评价出现了更为客观的评价，刘西川和徐建奎（2017）则指出社员异质性仅仅是客观存在，合作社在运营过程中倾向于“公司 + 农户”模式或“变异”是合作社在处理异质性社员关系时，在管理风险和节约交易成本上不具备相对优势的具体表现。

1.2.2.4 合作社治理结构的影响

社员异质性让合作社的治理结构变得更为复杂（Nilsson，2001）。刘冬文（2018）指出社员在资金上的异质性导致合作社产权结构异化，少部分具有资金优势的经济主体具有控制权和收益权，能够使合作社治理结构产生变异，融资结构也会相应地调整。从产权角度讲，社员在股金方面的差异决定了治理权的差异，最终形成核心社员拥有绝大部分治理权的治理格局（黄胜忠和伏红勇，2014）。何安华和孔祥智（2011）指出社员异质性从根本上表现为社员利益诉求的差异，这决定着社员投资入股的差异，以及在合作社中的行为，最终对合作社的治理结构形成影响。李明贤和周蓉（2016）通过完全和完美的动态博弈模型构建，发现社员异质性结构给农村资金互助组织的治理结构带来很大变化。邵科和徐旭初（2008）专门分析了入股额度异质性对合作社治理结构的影响，并提出应该重视拥有股权的核心社员、重视民主决策、确保理事会和监事会社员间的同质性，避免“一股独大”，从而维持合作社的良好运转。

1.2.2.5　合作社组织治理机制的影响

异质性社员间，达成集体行动最有效的方式是权威决策，因此合作社的治理机制也会进行相应的调整（郭晓鸣和廖祖君，2010）。崔宝玉和王纯慧（2017）同时考察外部环境和社员异质性对合作社治理机制的作用，发现外部环境可能会通过部分社员对盈余分配机制的掌控来强化社员异质性对合作社的影响，使合作社具有差异化的产生机制、成长路径和合作效果。孔祥智和蒋忱忱（2010）主要考察社员人力资本拥有量的异质性对合作社治理机制的影响，指出倾向于确保人力资本要素发挥作用的治理机制是帕累托改进和激励相容的表征。王丽佳和霍学喜（2016）发现社员异质性的组织结构在聚集生产要素和降低代理成本方面体现出了效率。也有学者认为社员异质性会对合作社治理机制产生不良影响，例如使其偏离合作社原本应有的组织治理机制，即异化。陈东平和任芃兴（2013）通过分析资金互助社实践案例发现，社员异质性增大导致农村资金互助组织的内部治理机制逐渐偏离“民主治理”模式。刘雨欣等（2016）认为，合作社社员初期的异质性会导致合作社内部监督行为的缺失，其将进一步形成新一轮社员资源禀赋差异，从而加重社员异质性。

不少学者将合作社的治理问题的起源也归结为合作社的社员异质性结构。社员异质性会导致少数人控制（郑丹和王伟，2011），内部委托代理问题（崔宝玉，2011），内部“影响成本”增加，内部交易难以实现，内部组织成本和交易成本的增加（Iliopoulos，1999；Hansmann，2000；蔡荣和韩洪云，2011）以及内部利益冲突（韩喜平和李恩，2011）等。新社员仍然拥有与现有社员同样的交易权和剩余索取权，这导致了内部搭便车问题（Jensen & Meckling，1979；Nilsson et al.，2016）。视野问题是另外一个由社员异质性，特别是社员的不同年龄，以及他们在计划工作时的时间偏好，引起的投资问题（Jensen & Meckling，1979；Vitaliano，1983；Zusman，1992）。Cook 和 Iliopoulos（2000）和 Kalogeras 等

(2009) 也分别指出了投资组合问题，具体来讲是由于对合作社的股权投资是不可交易和不可赎回的，异质性社员之间存在次优投资组合问题。

1.2.2.6 合作社组织效率的影响

事物总是存在两面性，积极的一面和消极的一面。就社员异质性对合作社组织效率积极的影响而言，崔宝玉等（2016）强调社员异质性并不一定意味着利益的侵占，并不必然会降低合作社的组织效率。此前，张靖会（2012）指出社员异质性有助于社员之间的相互学习，进而对合作社的效率产生积极影响。Jia 和 Huang（2011）使用中国 157 家合作社的数据，实证发现社员异质性会影响合作社的契约安排，使其更倾向于选择卖方合约。黄胜忠、徐旭初（2008）和王丽佳、霍学喜（2016）均认为社员异质性的组织结构在聚集生产要素和降低代理成本方面体现了效率。

已有相关研究持消极态度的研究占据大多数，社员异质性越强，他们对潜在利润的界定、目标利润的大小以及合作动机等就会越大，合作就越不容易达成（黄胜忠和伏红勇，2014）。总的来说，学者们认为社员异质性直接导致社员分层现象的动态演进过程，导致普通社员参与度降低和服务需求偏好显示不完全的问题（黄祖辉和邵科，2009），会降低社员承诺和投资的积极性，损失合作社决策效率（Hansmann，2000），提升合作社的集体决策成本（Iliopoulos & Cook，1999；Bijman，2005），增加民主决策成本（Pozzobon & Zylbersztajn，2013），增加集体行动的成本和控制成本（Bijman，2005；Andrei & Cechin，2013；Pozzobon et al.，2013；Iliopoulos & Valentinov，2017），以及带来社员集体行动产生的福利和社会福利的减少（Bogetoft & Olesen，2007；Cook & Iliopoulos，2016），还会引起合作社投资的三大问题（Cook & Iliopoulos，2000）。此外，社员异质性的存在也可能会降低拥有创新能力、稀缺要素的农户投入资本的积极性和参与合作社的可能性（Hendrikse，2011）。何安华和孔祥智（2011）将合作社对社员服务供需对接结构性失衡归因于社员的异质性结构。社员异质性的出现给合作社促农增收、提升农民自我发展能力等方面功能的发挥以及合作社的发展形成了巨大挑战（Bijman et al，2014；刘宇荧等，2018）。有学者分析资金互助社的社员异质性问题发现，社员在资金互助积极性存在差异，这影响着资金互助社稳定提供互助资金的能力（潘婷等，2015）。

就社员异质性对组织效率影响的机制而言，崔宝玉（2015）指出社员异质性增强，会增加行动的机会主义行为和结果的不确定性，提高股权安排尤其是社会资本的动用难度，而重新构建信任需要信息获取、交往甚至是谈判，最终会增加社会资本实施的交易成本。文雷（2016）认为，社员异质性容易导致分配结构向资本倾斜，很容易造成强势群体乾纲独断、其他成员参与积极性低迷的结果，从而影响合作社的发展。也有学者在分析组织治理结构时，将社员异质性视为既定的外生条件（刘西川等，2014）。

1.2.3 异质性社员利益分配的相关研究

社员异质性不但导致合作社内部社员的关系变得紧张，同时也会由于在生产规模、风险偏好和未来收益的折现率上的不同，异质性社员在分配合作收益时也会产生很大的分歧（Hansmann，2000；文雷，2016）。合作社实际的盈余分配方案是异质性社员博弈的结果（应瑞瑶等，2016）。也是由于要素禀赋和要素投入的差异，合作社的产权在社员间处于分布不均的状态，并且影响着合作社利益分配机制（于会娟和韩立民，2013）。由于少数拥有稀缺资源的核心社员往往掌握着合作社绝大多数剩余控制权和索取权（林坚和黄胜忠，2007；何安华和孔祥智，2011；袁久和和祁春节，2013），利益分配也主要按照有利于少数核心社员的方式进行分配（黄胜忠和徐旭初，2008）。长此以往，合作社的组织性质将会转变为股份合作制或投资者所有企业，偏离合作社的本质规定性。

为了缓解利益冲突，更多学者提出在利益分配过程中更需要保护普通社员的利益。例如，颜华和冯婷（2015）指出社员异质性的存在，需要更多关注普通社员的利益，构建四位一体利益联结机制、三次分配的利益分配机制、双向利益协调机制和双重利益监管机制是保障普通社员利益实现的重要手段。也有学者指出在利益分配过程中，需要充分给予社员所投入资产的剩余索取权和剩余控制权，以其激励社员更加积极地参与到合作社的运营建设中。例如，周振和孔祥智（2015）提出应该给予资金、土地、劳动力等对盈余有贡献的资本充分的剩余索取权。朱哲毅等（2019）强调资本投入与利益分配方式需要匹配。曲承乐和任大鹏（2019）再次强调周振和孔祥智的观点，认为需要按各投入要素的贡献比例来返还盈余。胡燕（2011）也强调应该建立起“按贡献付报酬”和“按资分配”相结合的内在利益分配机制。其实质是在强调要更多保护投入资源更多的核心社员的利益。此外，黄胜忠和伏红勇（2014）发现风险分担机制与盈余分配机制应该进行匹配，即依据社员出资的多少来承担相应的风险，并且获得与风险对等的收益。

从研究方法来看，已有关于异质性社员利益分配机制设计的研究主要使用合作博弈模型、案例分析等方法。其中博弈论主要使用博弈论思想，例如，应瑞瑶等（2016）使用合作博弈模型，重点考察了合作社社员在股份比例与交易量比例的异质性，并指出这些占比对盈余分配的影响。李刚和刘灵芝（2019）通过收益分配模型，在分析村级合作社利益分配基础上，提出合作社交易额返还利率应该在52.6%～89%。刘自敏和杨丹（2014）基于双边专用性投资的角度，使用合作博弈模型，分析了股份合作社中异质性社员的收益分配方案，但是缺乏针对大宗合作社中异质性社员利益分配方案的探讨。有学者提出应该基于所投入的生产要素一定的剩余控制权和索取权，但并没有提出具体分配方案（周振和孔祥智，2015；曲承乐和任大鹏，2019）。

1.2.4 社员公平感知研究

20世纪60年代，美国心理学家亚当斯（Adams，1965）在对企业工人关于所获报酬的公平感知中，首次全面阐释了公平理论。国内关于公平感知的界定可以归纳为，公平感知是指个体相比投入对所获得产出或效益的公平感受（马东艳，2015），是个体或群体对是否被公平对待的一种心理感受（方菲和刘冰，2016），也是人们用一定的标准对社会层面和个体层面的公平正义事实进行加工并作出的心理批判（钟文晶，2019）。

在亚当斯提出公平理论后，国外学者通过进一步研究对公平感知的维度提出了不同见解，Hochschild（1981）从结果公平、机会公平和程序公平来衡量公平感知。Kumar等（1995）将机会公平和程序公平统一视为过程公平，认为公平感知维度包括结果和过程两个方面。Barry（2005）对Hochschild的分类进行了实证检视。Aryee和Chay（2001）突破性地提出了分配公平、程度公平和互动公平。从目前的文献来看，公平感知的维度并没有一个公认的维度标准，有的学者从程序公平和分配公平两个维度入手（陈春峰和莫水凤，2018；张书维，2017），有的学者同时考察了分配公平、程度公平和互动公平（韩宏稳，2016），还有的学者将其细化为薪酬分配公平、薪酬程序公平和薪酬外部公平（谢建斌，2014）。更有学者结合特定的研究对象，从组织公平感知（马飞和孔凡晶，2010）、程序公平感知（张弘等，2010）、分配公平感知（史青，2014）、服务公平感知（张凤英，2007）、区域环境公平感知、群体环境公平感知和代际环境公平感知（赵连杰等，2018）、村庄公平感知与自家公平感知（钟文晶，2019）等视角展开对公平感知的研究。

关于公平感知，国内学者主要从两个层面对公平感知进行测度与研究：一是宏观层面，主要测度人们对社会总体公平的感知，以及分析其对人们对相关事物满意度等的影响。例如张书维（2017）研究了社会公平感对公众公共合作意识的影响；赵建国和于晓宇（2017）分析了公众的社会公平感知对政府信任的影响。二是互动层面，主要测度在某项目执行过程中人们的公平感受。例如，学者们研究发现员工的公平感知会显著正向影响员工的工作满意度（刘园园，2017）、组织承诺（马超等，2014；韩宏稳，2016）、工作绩效（谢建斌，2014）、组织公民行为（周浩和龙立荣，2007；高启杰和董杲，2016；陈春峰和莫水凤，2018）等。也有学者发现，同一群体就同一感知对象对不同层面的公平进行感知，其结果会有所差异，例如，钟文晶和罗必良（2020）从结果公平、程序公平、信息公平和人际公平衡量农户公平感知对地方政府政治信任的影响，虽然整体公平感知对其具有显著正向影响，但发现不同维度的公平感知的作用存在差异。赵连杰等（2018）发现区域环境公平感知和代际环境公平感知对农户碳减排意愿影响显著，同时，群体环境公平感知的影响并不明显。方菲和刘冰（2016）发现对新农合制度的公平感知越高，农户对新农合的满意度也就越高，公平感知的不同方面对满意度的影响会有一定差异。

近年来，学者们开始将公平理论引入“三农”问题的研究，主要分析了公平感知的决定因素、影响以及如何提升农户公平感知的问题。在仅有的几篇分析农民公平感知决定因素的研究中，钟文晶（2019）分析了国家赋权和土地调整对农户地权公平感知的影响。已有研究主要分析了公平感知对农民社会养老保险参保行为（郑沃林等，2020）、市民化倾向（孙一平，2019）、农民工上访、罢工、打抱不平等集群行为（牛静坤等，2016）、农民对村组织信任（陈相泼等，2020）、农地转出意愿（朱庆莹等，2019）等产生的影响，例如，陈相泼等（2020）也发现结果公平感知与程序公平感知在影响农户对村组织信任过程中并不都显著，并提出从短期来看需要注重结果公平，但长远来看，程序公平对农户与村组织的关系影响更为深远。孙一平（2019）使用 IV－probit 模型发现社会公平感知的提升能够促进农业专业人口的市民化水平。李昊等（2018）研究发现公平感知能够促进农户农业环境保护意识转化为保护行为。就如何提升农户公平感知而言，已有研究指出加强信息公开化和透明化，确保当事人的知情权、参与权和选择权（王玥和卢新海，2013），给予农户更多的人文关怀能够提升农户的公平感知（朱庆莹等，2019）。进一步明确权责利，规范相关人员的行为（方菲和刘冰，2016），加强社会监督和上级管理部门的监督（郑沃林等，2020），提升整体水平，能够提高农民的公平感知。

少部分文献分析了合作社社员的公平感知问题，李荣（2016）从分配公平、程序公平、互动公平三个变量考察了社员的公平感知，发现社员的公平感知对其工作绩效有着显著影响。王昌海（2015）使用合作社介绍客源的公平性、社员对自己为合作社付出和回报的认知、合作社财务公开性作为衡量指标，发现乡村旅游合作社的公平直接影响着社员对合作社的满意度。陈春峰和莫水凤（2018）验证了不同公平方式和公平程度对合作社经济效率的影响。总的来说，应用公平理论分析合作社社员的研究仍处于起步阶段，有待深入探索。

1.2.5 异质性社员的合作行为研究

由于农业生产对象的生物性特征，农用资产的高专用性特征和农业交易的高频次特性决定了农户合作是必然选择（黄祖辉，2000；李佳，2008）。合作社是农户显性合作的典型组织形式。理论上，通过加入合作社，分散的家庭经营小农户能够提升市场竞争地位、提高农业技术应用水平、降低生产成本、提高销售收入、减少农业生产经营风险（罗明忠和陈江华，2016）。现实中，并不是每位农户都具有同样程度的合作意愿，也并不是每位农户都会选择参与合作社，更不是每个合作社社员都拥有同样的合作行为（钟颖琦等，2016）。例如，黄胜忠和伏红勇（2014）研究发现核心社员往往会将所有产品全部交付给合作社，同时积极参与合作社的经营管理；普通社员则较少投入资金，并且有时会直接将产品销售给市场或只销售少部分给合作社。邓军蓉和何蒲明（2016）通过研究发现，合作社中很多社员未交纳股金，也不愿意追加投资；多数社员都愿意接受产前和产中服务，但不愿意与合作社签署订单。

1.2.5.1 社员合作的动因

农民合作的经济学研究始于 20 世纪 40 年代（孔祥智和史冰清，2012）。Emelianoff（1942）在其代表作《合作经济理论》、Enke（1945）在《消费合作社和经济效率》中基于经典厂商理论将农户的合作视为一种厂商类型。Batenan（1979）和 Helmberger（1962）等学者延续了他们的思想，指出为了实现效益最大化，农民开始合作。Albaek（1998）则基于产业组织理论，从博弈论角度分析农民合作的动机。随着经济学理论与方法的发展，新制度经济学被用于研究农户合作的动因分析（孔祥智和史冰清，2012）。基于制度变迁理论，研究者认为农户合作是一种在外部利润诱导下，开展的一项制度创新（诺斯，1994）。现存制度所未能实现的潜在收益是农民合作的动因（罗必良，2000）。农户合作是以合作社替代市场，当组织成本高于所能降低的交易成本时，农户不会选择合作；只有当组织成本低于市场交易产生的交易成本，才会选择合作（国鲁来，2001）。

基于集体行动理论，学者们强调合作意识对社员选择合作的重要性，指出异质性社员的合作社依赖于个人收益的计算和比较以及对合作收益的判断（王国敏和翟坤周，2012）。中国农民的合作还表现出能人大户牵头、农户合作意识缺乏以及期望外部支持等特征（徐旭初，2016）。运用社会交换理论，黄胜忠和伏红勇（2019）指出异质性社员间同时存在依存关系、权威关系和竞争关系。这既是异质性社员合作的动因，也会对社员的持续合作产生阻力。

由此可见，当农民意识到存在现有生产经营方式无法获得的潜在利益时，就会产生合作需求（孙亚范，2003）。合作需求只是农民合作行为产生的基本动力，要正式采取合作还取决于农民对其合作行为所产生的成本与收益的衡量（梅德平，2004）。只有当农户采取合作行为带来的预期收益大于合作行为产生的成本时，农户才会正式做出合作行为的决策（孔祥智和史冰清，2012）。但农户往往在判断能力等方面存在异质性，以至于在合作决策中存在重大差异。

1.2.5.2 社员合作的重要性

与社员在合作社中的三重角色相对应，社员参与可分为业务参与、资本参与和管理参与（邵科和徐旭初，2013），也称为业务承诺、资本承诺和管理承诺（蔡荣等，2015）。社员既可以单维度地参与，又可以多维度地交叉参与（韦惠兰和赵龙，2018），经典合作社理论下的社员是既进行业务参与，又进行资本参与还进行管理参与的社员（Fulton，1995）。社员的具体参与行为包括向合作社投资入股、通过合作社购买农资或销售农产品、参与合作社大小事务的决策等（冯娟娟和霍学喜，2017）。社员是否选择合作是对合作的“收益”与“成本”评估和权衡的结果（罗玉峰等，2017）。不同农户参与合作社的目的有所差异（罗明忠和陈江华，2016），农村能人参与合作社是出于获取规模经济效益、相关服务，或是借助独有的人际关系或信息资源获取政策性扶持资金；普通社员参与合作社往往出于成本与收益的考虑（孟祥东和薛兴利，2015）。结合中国的实践，根据农户参与合作社的机制差异，社员参与可区分为“自选择”和“被参与”两类，社员参与“自选择”是基于对加入合作社潜在收益（包括规模经济产生的收益、降低的市场风险等）的追逐。“被参与”是受到种养大户、农村能人、村社干部等农村精英的牵引（罗玉峰等，2017）。社员参与不仅影响着社员自己，还会对合作社及其他社员产生影响。

（1）对社员的影响。已有关于社员参与合作社给社员自身带来的影响，主要分为经济福利和非经济福利两个方面。对社员经济福利的影响方面，大部分研究结果表示合作社对农户具有显著的增收效应。例如，李霖和郭红东（2017）基于河北、浙江两省蔬菜种植户的数据，研究发现只要农户参与合作社，不论与合作社是否有惠顾关系，均可增加其收入。刘俊文（2017）基于中国扶贫开发建档立卡数据库的数据，发现合作社正向显著地影响着贫困农户和低收入农户的家庭人均纯收入。也有一些学者发现，虽然整体上合作社对促农增收有着正向显著的效应，但这种增收效应会因社员的家庭收入（刘俊文，2017）、生产规模（苏群和陈杰，2014；Ma & Abdulai，2016）以及与合作社关系的紧密程度（杨丹和刘自敏，2017）的不同而有所差异。另一些学者发现，合作社并不必然对所有的社员都具有显著的增收效果。譬如，温涛等（2015）基于全国17个省的农户数据，采用分位数回归方法分析得出，合作社仅对高收入农户的收入具有显著的提升作用。朋文欢和黄祖辉（2017）依据社员能否从合作社获得相应的服务，将社员细分为两类，发现只有对获得过合作社服务的社员，合作社的增收效果才显著。

对社员非经济福利的影响方面。参与合作社不仅能够直接促进社员农业收入和非农收入的增加（温涛等，2015；Wossen et al.，2017；杨丹和刘自敏，2017；Ma et al.，2018），还能够在提升产品质量、推进品牌建设、提高参与市场的能力、获得更高销售价格和更低农资购买价格的能力、获得更高销售收入等方面起到促进作用（Fischer & Qaim，2012；Abebaw & Haile，2013；Andrei Cechin，2013；Van Rijsbergen et al.，2016）。具体来讲，Wossen等（2017）研究发现农民通过参与合作社能够提升自己采用先进生产技术的能力。Ma等（2018）基于中国东中西部的数据，实证研究发现参与合作社的农户的生产效率平均高于未参与合作社的农户。同样也是基于中国的调研，Ma和Goetz（2018）还发现农户参与有利于促进社员使用有机肥料，实现社员耕地的保护。Kumar等（2018）基于印度奶农的数据发现，参与合作社有利于提高社员农产品的产量和净收益。此外，参与合作社还有利于提升社员的自我发展能力（刘宇荧等，2018）。

合作社不仅具有经济性，还是自治共同体（梁巧和黄祖辉，2011）。一定程度上，合作社能够弥补中国社会部门功能严重缺失的不足，在推动农村社区发展方面起到至关重要的作用（唐宗焜，2007）。参与合作社不仅能够产生和增强社员的社会信任，还会让社员注重承诺并提高其满足感（Becchetti et al.，2013；Hakelius & Hansson，2016）。参与综合性合作社能够缓解农民焦虑感（赵泉民和井世洁，2016）。此外，参与合作社还能够提高社员的幸福感（刘同山，2017）。

（2）对合作社的影响。社员从惠顾、投资、管理三个维度积极参与合作是合作社成功的基础条件（蔡荣和易小兰，2017），缺乏社员的参与会导致合作社的失败（韦惠兰和赵龙，2018）。社员愿意与合作社维持长期关系，支持合作社中长期投入是合作社高效运营的保障，也是合作社较投资者所有企业拥有的比较优势的基础（Österberg & Nilsson，2009）。合作社普通社员的参与不足制约了合作社的持续发展，甚至造成合作社的解体或失败（黄胜忠和伏红勇，2014；蔡荣和易小兰，2017）。

1.2.5.3 社员合作的决定因素

学术界对农户参与合作社影响因素的研究，可以细分为农户参与合作社意愿和行为两个层面。

关于农户参与意愿的研究，通过整理国内文献可以看出，2015 年及以前，学者们多采用最小二乘法、二元 Logit（崔彩贤等，2020）、有序 Probit 等简单回归方法（蔡荣和韩洪云，2012；孙亚范和余海鹏，2012；倪细云，2014；李敏等，2015）或结构方程模型（张启文等，2013）等将尽可能多的因素纳入模型分析影响农户参与意愿的因素。已有研究发现户主受教育程度、农业从业经历、家庭种植面积、农产品类型、生产特征、市场特征、社会环境、合作社提供的服务、对合作社的认知水平、从合作社获得的各项收益等因素对农户参与意愿具有显著的影响（蔡荣和韩洪云，2012；孙亚范和余海鹏，2012；张启文等，2013；倪细云，2014；李敏等，2015；廖文虎和尚光辉，2017）。例如，孙亚范和余海鹏（2009）认为，社员对合作组织了解程度低和中国合作组织存在的制度缺点影响着社员的合作意愿与行为。苏楠等（2012）指出农民的合作意愿主要来源于现代农业发展的需求，特别是面对现代农业经营困难时，农户更加急切需要通过合作提升经营水平。温涛等（2015）研究发现农户参与合作社的意愿主要受家庭劳动力分工情况、家庭收入来源、土地经营情况、地理环境好坏以及家里是否有党员决定。

2015 年以来的文献逐渐缩小了研究视角，例如廖文虎和尚光辉（2017）基于合作社自身运行机制的视角、崔彩贤等（2020）基于内部社会资本的视角、韩喜艳等（2020）基于农业全产业链的视角，分析农户参与意愿和参与满意度的影响因素。例如，温涛等（2015）研究发现，农户个体特征、家庭特征、收入结构、社会关系网络、农村特征等会显著影响农户参与合作社的决策。韩喜艳等（2020）发现兼业程度越低、家庭年收入越低、收入在村中水平越低的农户越倾向于参与农业全产业链的经营，例如愿意真正参与到合作社中。也有的学者集中研究贫困地区（陈雪等，2017），有的研究不同农业类型经营户对合作社的参与意愿（付榕和王静，2015）。国外学者也指出合作社产权界定、合作社治理结构、合作社服务质量和内容以及农户对集体行为成本的认知是影响农户参与投资和交易意愿的主要因素（Gijselinckx & Bussels，2014；Chagwiza et al.，2016）。

不少学者从社会资本视角分析社员参与行为的决定因素，发现社会资本不同方面对社员参与行为的不同维度起着差异化的作用。例如，梁巧等（2014）通过研究社会资本对社员参与程度的影响，发现认知性社会资本对社员参与技术培训的行为产生显著影响。万江红和耿玉芳（2015）主要考察了人际信任和系统信任对社员参与行为的影响，结果显示系统信任即社员对合作社的整体信任和对村庄公权力的信任显著影响农民的参与行为。蔡荣和易小兰（2017）发现社员态度对其参与行为具有积极显著的影响，社员对合作社领导者的信任程度影响了其参与管理的积极性。崔彩贤等（2020）发现内部信任和规范能够显著提升社员的信用合作满意度，社会网络则与之呈现出显著的负向关系。此外，蔡荣等（2015）分析了组织结构因素、治理机制、社员特征、经营特征和外部环境五方面的因素对社员承诺（社员参与）的影响。杨雪梅等（2018）考察了社员信任对其参与行为的影响，并分析了风险感知在其中的中介作用。

也有少部分学者关注社员继续参与合作社的意愿问题，例如，万江红和耿玉芳（2015）和胡宜挺等（2015）指出社员是否愿意继续参与，与社员能够从合作社获得多少收入和以多大成本获取合作社提供的服务有关。值得注意的是，有学者提出农户对合作社的认知与其是否加入合作社呈负相关关系（钟颖琦等，2016）。Kumar 等（2018）研究发现农产品结构和产量（正向关系）、家庭规模（负向关系）和人均收入（负向关系）对农户加入合作社具有显著影响。总的来说，农户合作行为的影响因素大致可以分为社员个体特征、家庭特征、合作社特征和外部环境特征，详见表1－2。

表1－2 部分学者研究农户参与行为决定因素的指标选取

维度	指标	学者
社员个人特征	户主年龄	孙亚范和余海鹏，2012；蔡荣等，2015；张高亮等，2015；Chagwiza 等，2016；冯娟娟和霍学喜，2017；韦惠兰和赵龙，2018
	受教育程度	蔡荣等，2015；Wossen 等，2017；韦惠兰和赵龙，2018
	是否拥有移动手机	Fischer 等，2012
	是否为村委干部（政府官员）	Abebaw 等，2013；冯娟娟和霍学喜，2017
	资金约束	Fischer 等，2012；蔡荣等，2015；Wossen 等，2017
	新技术采纳能力	Karli 等，2006
	信息获取能力	Karli 等，2006
	对合作的认知	孙亚范和余海鹏，2012；赵想和张明，2018

续表

维度	指标	学者
社员家庭特征	家庭人口规模	Chagwiza 等，2016；Wossen 等，2017
	家庭收入	Kumar 等，2018
	非农就业	Abebaw 等，2013；蔡荣等，2015；韦惠兰和赵龙，2018
	拥有农机具情况	Fischer 等，2012
	经营规模（耕地规模、劳动力规模）	孙亚范和余海鹏，2012；蔡荣等，2015；Chagwiza 等，2016；冯娟娟和霍学喜，2017；Mojo 等，2017；Wossen 等，2017；Ma 等，2018
	农产品结构	Kumar 等，2018
	家庭社会资本	Mojo 等，2017
	距合作社距离	蔡荣等，2015；Chagwiza 等，2016
	距集市的距离	Mojo 等，2017
合作社特征	合作社绩效水平	韦惠兰和赵龙，2018
	合作社是否享受政策扶持	韦惠兰和赵龙，2018
	合作社服务水平	冯娟娟和霍学喜，2017；赵想和张明，2018
外部环境	农产品市场发育程度	郭红东和蒋文华，2004
	是否存在经销商	Wossen 等，2017
	市场公平性	蔡荣等，2015
	所经营的农产品市场风险	孙亚范和余海鹏，2012
	地区经济发展水平	郭红东和蒋文华，2004；Mojo 等，2017

特别地，社员参与的不同维度也存在着相互影响。冯娟娟和霍学喜（2017）指出社员的业务参与（是否将农产品销售给合作社）、股金参与（是否拥有股份）对社员的治理行为（是否行使选举权和是否行使决策权）具有显著影响。蔡荣等（2015）考察了社员决策参与对业务参与的影响，但是估计结果没有报告显著的影响。随着研究的深入，有学者已经注意到农户参与合作社的意愿与其决策之间具有差异（温涛等，2015），如何将农户的参与意愿转变为参与行为是合作社持续存在亟待解决的问题（马彦丽和施铁坤，2012）。合作社治理结构不完善，组织松散，不能降低农户从事农业生产所面临的风险等问题是阻碍农户参与

合作社意愿转变为参与行为的主要因素（钟颖琦等，2016）。此外，参与意愿也在参与行为形成过程中起到一定的作用。张高亮等（2015）研究发现农户的合作意愿与参与行为具有高度显著的正相关关系，并且政府支持在合作意愿与参与行为转换中起到重要正向调节作用。

1.2.5.4 推动农户参与合作社的对策研究

农户作为合作社的主要组成部分，是合作社存留和进步的根基（钟颖琦等，2016）。要保证合作社的长期存续，就是要维持异质性农户之间长期有效的合作（钟真等，2017）。对于合作社中的农户合作，农户合作与否是利益权衡的结果（苏楠等，2012）。黄祖辉等（2002）认为，唯有在制度创新所能获取的收益大于成本时，农户才愿意参加合作。崔宝玉等（2008）通过创建合作社中核心农户与一般农户的合作博弈模型，发现“退出权”能够保障两类农户之间形成有效的合作。徐志刚等（2011）基于758个村的合作社的调研表明，社员之间的社会信任、合作意愿和能力对社员长期稳定的合作关系的构建起着决定作用。袁久和和祁春节（2013）应用博弈论方法，分析指出适度增强社员间的信息不对称、提高社员合作意愿和彼此之间的信任、提高预期的合作效应系数、促进合作关系的平等性等都有利于保持合作社异质性社员之间合作的长期性和稳定性。总的来说，学者们从提升社员福利、增加社员实际收入、完善合作社服务功能（肖全良等，2015）、以惠顾额为主的盈余分配方式（邓军蓉和何蒲明，2016）、提高社员对合作社基本制度和运行机制的理解和认知（孙亚范和余海鹏，2012）、提高一般社员的维权意识和合作意愿、提升社员对社长及其他社员的了解和信任程度（李晓锦和刘易勤，2015）、创建奖惩制度和营造合作文化（蔡荣和易小兰，2017）、激励社员投资、参与组织管理、为组织发展做出贡献（刘宇翔，2010）等方面提出了促进合作社社员合作的对策。例如，孙亚范和余海鹏（2012）指出，可以通过影响社员的合作认知水平、对合作收益的满足程度、对管理层的信任程度、健全合作社盈余返还分配制度和社员股金制度来提升社员的合作意愿。

虽然关于推进农户持续参与合作社的相关对策的研究较少，但关于推进农户持续合作的研究结果也能为本书提供一定的参考。已有研究发现，对相关政策以及合作项目的认知度、合作项目的创新性、实际参与收益的参与能力的提升以及参与的满意度等对农户合作的积极性均具有显著的促进作用（王红漫等，2006；仲秋雁等，2011；王芸等，2012；王正沛，2018）。例如，王芸等（2012）基于四川省的调查，实证分析提出农户上阶段的参与收益、参与能力的提升以及对可追溯体系的认知程度对持续参与农产品可追溯体系意愿具有显著的正向影响。王正沛（2018）基于期望确认理论，分析指出创新性特质能够提升农户众筹的持续参与意愿。

1.2.5.5 如何促进合作社持续发展

已有关于促进合作社持续的发展可以分为外部视角和内部机制视角，就外部视角而言，已有研究主要从合作社外部环境和社员态度等角度对合作社可持续发展问题进行研究。学者们从政府政策环境、区域经济环境等方面探讨了外部环境因素对合作社可持续发展的影响（黄祖辉等，2002；翟振才和罗政华，2013；黎莉莉，2018）。例如，黄祖辉等（2002）基于浙江合作社的调研发现，合作社的成功组建和发展是一个立足于区域经济，并融入区域经济的过程。Cinneide（2004）指出合作社发展不仅受行业内竞争对手和潜在的进入者等方面的影响，还受政治、社会文化以及自然等多方面环境因素的影响。合作社只有通过建立正规的管理制度，才能实现合作社的可持续发展（廖媛红，2012）。黎莉莉（2018）基于重庆323个合作社的调查数据，研究发现政府的支持作用、政府对内部事务的干预对合作社的可持续发展影响显著，且分别呈现出正向与负向影响。合作社的持续发展不仅依赖于宏观政策等，更取决于合作社社员对合作社的忠诚度和满意度，重点在于留住社员（张连刚和柳娥，2015）。合作社是市场竞争中弱小生产者根据平等、自愿原则成立的互助组织，社员以使用者和拥有者的双重身份参与合作是合作社奏效的根本前提（FAO，1998）。廖媛红（2013）进一步提出要综合考虑合作社社员的满意度与合作社组织绩效，选择适宜的产权安排，尽量使二者达到相容或者平衡，才能实现合作社的可持续发展。崔彩贤等（2020）认为，最大限度地提升社员满意度是实现合作社持续稳定发展的重要手段。

就内部机制视角而言，学者们探讨了治理机制、分配制度、内部信任等方面对合作社发展的影响。其中，就治理机制而言，刘雨欣等（2016）指出合作社内部监督机制的完善能够有利于合作社的可持续发展。黄胜忠和伏红勇（2019）通过采用契约治理与关系治理相结合的混合治理机制，来实现合作社内部异质性社员绩效的帕累托改进，进而促进合作社可持续发展。关于分配制度，钟真等（2017）提出风险分担机制和利益分配机制是拥有异质性社员的合作社的两大重要制度安排，决定了合作社的契约形式，并影响着合作社发展的稳定性。此前，宋言东等（2012）指出适时适度地将合作社利益分配给农民社员，是保证社员持续合作的前提，只有这样才能保障合作社的存续发展。Bijman 等（2012）以及黄胜忠和伏红勇（2014）强调能够通过公平合理地分享剩余来增强合作社内部凝聚力和外部核心竞争力，进而保障合作社的可持续发展。张晓山（2014）认为，社员明确合作社产权愿望是有理论和法律依据、历史原因和现实原因的，能使农户社员的利益得到充分保障的产权制度，是合作社可持续发展不可或缺的前提条件。于海琳（2015）指出分配机制过分注重“资本”，过分定低劳动权重，对于合作社内部公平分配收入和调动社员积极性是极为不利的，而且会阻碍合作社的长期可持续发展。颜华和冯婷（2015）也指出为了实现合作社的健康稳定运行，需要保障大多数普通社员的利益。另外，内部信任显著影响着合作社的健康发展（Harris，1996），刘宇翔（2012）认为信任影响合作社的社员行为，进而会影响合作组织的稳定性与经营效率。

1.2.6 文献述评

合作社持续发展问题一直是学者们关注的焦点问题，已有研究从合作社外部环境、内部治理、分配制度的公平性、组织信任等角度分析阻碍或推进合作社持续发展的因素。所得研究结论大多认为，农户持续加入合作社的意愿、社员的组织承诺是合作社得以持续运行与发展的直接决定因素。在提升农户参与合作社的意愿与行为方面，以及探索社员合作的决定因素等方面，学者们也做了不少努力。大部分研究发现，按照社员所投入的要素进行利益分配机制的制定，充分体现公平，是提升社员合作满意度的重要因素。同时，社员实际从合作社中获得的收益也会显著影响社员的组织承诺和满意度。

社员异质性也进入了学者们的视野，已有研究剖析了社员异质性产生的原因及表征，从正负两方面阐释了社员异质性产生的影响，并对异质性社员进行了界定。通过梳理可知，关于合作社以及社员的相关学术研究成果已经相当丰富，为合作社的发展提供了富有卓见的理论指导，学术源于现实、服务于现实、指导现实的作用得到极大的发挥。这些学术成果是已有研究的宝贵积累，对本书也有着极为重要的参考价值。但现有文献仍可以从以下几个方面进行完善：

（1）从异质性社员持续合作角度解读合作社持续发展问题。影响合作社持续发展的因素有很多，不仅需要关注合作社所处的外部经济、政治、社会文化环境，还需要从合作社内部出发，寻找推动和制约合作社持续发展的因素。内部因素除合作社治理机制、管理结构、分配制度、决策机制外，还包括社员与合作社之间的关系，以及社员间的相互关系。由于异质性社员结构已经成为合作社发展面临的不可回避的事实，异质性社员间利益诉求、风险偏好等方面的差异严重影响着其持续发展，对合作社的持续发展也形成较大的阻碍。想要维持不同特征社员的长期持续合作，在实践和研究中考虑社员的差异是必然选择。既然异质性社员结构在短期内无法改变，那么维持并推动合作社持续发展，不可避免地需要通过探究异质性社员如何实现持续合作，进而提出推动合作社持续发展的措施建议。

（2）从客观收益能力与主观公平感知两个层面同时考察社员的持续合作问题。关于合作社持续发展问题的研究主要集中在合作社组织制度、治理结构、内部信任等方面，少有从社员合作视角的研究。在仅有的几篇关于推动合作社社员持续合作的研究中，主要分析合作社能力、风险态度等对其的影响，同时也是从这些方面对推进社员持续合作提出对策建议。虽然已有研究关注了异质性社员的利益冲突及其对合作社发展的影响，也提出了一些调和异质性社员利益冲突的方案，还有研究关注到社员持续合作意向的重要性，但缺乏具有普适性的推广方案。同时也忽略了社员自身的合作收益以及在合作过程中的公平感知对持续合作倾向的分别影响和综合影响。作为有限理性经济人的社员，其生产经营行为往往以经济利益最大化为目标，在认知有限的情况下，社员往往会采取对自己最有利的方式开展行动。社员对利益的追逐，可以体现在对客观收益的追求方面。已有文献也多次证实人们的公平感知会对其满意度、行为意愿以及行为的实施产生了显著影响，但少有分析合作社社员公平感知的决定因素以及对社员行为、意愿的影响的研究。此外，由于社员的公平感知也对其自身与合作社的绩效产生影响，而绩效又决定着社员的合作决策，因此，需要将公平感知作为重要因素纳入社员持续合作的研究中。

（3）引入资源禀赋评价指标体系，量化社员资源禀赋差异。异质性社员普遍存在对合作社的发展产生着深远影响，现有研究已经注意到社员的异质性，并将社员进行分类研究，大多研究指出社员异质性的直接原因是社员资源禀赋的异质性。然而，大多研究仅定性指出社员的资源禀赋高或低，并没有提出可操作性的资源禀赋衡量指标体系，更没有按照资源禀赋高低对社员进行划分。想要确切找到促进资源禀赋异质性社员持续合作的路径，需要明确异质性社员的资源禀赋特征，以及这些特征在持续合作中的作用。

1.3 研究思路与内容

1.3.1 研究思路

本书以中国农户分化、合作社社员异质性普遍存在为背景，借鉴期望理论、交易成本理论、农户行为理论、资源基础理论和公平理论等分析异质性社员合作收益能力和公平感知对其持续合作倾向的影响机理。通过梳理中国合作社的发展历程与社员异质性的历史演进，厘清中国合作社异质性社员产生的根源，并以四川省区域内的蔬菜种植合作社社员为主要调查对象，通过多层次的走访座谈、系统的问卷调查，获取一手调研数据。在此基础上，首先，使用统计分析方法对异质性社员的特征进行解析；其次，使用调整逆概率加权（Inverse Probability Weighting Regression Adjustment，IPWRA）剖析异质性社员在合作收益能力和公平感知两方面的差异；再次，使用有序 Probit 模型探析异质性社员合作收益能力与公平感知对其持续合作倾向的影响机理；最后，结合上述研究结果给出相应的对策建议，完成对异质性社员合作收益能力、公平感知与持续合作倾向问题的探索。具体研究技术路线如图 1－2 所示。

1.3.2 研究内容

（1）异质性社员合作收益能力、公平感知作用于持续合作倾向的理论分析。剖析合作收益能力与异质性社员在合作过程中公平感知的理论内涵，结合农民分化理论等相关理论以及已有的相关研究，阐明异质性社员的合作收益能力和公平感知与其持续合作倾向的内在逻辑关系，为本书提供学理依据。

（2）异质性社员分类及特征差异分析。首先，从自然资本、人力资本、资金资本和社会资本四方面资源，构建符合中国实际的，合作社社员入社时资源禀赋评价指标体系；其次，运用主成分分析和熵值法对社员的资源禀赋进行测度，使用聚类分析按照资源禀赋对异质性社员进行分类；最后，对比分析资源禀赋异质性社员的合作收益能力、公平感知以及持续合作倾向的差异。

（3）异质性社员持续合作倾向影响机理分析。运用主成分分析、聚类分析、IPWRA 估计方法、有序 Probit 模型等方法，探讨异质性社员合作收益能力和公平

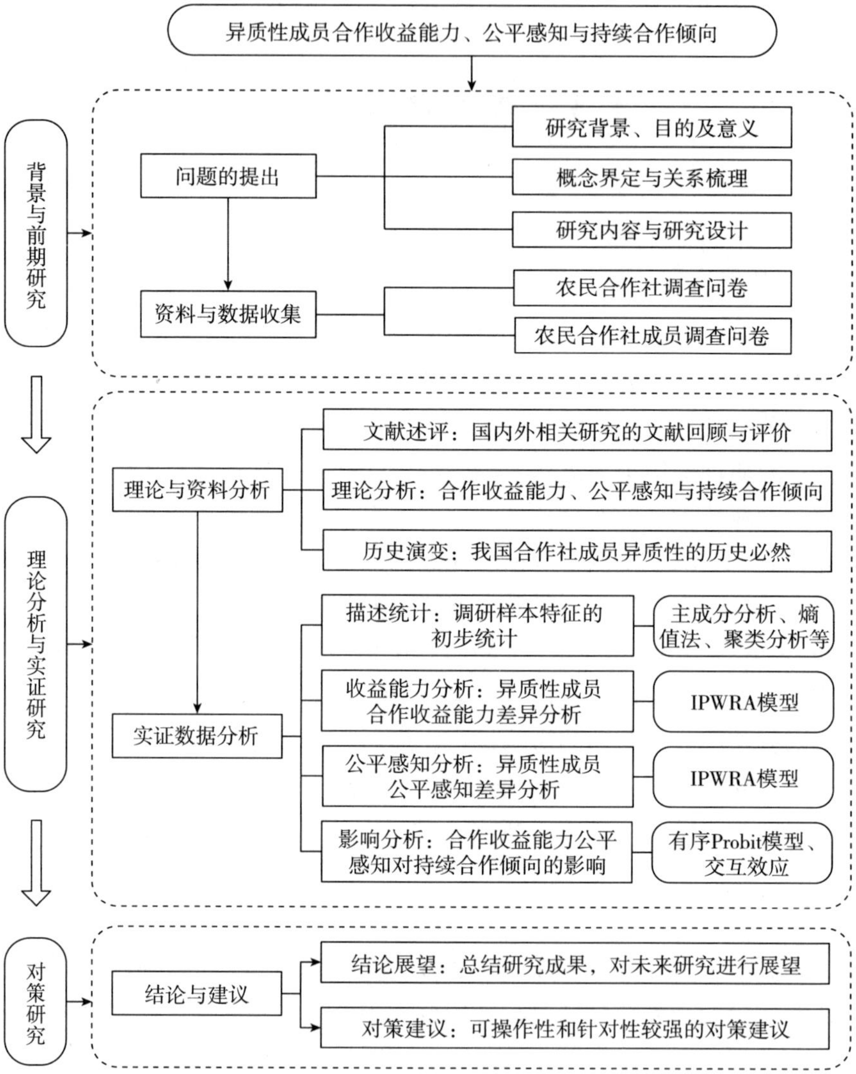

图1－2　技术路线

感知两方面的差异，剖析异质性社员合作收益能力与公平感知对持续合作倾向的直接影响和交互作用，探明中国合作社异质性社员持续合作倾向的影响机理。

（4）提升异质性社员持续合作的对策研究。根据前文的分析结果，着眼于异质性社员的合作收益能力与公平感知，提出提升异质性社员持续合作倾向，促进异质性社员长期合作的对策建议与政策优化。为加强中国合作社异质性社员进一步合作，促成合作社长期存续提供实证和理论依据。

1.4　数据来源与研究方法

1.4.1　数据来源

本书的资料源自于四川省科技厅软科学重大项目“四川贫困地区农民合作社减贫效应及其影响因素研究”课题组和四川省农村发展研究中心青年项目“要素禀赋差异、社员异质性与农民合作社的利益分配机制”课题组，笔者有幸成为课题组的主要社员，全程参与了课题的设计、调研资料的收集与整理工作。调研时间集中在2017年5～8月，调查人员主要为拥有课题相关专业知识、丰富的实地调研经验的本科生与硕博研究生。根据研究需要，于2018年11月进行了补充调研。资料收集主要通过以下几个渠道完成：①政府机关资料，主要是政府公报数据、统计年鉴、政策文件等。通过网络查找、实地拜访和小组座谈等方式完成。②问卷数据和个案资料，主要包括合作社社级问卷和社员问卷。合作社社级问卷由合作社理事长等熟悉合作社运行机制、经营状况的相关负责人填写。合作社社员问卷由社员家庭户主等了解家庭经营决策、财务、资产等情况的家庭社员填写。整个调研通过分组调研、实地观察、一对一面对面访谈以及电话回访等方式完成。③文献资料，收集国内外学者相关研究成果，包括研究报告、调研报告、期刊和书籍等。通过学校图书馆、google学术以及订阅购买等方式完成。

表1－3　五大经济区蔬菜种植情况

五大经济区	包含县（市、区）	蔬菜产业重点县	从业人员（万人）	产量（万吨）	亩产量（万吨/亩）
成都平原经济区	成都、德阳、绵阳、乐山、眉山、资阳、遂宁、雅安	新都区、什邡市、东坡区、广汉市、彭州市、旌阳区、大邑县、双流县、崇州市、安岳县、安居区等19个	667.99	1675	3.06
川南经济区	自贡、泸州、内江、宜宾	资中县、威远县、荣县、合江县等7个	368.2	987	2.41

续表

五大经济区	包含县（市、区）	蔬菜产业重点县	从业人员（万人）	产量（万吨）	亩产量（万吨/亩）
川东北经济区	广元、南充、广安、达州和巴中	岳池县、广安区、开江县、达县、剑阁县、邻水县、巴州区等15个	569.07	1262	1.97
攀西经济区	攀枝花市和凉山州	德昌县、西昌市、米易县等4个	20.72	360	2.82
川西北生态经济区	甘孜州和阿坝州	无	-	-	-

数据来源：五大经济分区和蔬菜产业重点县的分布数据来源于《四川省五大经济区分布》和《国家级蔬菜重点生产县分布》。农业从业人员、蔬菜产量和亩产量的数据主要参考四川统计年鉴（2017）。

1.4.1.1 问卷设计

问卷设计是整个调研实施的基础，本书遵循以下流程科学地进行问卷设计。首先，借鉴已有文献研究，选择前人使用过的变量及其衡量指标（蔡荣等，2015；温涛等，2015；何国平和刘殿国，2016；钟颖琦等，2016；蔡荣和易小兰，2017；Mojo et al.，2017；Kumar et al.，2018；Ma et al.，2018），包括合作社异质性社员的判定标准、参与情况、社员收益及其公平感知的衡量指标。随机选取学校所在区县的3个蔬菜产销专业合作社及其8位社员进行深度访谈，让他们客观地描述自己对合作社组织形式、合作社治理机制、经营状况、分配制度的认知。在此基础上，整理出各个衡量指标的关键陈述项，并对测量问题进行设计，形成初始调查问卷的初稿。其次，通过向学术界和合作社相关专家咨询，对问卷测量题目进行修改。在相关研讨会上，就所研究变量之间的逻辑关系以及测量题目设计等问题进行深入探讨和交流，对研究关键词、对应条款以及问卷题型进行修订，保证问卷题项与研究变量、研究目标的一致性，确保问卷题项表述的准确性、易懂性与可答性。并对某些问题进行增删，从而形成初始调研问卷。最后，通过“前测”对问题进行纯化，最终形成正式的调查问卷。具体做法是将初始调查问卷通过分层随机抽样的方式发放给5个蔬菜产销专业合作社及其15位社员进行前测，根据他们反馈的信息做初步的检验分析，对问卷进一步地修改和完善，在此基础上形成正式调查问卷，合作社问卷包括合作社基本情况、治理结构、利益分配、服务及运营绩效等；社员问卷包括社员家庭基本情况、社员家庭户主基本情况、蔬菜种植情况以及参与合作社及其收益、感知情况等。问卷主要采取一对一、面对面的形式进行收集。

表1-4 样本区县选择与问卷发放规模 单位：个

所属经济区	县（市、区）	样本蔬菜种植合作社	样本合作社社员	有效问卷[a]
成都平原经济区	彭州市	7	80	31/339
	大邑县	6	70	
	什邡市	6	70	
	安岳县	6	70	
	安居区	6	70	
川南经济区	资中县	6	70	18/201
	荣县	6	70	
	合江县	6	70	
川东北经济区	岳池县	6	70	24/257
	开江县	6	70	
	剑阁县	6	70	
	巴州区	6	70	
攀西经济区	西昌市	7	80	7/72
合计		80	930	80/869

注：资料来源于课题组研究设计与实地调研数据整理。a 表示有效问卷左边陈列的是蔬菜种植合作社的有效问卷数量，右边陈列的是合作社社员有效问卷数量。

1.4.1.2 调研区域与抽样方法

相比于其他农业产业，一方面，蔬菜种植具有较强的资产专用性特征，所以交易成本一般较大，以至于合作社在蔬菜产业出现的可能性越高。因为大部分蔬菜，特别是叶类蔬菜储存时间短，不易于长久保存，对冷藏库和高效的物流要求较高，而这些投入的资产专用性较强，更加需要通过合作来分散风险、降低一定交易成本。合作社能够实现上述目标，一定程度上提高整体生产效率（Royer，1995）。另一方面，蔬菜的生产成本较高，菜农能够通过合作、实现规模效益来降低生产成本。蔬菜的种植对种子的选取、农药肥料的购买与使用、植保技术等具有更加强烈的需求，这均可以通过合作社的集体行动来实现低成本获取。综上所述，蔬菜种植户在合作方面具有更加强烈的需求。

选择蔬菜种植合作社还有以下三方面的原因：①蔬菜价格波动较大，销售渠道多元化，且主要以商贩上门（到田地）、批发市场或农贸市场为主。在这样的交易环境中，蔬菜种植户依旧处于被动或劣势地位，其市场议价能力可提升的空间较大，蔬菜合作社能够在这方面起到重要作用。②蔬菜种植收入往往占据家庭农业总收入的绝大部分，是农户农业收入的主要来源。农户往往对其重视程度较高，愿意花更多精力在相应的合作参与上，为本书获取丰富的实践数据提供保障。③从整个农业产业经营户参与产业化组织的情况来看，蔬菜种植户参与合作社等产业化组织的比例最高，但依旧不到50%，表明蔬菜种植户具有参与合作社的强烈需求，但入社比例不高，可挖掘的空间较大。

四川省是中国西部地区和南部地区最大的蔬菜生产省份[①]。《中国统计年鉴》显示，2016年四川省的蔬菜种植面积位居全国第六位，占全国蔬菜总耕种面积的6.18%，蔬菜总产量为4388.58万吨，位居全国第五，总产量占全国总产量的5.50%。2012年公布的《全国蔬菜产业发展规划》（2011—2020年）中，在全国划定580个蔬菜重点生产县，四川省作为南菜北运基地，有45个县（市、区）位列其中，蔬菜重点生产县的数量仅次于山东省和河北省，位居全国第三，居中国西部地区与南方地区之首。《四川省蔬菜种植农业合作社名录2017年最新版》指出，截止到2016年年底，四川省共有7958家蔬菜种植合作社，蔬菜种植户覆盖率达到99%以上[②]（见表1-3）。在蔬菜种植以及蔬菜种植产销合作社覆盖范围方面，四川省不仅在中国西部地区、南方地区，甚至在全国范围内都具有很强的代表性。因此，确定四川省作为本书的调研区域，对省内不同经济区的蔬菜产销专业合作社及其社员进行调查分析。

基于蔬菜重点生产县的分布，参照四川省五大经济区的标准划分[③]（详见表1-3），将四川省划分为成都平原（成都、德阳、绵阳、眉山、资阳）、川南（泸州、宜宾）、川东北（广元、广安、巴中）、攀西（攀枝花、凉山）四个二级调研区域。为了保证抽样设计的目的性、可测性、可行性以及经济性（Leslie，1997），在分层抽样原理指导下（风笑天，2009），本书综合考虑各区域蔬菜从业人员数量、年产量和亩产量后，确定了调研区县和抽样规模。据统计，2016年底四川省共有蔬菜种植合作社7958家（农业部农村经济体制与经营管理司和农业部农村合作经济经营管理总站，2017），调查规模确定为总量的百分之一，四舍五入后，最终确定蔬菜种植合作社样本规模80家。综合四大经济区农业从

① 数据来源：《新中国农业60年统计资料》，国家统计局，2017年。

② 中国客户网：http://www.ltmic.com/index.php?m=data.

③ 四川省人民政府办公厅．四川省人民政府办公厅关于印发五大经济区2017年工作要点的通知（川办函〔2017〕111号）［EB/OL］.http://www.sc.gov.cn/zcwj/xxgk/NewT.aspx?i=20170605165356-178845-00-000，2017-06-02.四川省五大经济区分布及国家级蔬菜重点生产县分布，详见表1-2.由于川西北生态经济区生态脆弱、自然条件不易蔬菜生长，且没有蔬菜重点生产县，本书将研究区域设定为前四个经济区。

业人员占总数的百分比，以及各经济区蔬菜产量占总产量的百分比，大致确定每个经济区蔬菜种植合作社的调查规模。虽然攀西经济区从业人员和总产量不多，但其亩产量在四大经济区中排行第二。考虑到攀西经济区的特殊情况，在样本规模确定过程中，将其样本适当扩大。因此，最终确定在四大经济区一次选取31家、18家、24家和7家蔬菜种植合作社作为调查对象。

确定样本规模后，结合各蔬菜重点生产县的种植规模，在成都平原经济区选取5个县、川南经济区选取3个县、川东北经济区选取4个县、攀西经济区选取1个县作为县级调查样本。根据各个县的县级涉农部门提供的关于合作社的发展情况，每个县抽取6~7个蔬菜种植合作社。考虑到样本的可对比性，本书仅针对产销类合作社进行调研。最后，根据合作社所提供的社员信息，在每个合作社抽取10~13位社员。样本选取结果请见表1－2的第3列和第4列。问卷由接受过严格培训的调查员，采用一对一入户访谈的方式完成，共收集合作社问卷80份和社员问卷930份。对问卷内容进行核实，剔除前后矛盾或信息缺失的无效问卷后，最终获得合作社有效问卷80份，问卷有效率为100%；合作社社员有效问卷869份，效率为93.44%，详见表1－4的最后一列。

1.4.2 研究方法

本书基于国内外已有研究成果和实地调查所获得数据、访谈资料综合运用了文献资料法、实地调查法、比较分析法、二型博弈模型、主成分分析、有序Probit、IPWRA模型等研究方法，对合作社异质性社员的合作贡献、合作收益以及持续合作倾向进行深入研究。

（1）文献资料法。通过中国知识资源总库（CNKI）、ProQuest全文期刊数据库、Springer全文数据库和ELSEVIER丛书数据库等信息渠道，搜集合作社异质性社员相关研究，对已有的相关研究成果进行梳理归纳，围绕、总结已有研究成果和进展，对合作社社员异质性的成因及影响，异质性社员的类型、合作行为和利益分歧等方面进行归纳分析。本研究需要解决的实践问题和科学问题，确定本研究需要借鉴的理论基础，搭建分析框架，选取衡量社员资源禀赋的指标体系。

（2）实地调查法。合理规范设计研究所需指标，利用问卷调查方法对四川省80家蔬菜种植合作社的基本特征、社员特征、合作贡献、合作收益、公平感知和持续合作倾向等方面的相关数据资料进行收集和整理。在调查过程中，通过采用以下措施来解决社会期望效应带来的偏差：其一，问卷参与者可以不需要他们的真实姓名作为联系人；其二，承诺没分问卷都高度保密，只用于学术研究；

其三，保证调查期间，每天晚上对白天所填问卷进行交叉核对，若回收问卷存在严重逻辑问题或数据缺失问题，则通过电话或面谈的方式向受访者核实，让受访者填补。

（3）比较分析法。该方法主要用于分析两个或两个以上有某种联系的事物或对象的相似之处与差异所在，既可以分析微宏观事物，又可以用于分析定量定性的事物，还能被用于分析单个或综合的事物（林聚任和刘玉安，2004）。在研究中该方法首先被用于分析异质性社员在合作收益能力、公平感知与持续合作倾向方面的差异，然后被用于分析异质性社员合作收益能力、公平感知对持续合作倾向影响的差异。

（4）统计方法。该方法是一系列有关收集、整理、分析和解释统计数据，并对其所反映的问题作出一定结论的方法总称。本研究主要使用的统计方法有主成分分析方法、熵值法和聚类分析。主成分分析方法是一种常用的客观降维的方法，具体操作是将一系列相关的变量数据通过线性变换成与原变量数量一致且相互之间不相关的主成分，使用对应主成分的方差贡献率作为每个主成分的权重，将其综合成一个数值（Hotelling，1933）。熵值法是另一种常见的客观降维方法，是通过计算离散程度确定该指标对综合评价的影响程度，进而确定权重，最终得到综合值的方法。聚类分析是将数据分类到不同的类或簇的过程，其最终形成的类在得到之前是未知的。在本研究中，主成分分析方法和熵值法均被应用于按照资源禀赋对合作社社员进行分类中，对社员合作收益能力综合评估、公平感知测算以及持续合作倾向的综合评价中，之所以采取两种方法，是为了进一步保证评价结果的稳健性。聚类分析则被应用于按照各类指标的综合值对社员进行分类，对社员合作收益能力、公平感知以及持续合作倾向进行分类。

（5）计量分析法。IPWRA 估计方法是处理效应模型中能够控制由可观测因素引起的估计偏误的估计方法，其估计结果具有双重稳健性。本研究中，影响异质性社员的初始资源禀赋的因素很可能也同时影响着社员合作收益能力和公平感知，因此，在分析初始资源禀赋对社员合作收益能力和公平感知的影响时，需要使用 IPWRA 估计方法对其估计偏误进行控制。有序 Probit 模型主要被用于因变量为有序离散变量的情况，由于本书主要从客观收益和主观感知两个层面考察社员持续合作倾向的影响因素，在分析之前使用上述介绍的方法将持续合作倾向分为 5 级变量，于是在分析其影响因素时，使用了有序 Probit 模型。

1.5 主要创新之处

（1）创建了异质性社员“客观收益—主观感知—持续合作倾向”的理论分析框架。多学科理论融合，以利益驱动为核心，将效率与公平结合，把社员的合作收益能力视为短期利益的实现，将社员的主观公平感知视为对长期利益预期的衡量，剖析了二者对持续合作倾向的影响机理，实现了现实利益与预期利益的统一、短期利益与长期利益的结合、持续合作倾向客观因素与主观因素的融合，丰富了合作社理论。

（2）从自然、人力、资金和社会四个资源维度构建了资源禀赋量化指标体系，量化剖析了异质性社员的资源禀赋差异。在吸收既有研究对资源禀赋界定的基础上，构建了合作社社员初始资源禀赋衡量指标体系，量化了社员资源禀赋水平。突破已有文献分析社员异质性时，仅定性地描述社员间资源禀赋的特征差异，而对社员资源禀赋缺乏系统评判的不足。

（3）引入合作社吸纳能力，创新界定合作社社员持续合作倾向的内涵。在衡量社员“持续合作倾向”时不仅考察了社员主观持续合作意愿，而且对社员合作能力、合作社吸纳能力进行了评判，更为准确地反映了社员持续合作的可能性，弥补了已有研究仅用持续合作意愿表示社员持续合作倾向的不足。

第2章　核心概念与理论基础

2.1　核心概念

核心概念的界定是研究的基础，清晰的界定不仅能够明确研究对象，还能框定研究边界。在已有研究的基础上，结合本文的研究目标，对异质性社员、持续合作倾向、合作收益能力和公平感知等核心概念进行内涵界定。

2.1.1　异质性社员

异质性是指物质或生物体的组成部分、资源、质量、维度等方面的不同（Christopher，1996）。“异质性社员”已经被合作社理论界与实业界广泛关注，学者从不同角度对异质性社员进行界定。国外学者从土地规模（Alho，2015；Plakias & Goodhue，2015）、交易数量（Hendrikse，2002；Liang & Hendrikse，2016）、类型和质量（Hendrikse，2002；Merel et al.，2015）、谈判能力（Jean－Marc，1999）、生产效率（Karantininis et al.，2001）、成本结构（Karantininis & Zago，2001；Kalogeras et al.，2009）、成本效益（Plakias et al.，2015）、合作收益（Iliopoulos，1999；Alho，2015）等方面描述社员的差异性。国内大部分学者则认为合作社社员的异质性表现在资源禀赋异质性、入社动机异质性、需求异质性和在合作社中扮演角色的异质性等方面（赵晓峰和邢成举，2016；周娟，2017）。资源禀赋差异是社员异质性产生的直接原因（于会娟和韩立民，2013；徐旭初和邵科，2014），进而引起社员的要素投入、参与目的、对合作社的贡献以及所承担的风险等的不同（楼栋和孔祥智，2014），因此，本书将从资源禀赋角度对异质性社员进行界定。

基层干部、政府农技部门、工商资本等已经成为创办合作社的主力军（农业部农村经济体制与经营管司和农业部农村合作经济经营管理总站，2018），合作社社员不仅包括农民还有政府工作人员、企业等。结合研究目标，基于2018年修订颁布的《合作社法》中关于农民是合作社社员的主要组成部分的规定，本研究所指的合作社社员均为农民社员。在中国农村，农民是农户的个体社员，农户是从事农业生产经营活动的基本组织单位，农民以户为单位加入合作社。于是在调研样本识别过程中，不过多强调农户与农民的差异，若该农户有一个家庭社员为合作社社员，那么认定其为合作社社员。

《合作社法》从全局出发对合作社社员的来源、权利和义务做出了较为清晰的规定。由于农业产业多样化，不同产业间生产特征差异较大，以及农业生产的季节性和地域性等，实践中的合作社也具有较强的地区差异性和经营类型差异性特征。基于此，不少合作组织研究者在对合作社展开研究时，从不同角度对合作社社员进行了诠释（石旭斋，2006；蔡荣和韩洪，2011；邵科，2012；潘劲，2013；张德峰，2014；李琳琳和任大鹏，2014）。根据前文有关合作社社员界定的相关文献回顾，结合调研的可行性和研究目标，将在工商部门登记注册或在私下被登记在合作社社员花名册中的农户认定为合作社社员。因此，异质性社员是指拥有不同资源禀赋的合作社农户社员，其中，资源禀赋包括自然资本、人力资本、资金资本和社会资本。

2.1.2 持续合作倾向

在合作社研究中，“合作”一词被视为常识，少有研究对其做详尽解释。并且大多研究或将社员参与视为社员合作（Fischer & Qaim，2012），或将社员加入合作社视为社员的合作（Ma & Abdulai，2016）。但是，农户加入合作社不一定会进行合作（朋文欢和黄祖辉，2017；Liu et al.，2019），有的农户是被动加入（罗玉峰等，2017），加入后并没有产生实质性的合作行为。于是，本书认为农户加入合作社与实际进行合作有着本质区别，需要对社员合作重新进行界定。在《心理学大辞典》中，合作是社会性动物所具有的一种行为类型，它是为了共同目的而由两个以上个体共同完成某一行为（朱智贤，1988）。通过分析已有研究关于合作的定义可看出，学者们在研究合作时，更多地强调群体一起工作、拥有共同目标、群体间个体相互依赖等特征。例如，崔丽莹（2011）认为，合作是两个或两个以上持有共同合作观的个体之间通过共同努力、相互帮助、协同活动以实现共同目标、共同获益的活动过程。也有学者从合作成本最小化的角度，强调合作是最小的付出谋求最大化的共同目标或奖赏（Jewett，1992）。结合研究对象，将合作界定为持有降低生产成本和交易成本，提高销售价格和产品质量等共同目标的合作社社员，为实现共同目标而采取的协同活动。基于此，本研究将合作社社员的持续合作定义为：合作社社员在一轮生产经营活动合作结束后，继续进行协同活动的合作行为。

Soboh 等（2009）指出社员的持续参与度是能够反映合作社真实情况的指标。本研究将社员的实际参与视为合作，故而持续参与度就是持续合作程度。由于持续合作程度不同于合作程度能够被直接观察到，需要根据已有信息进行预测。那么，选取一个恰当的、科学的预期指标显得尤为重要。持续合作意愿不能完全代表持续合作，在调查中仅询问持续合作意愿，可能会造成合作社社员对因变量的理解有偏差，不能完全表达其下个阶段的合作决策，最终导致高估合作社社员实际持续合作行为。与此同时，持续合作行为不能被观察到，需要追踪调查。用已经发生的持续合作行为来考察上一期社员的持续合作可能性，一方面会低估社员持续合作的可能，另一方面这样的研究缺乏实际意义和政策价值。因此，需要找到能够预测社员持续合作行为的指标，在上阶段合作结束前，通过预测下阶段社员合作行为来调整生产经营方案，以获取更高的合作收益。于是，本研究选取“持续合作倾向”来表达合作社社员加入合作社，并在经历一个农业生产周期，即完成合作社利益创造、利益实现和利益分配后，对合作社的经营管理以及个体能够从合作中获取的收益形成了清晰的认识，在此基础上形成对继续保持或加强合作的倾向。

2.1.3 合作收益能力

收益能力的英文表达是“Earning Power”，但这一概念在被引入中国的过程中有诸多翻译方式，除了“收益能力”外，还包括“获利能力”和“盈利能力”。从中文的概念和研究中很难区分三者之间的区别与联系，梳理文献发现：收益能力主要被用于分析企业等组织的资金增值能力（江玮和郭朝阳，2018；李棚和郑恒斌，2018），也有用其代表社会保障基金获取收益的能力（彭曦，2017）。就英文文献而言，营利能力（Profitability）主要被用于分析企业的获益能力（Bamiatzi et al.，2016；Singapurwoko，2017）。同时，收益能力主要被用于分析家庭经济问题，例如已婚在兼顾家务与工作的情况下，工作所能获得的收益的能力（Harrell，1995），已婚夫妇在平衡家庭与工作过程中，分别在工作中的获取工资的能力（Nickols & Metzen，1978）。本研究主要考察社员个体获取收益的能力，因此借鉴已有的文献，使用“收益能力”这一表达，意为社员获取收益的能力。因此，合作收益能力被研究界定为，社员在合作过程中通过付出一定成本而获得收益的能力，使用社员在合作中的贡献（合作成本）与该社员所获得的收益进行体现，即合作收益能力 = 合作收益/合作贡献。合作收益能力越强代表着社员在合作过程中成本收益率越高。为了进一步弄清合作收益能力的内涵，有必要明确社员的合作贡献与合作收益。

（1）关于合作贡献：《辞海》中贡献是指挪出物资或奉献才智于社会公众，做出对社会公众有所助益的行为。结合已有研究提到贡献时所表达的含义（于会娟和韩立民，2013；周振和孔祥智，2015；黄勇，2017；Bose，2019；Trianni et al.，2019），本书将贡献界定为：为了实现群体共同利益而做出的努力，包括土地、劳动力、资金、人力资本等生产资料的投入。结合上文关于合作的定义，社员联合起来进行集体行动是为了实现共同利益。再者，结合农业产业特征（李秉龙和薛兴利，2013），合作社社员的利益实现过程可以细分为利益创造（即合作社内部农资购买、农产品交易方面）和利益实现（即购销渠道拓展、产品销售方面）两个阶段，因此，社员的合作贡献也分为两个阶段完成。此外，社员合作贡献的实质是社员投入合作的要素的贡献，而社员合作贡献的差异也是由异质性社员投入合作的要素的差异导致的（于会娟和韩立民，2013）。要素贡献的差异不仅体现在数量上还体现在质量上，稀缺要素能够带来的边际收益大于一般生产要素。因此在考虑社员合作贡献时，不仅需要考虑社员投入要素的多少，还需要考虑社员投入要素的稀缺性。

（2）关于合作收益：经济法规定收益是指标的物主体收取自己所拥有的标的物所产生的利益，即主体收取所有物的孳息，包括法定孳息和自然孳息。前者指依法律关系取得的银行利息、租金等利益；后者主要指农业领域，依照动植物的自然规律和性能收取的利益（陈畅东，2017）。因此，可以将社员合作收益理解为社员收取在合作过程中所投入的生产资料所产生的利益。结合社员与合作社特殊的关系，这里的生产资料包括有形资料和无形资料，前者包括资金、土地等，后者包括劳动力、时间、管理才能、社会关系等。

（3）关于合作收益能力：已有研究主要从合作社能够提升社员的收益入手（苏群，2014；Liu et al.，2019），少有探索社员自身在合作过程中收益能力的文献。虽然较强的合作收益能力能够带来较高的收益，但社员的合作收益并不能完全代表社员在合作过程中的贡献与获利情况。为了控制由社员自身因素和合作贡献差异导致的合作收益悬殊，引入合作收益能力概念，通过合作收益与合作贡献的比值厘清社员在合作中真实的收益能力。

2.1.4 公平感知

公平感知（Fair Perception）概念始于国外学者对企业员工工作满意度、工作绩效与组织承诺的研究（Bies & Moag，1986；Huseman，1987）。Huseman 指出公平感知是企业员工对工作结果和工作过程等多环节是否公平公正的主观评价。工作结果主要包括酬劳、奖金、处罚金等；工作过程则包括组织规章制度制定的权威性和透明性，员工对组织的知晓度，以及报酬分配制度和过程的公平性等。合作社是特殊的企业，其社员是特殊企业中的特殊员工，因此源于研究企业员工的公平感知概念能够被用于分析合作社社员。

结合研究实际，本书将合作社社员的公平感知界定为：合作社社员在合作过程中，对于有关个人权益的决策制定环境是否公平的主观体验。公平感知是一个抽象化概念，国内外学者根据研究需要，对公平感知进行了不同维度的解读（Bies & Moag，1986；Yochi & Spector，2001；钱文荣和李宝值，2013；柴寿升等，2016）。根据研究需要，此处将公平感知的维度解读为：合作社社员对个人在合作过程中是否得到公平对待的主观评价，主要体现在对当前合作利益分配制度和生产经营决策制定过程的公平性的主观判断。

2.2 理论基础

合作社社员的异质性本质上来说是农民的分工分化、资源禀赋差异，而对持续合作倾向的判断更多需要行为经济相关理论的支撑。因此，本书的研究骨架主要是搭建在农户行为理论、期望理论、分配理论、交易成本理论、资源基础理论和公平理论的基石之上。

2.2.1 农户行为理论

农户行为理论是社会学、经济学和人类学等多学科综合的理论成果（侯国庆，2017）。围绕不同的农户行为决策目标，西方发展经济学家的思想可归为三大流派：一是以苏联经济学家亚历山大·恰亚诺夫（Alexander V. Chayanov）为代表的非市场条件下的小农理论；二是以美国著名经济学家西奥多·舒尔茨（Theodore W. Schultz）为代表的完全市场条件下的小农理论；三是以华裔历史社会家黄宗智为代表的，以中国特殊国情为背景的小农理论（刘怀宇，2016；刘志娟，2018；王洪丽，2018）。

非市场条件下的小农理论产生于20世纪20年代末，以劳动—消费均衡理论和“生物学规律”家庭生产周期理论为核心理论（亚历山大·恰亚诺夫，1996）。该流派认为农户经济生产活动是为了满足家庭生存与生活需要，而不在于利润与成本之间的比较，或追求市场利润最大化。当农户的劳动生产没有满足家庭生存需要时，即使边际劳动生产力所取得的边际收益已经低于市场能够给付的工资水平，农户依然会选择继续投入劳动进行生产。当农户的家庭生存生活需要得到满足时，即使市场未达到均衡，继续投入劳动是有利可图的，农户依旧不会再继续进行生产。恰亚诺夫指出农户经济是保守、落后的，他们追求的是风险最低的生产，认为资本主义经济学不宜被用于分析小农家庭经济特征。该理论曾指导着广大发展中国家发展农村经济，但由于恰亚诺夫的两个支柱理论均存在一定问题，其思想也受到其他经济学家、社会学家、思想家们的批判。艾瑞克·霍布斯鲍姆（Eric Hobsbawm，1980）认为，恰亚诺夫的说法在非市场经济情景下有一定的道理，但随着市场经济的不断发展与完善，农户间的差别不仅源自农户家庭消费者与生产者差异。马克思指出，即使在市场经济不发达的时代，政治特权、人际关系等超经济力量也会影响农户分化，因此恰亚诺夫的理论基础不够牢靠（中共中央马克思恩格斯列宁斯大林著作编译局，1965）。

完全市场条件下的小农理论的产生以西奥多·舒尔茨的著作《改造传统农业》的发表为标志（1987）。传统经济学以“非理性小农”为基础假设，而舒尔茨提出小农与其他市场经济主体一样，都是“经济人”。只要条件具备，小农户从事农业生产经济活动的目的就是实现利润最大化，在其生产分配中鲜有表现出低效率的情况。也就是说小农户能够合理分配和使用他们所拥有的资源，包括物质资本、资金资本、人力资本等，以利益最大化为目标进行农业生产经营活动。此时，生产要素在农户手中能够发挥其效益最大化。据此，舒尔茨提出在传统农业生产过程中，农民对各种生产要素的使用并没有出现过投资收益率低下的现象；之所以传统农业一度陷入增长停滞，不是因为小农户失去生产兴趣或是农户生产效率低下，而是因为传统农业生产资料边际收益率下降。只要保证现代生产要素在合理成本下的供给，小农生产积极性就会被再次调动（舒尔茨，1987）。舒尔茨完全市场条件下“理性小农”的提出是农民经济行为研究的重大革命。学者们从农户生产行为、理性经济人等角度在舒尔茨的论述基础上进行拓展完善（Becker，1965；Popkin，1979）。从整体来讲，该流派认为小农是兼顾生计需求和利益最大化的理性生产者。

以中国农村为研究背景提出的小农理论是综合分析“理性”与“非理性”学派的观点后提出的（王洪丽，2018）。黄宗智教授提出中国小农由于耕地面积狭小，为了维持生计、增加有限耕地面积上的总产量，小农不得不在劳动力边际报酬达到极低时仍然继续从事生产（黄宗智，1986）。这一论述与第十届诺贝尔经济学奖得主赫伯特·西蒙（1988）提出不同于俗流的观点相符，即人是“有限理性的”，认为农户在从事生产经营时是理性的，但基于自身条件与外部环境的限制，小农的这种理性又是有限的。该学派指出小农之所以在边际报酬低下的情况下，还会继续投入生产要素，不是因为小农是非理性经济人，而是因为小农缺乏边际报酬的相关概念，因而无法察觉边际报酬低下这一状况。换句话说，如果小农知道自己从事的生产经营活动是不经济的、无利可图的，那么小农会立刻终止相关行为。小农的生产经营决策会随着内部条件和外部环境的变化而变化，而这些变化都是基于小农能够察觉环境条件变化为前提。所以，农户行为是在一定条件下“理性”选择的结果。

厘清农户生产行为遵循的内在逻辑，是研究农户生产经营决策行为及其效果和影响的基础。在现有较为成熟的三大农户行为理论流派中，黄宗智教授的有限理性小农是以中国“三农”问题研究为背景而提出的（黄宗智，1986，2000），更加符合本书的主要研究区域——四川省，合作社社员以小规模经营的农户为主的实际情况。若农户认为参与合作社并积极合作是有利可图的，那么农户会毫不犹豫地进行合作。因此，作为本研究的基础理论，农户行为理论贯穿于整个研究。具体来讲，在农户行为理论的指导下，本研究认为农户作为有限理性经济人，在形成持续合作倾向时，是通过充分考虑已有合作的成本与收益、合作过程中的公平体验、持续合作是否能够使自己利益最大化而作出的判断。

2.2.2 期望理论

期望理论（Expectancy theory）又被称为动机过程理论，属于激励理论的范畴。20 世纪 60 年代，维克托·弗鲁姆（Victor H. Vroom）的《工作与激励》一书问世，标志着系统的期望理论正式形成，该书对期望理论的公式和模式做出了系统的阐释。期望理论认为，如果个体重视绩效薪酬并期望获得绩效薪酬，他们将竭尽全力去工作以获得更高的绩效和绩效薪酬（Cadsby et al.，2007）。也就是说个体采取行动时，会设置行动预期，这个预期就是个体采取行动的期望，即行动目标。目标在未实现之前，对个体采取行动又具有一定激励作用。目标的实现越能满足个体的需求，这种激励作用就越强。行动结果与行动目标的匹配度称为效价，效价越高个体在下一期采取行动的积极性就越高。其中行动的结果取决于个体行动的力度，即努力程度以及个体所属组织按照个体行动的绩效，给予个体的报酬，报酬越高，个体的效价可能越高。反过来，当社员感受到组织对自己创造性工作的支持或关怀后，社员的信任和自我价值感将获得提升，这将提高社员对结果的期望，引发社员更加努力地进行创造性工作（Yu & Frenkel，2013）。此外，个体在年龄、性别、风险偏好、受教育程度、经验等种种因素上存在不同，导致相同的报酬对于不同的个体可能效价存在差异。该理论认为人们在为某个目标作出努力时，不仅会考虑该目标是否可以满足自身需求，还会考虑实现该目标的可能性。

因此，期望理论在本书将被用于分析异质性社员的持续合作倾向形成逻辑，具体来讲，异质性社员在形成持续合作倾向时，往往将获取经济利益作为行动目标，在该目标的指引下进行努力，表现为合作贡献。通过合作贡献会为合作社创造一定价值，合作社按照社员的贡献程度，遵循一定分配原则，支付给社员合作报酬，表现为合作收益。合作收益的高低影响着社员在特定合作目标下的需求满意度，从而影响着社员对下一期的合作决策，即持续合作倾向。

2.2.3　分配理论

分配理论产生于解决经济活动中为谁生产的难题过程中，换句话说，劳动者所生产的产品应该如何在社会成员中进行分配的问题。分配问题的重要性能够与生产问题相匹配，除非是一个人待在孤岛上的鲁冰逊，其他任何经济社会均存在分配问题。分配理论不仅涉及产品分配本身的认识，而且覆盖了如何任何整个经济关系。在分配问题上，社会主流经济学各学派也存在一定分歧，新古典主义理论将其包含在交换中，认为其是交换关系中的一种；马克思主义理论认为它是生产过程的一个方面，内嵌于整个生产过程中；而后凯恩斯主义理论则将其视为生产和交换过程之前并与生产和交换相独立的一个最重要的缓解。较早涉及分配理论的是由古典经济学的创始人亚当·斯密提出并系统阐述的劳动价值论。该论述主要强调劳动是人类财富的源泉，并指出劳动者的工资应该等于他所付出的劳动所创造的所有财富。然而现实情况是，随着资本积累和土地私有的产生，劳动者必须与资金所有者和土地所有者分享其劳动成果。由于劳动者需要将自己的劳动作用于一定物质资本，例如土地，并使用一定的资金资本来换取其他物质资本，例如劳动工具等，因此表面上由劳动者所创造出的财富应该在劳动者与其他资本所有者中进行分配，包括资本家、地主等①。

在斯密的分配理论的基础上，李嘉图提出了利润理论、“生存工资”理论和地租理论。李嘉图认为工资是依据劳动力在生产中的贡献而获取的利益分配，利润是依据资金要素的贡献而获得的利益分配，地租则是依据土地这一物质资本要素在价值创造过程中所做出的贡献程度而获得的利益分配，这些所能分配的利益均是由上述生产要素在市场中的供求关系决定的②。这些问题均是围绕生产出的产品、创造出的价值在生产者中如何进行分配展开的探讨。同样是源于斯密的分配理论，马克思和恩格斯指出“分配关系本质上和生产关系是同一的，是生产关系的反面”。围绕生产力与生产关系的论述，马克思创立了劳动价值理论，并在此基础上创立了剩余价值理论，认为劳动是一切价值的源泉。马克思的这一理论是基于社会主义生产资料公有制提出的，与斯密提出的分配理论具有意识形态的差异③。因此，马克思与斯密在分配依据方面产生较大分歧，中国现行的分配制度大多是基于马克思主义分配理论，但也承认资金资本、物质资本等作为分配机制的分配制度。最为典型的是，中国分配制度是以按劳分配为主体，多种分配方式并存，其中多种分配方式主要是指按要素分配。

目前，主要的生产要素有劳动力、土地、资本、技术、企业家才能等人力资本等。按要素分配主要是指上述要素的所有者在生产经营中投入一定量的生产要素，并且凭借其投入要素的质和量获得与之所创造的价值相匹配的报酬的经济行为。这种分配方式更加强调所投入要素的质量和数量，以及由其所产生的价值，即要素的贡献力。在中国农村地区，最开始由于全国经济发展水平落后，城乡之间缺乏要素流动，农村居民的生产生活主要依赖于土地和劳动力，所能投入到生产中的主要生产要素也是土地和劳动力。随着农业生产技术的革新，凭借工业化和城镇化的发展契机，农村居民的生产要素开始丰富，能够创造的价值逐渐增多，能够作为分配依据的生产要素开始多元化。例如，张寅（2012）运用分配理论，深入分析了土地使用权的价值属性和价格形成机理。闫联飞（2013）和史文婧（2016）依据马克思分配理论，探讨了中国收入差距不断扩大的成因，以及影响农民收入结构的因素。分配理论在合作社中的应用主要体现于合作社的盈余分配制度。盈余分配是合作社运行机制中的核心制度，事关每一个社员的经济利益

① 亚当·斯密．国民财富的性质和原因的研究［M］．郭大力等译．北京：商务印书馆，2012.

② 大卫·李嘉图．政治经济学及赋税原理［M］．郭大力等译．北京：联合出版公司，2013.

③ 卡尔·马克思，弗里德里希·恩格斯．马克思恩格斯选集（第3卷）［M］．中共中央马克思恩格斯列宁斯大林著作编译局译．北京：人民出版社，2012.

以及核心价值的展现。孙亚范（2009）以收入分配理论为基础，对于现阶段我国合作社利益机制的现状、缺陷和原因进行了理论分析和实证研究。孔祥智和周振（2014）从分配理论的演变出发，结合国际合作社分配原则，研究指出中国合作社的盈余分配制度严重忽视了管理者才能的贡献，公共积累、交易量返还方面也存在着严重缺陷。

本书在遵从马克思主义分配理论基础上，吸纳斯密分配理论中的精华，结合中国基本分配制度，在协调合作社异质性社员利益关系，努力维持异质性社员持续合作，促进合作社可持续发展方面，以按劳分配为基础，指出需要承认资金资本、人力资本和社会资本等稀缺、新型生产要素的收益权。分配理论贯穿本书的整个研究过程，从按照资源禀赋异质性对社员进行分类，到界定异质性社员的合作收益能力均体现了多种生产要素获得利益分配的权利，即生产要素的产权。在资源禀赋异质性划分阶段，不仅考察社员土地等物质资本的差异，还将社员人力资本、资金资本和社会资本的差异均纳入社员异质性的考察中。在合作收益能力考量过程中，不仅强调劳动力和土地的贡献，还着重考察管理者才能等人力资本、资金资本和社会资本等要素的贡献。

2.2.4 交易成本理论

1934年，约翰．康芒斯（John R. Commons）最早提出了“交易”（Transaction）这一概念，其在《制度经济学》一书使用“交易”代表经济关系的本质，指出它是联结法律、经济学和伦理学的基本单位，整个社会由无数种交易有机组合而成。随后，罗纳德·哈里·科斯（R. H. Coase）在探讨企业为何会形成的问题中，提出交易成本（Transaction Costs）的概念。起初，交易成本的内涵比较零散，科斯认为交易成本指的就是窥见相对价格的成本、达成谈判或签约的成本、运用价格机制环节间产生的成本等。交易成本的基本思路在于以实现交易费用的节约为中心，用交易来当作分析的基本单位，发现用于区别不同交易的特征因素，然后分析与交易相协调适应的体制组织。科斯的交易成本的概念，主要用于解答企业产生和存在的原因以及企业的边界两个基本问题。他的观点认为，由提供价格、讨价还价、签订和执行合同等产生的费用是包含于交易成本在内的，他把市场交易成本与企业的管理协调成本视为资源配置的基本方式。他还认为企业的产生和存在，取决于市场交易成本是否比企业的内部管理协调成本高，当市场交易成本高于企业的内部管理协调成本时，企业才会产生。有关企业的边界问题，他发现市场交易的边际成本与企业内部管理协调的边际成本相等之时，就是企业规模扩张的界限。成本存在于市场交易，企业替代市场一定是因为企业内部的交易在一定程度上降低了市场交易成本，而选择哪种资源配置方式，最终取决于交易成本的大小。

到20世纪60年代，科斯的理论逐渐被大众所关注，来自美国的经济学家威廉姆森（Oliver Williamson）系统地研究了交易成本理论，成为该理论的集大成者。科斯的交易成本理论较为笼统和模糊，关注的是市场发生交易前的各种成本。Williamson（1973）在科斯的研究基础上，更加关注市场交易后的各种问题，他从契约的角度对交易成本进行了阐述，将每次交易看成一种契约行为，并把交易成本分为搜寻成本、信息成本、议价成本、决策成本、监督成本、违约成本六类。之后，威廉姆森进一步总结概括了交易成本，将其分为事前交易成本和事后交易成本，其中，事前交易成本是指签约、谈判、保障契约等成本，事后交易成本主要指的是由契约不能适应、讨价还价、建构及营运、解决双方纠葛与冲突、约束等导致或产生的成本（Williamson，1981）。

威廉姆森的交易成本理论是建立在新的人性假设基础之上，他从人和特定交易视角探究了交易成本产生的原因。从人的因素来讲，他认为是“契约人”的有限理性和机会主义行为导致了交易行为。与特定交易相关的因素主要包含资产专用性、不确定性和交易频率。威廉姆森的观点认为，交易成本五个方面的决定因素不具备同等重要性，他着重说明了能够体现决定性作用的三种因素，分别是有限理性、机会主义和资产专用性，其中最根本的是机会主义。威廉姆森区分了强理性、弱理性和有限理性这三种理性：有限理性指人的经济活动是有动机的、出于理性但是有条件下的理性行为；机会主义指参与交易活动的各方，使用欺诈手段来追寻自我利益的最大化，增加了相互之间的低信任甚至怀疑，以致交易当中的监督成本上升，经济效率下降，机会主义主要分为事前机会主义与事后机会主义两种；资产专用性是指交易所投入的资产没有市场流通性，换句话说，一旦契约终止，在资产上投入的成本很难收回或转移使用。交易成本理论的形成和发展，为制度经济理论、产权经济理论奠定了理论基础。交易成本理论的产生，打破了传统经济学的完美体系，为传统经济学注入了新的活力，推动了经济学理论的发展。综上所述，交易成本理论的整体脉络如图2-1所示。

理论上，合作社能够通过为社员提供农资购买、农产品销售、农业技术等信息降低社员从事农业的交易成本。合作社社员是有限理性经济人，是否进行合作是社员在基于已有认知的基础上，作出自己认为的最优决策。只有社员进行合作所需要付出的成本低于合作所能节约的交易成本，社员主观上才会选择合作。从

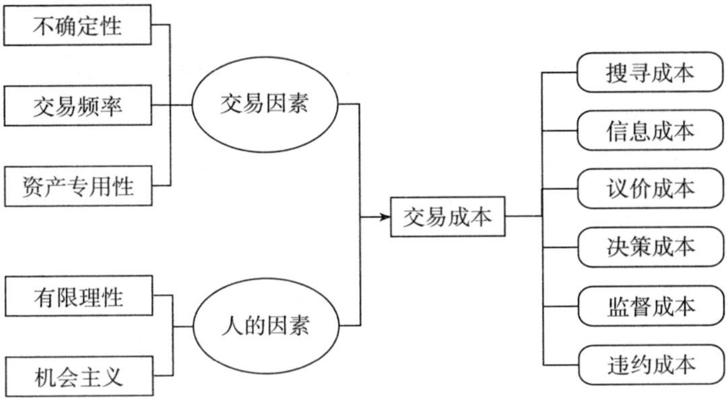

图2-1 交易成本的构成及影响因素

交易成本中人的影响因素来看，由于不同社员的知识结构和农业从业经验有差别，他们对进行合作所要付出的成本和所能节约的交易成本的判断存在差异，所以不同社员的合作倾向也存在差异；同时，不同社员的机会主义倾向也会引起社员不同的合作倾向。就交易因素对交易成本的影响而言，因为异质性社员拥有不同的社会资本资源、市场信息，其所面临的市场不确定性也有所不同；由于不同社员拥有的耕地面积不同，农产品数量与质量也参差不齐，所以其所要求的市场交易频率也不相同。此外，由于社员对农业生产所投入的生产资料具有多样化特征，这使得专用性资产投资也不尽相同。综上所述，从交易成本理论视角出发，实际上不同资源禀赋社员所面临的交易成本具有较大差异，进一步导致了异质性社员间不同的合作决策和合作倾向。于是，本研究在分析社员持续合作倾向的形成及差异时，使用了交易成本理论。

2.2.5 资源基础理论

资源基础理论（Resource - based Theory，RBT）起源于经典经济学研究领域——马歇尔的租金思想。随着理论的发展，该理论主要被用于分析管理学的问题。因此该理论既具有管理学特征，又蕴含着经济学思想，是典型的交叉学科理论（高钰玲，2014）。资源禀赋理论正式成为一门系统的理论是以潘罗斯（Penrose，1959）发表的《企业成长论》一书为标志。Penrose 认为企业是被限定在行政管理框架下的资源集合，企业的资源是它成长与发展的源泉，企业竞争优势是来自该企业所特有的异质性资源（Heterogeneous Resources）而非其他企业相近的同质性资源（Homogeneous Resources）（汪菲，2007）。资源基础理论主要分析企业长期核心竞争力是什么。关于该问题，不同的学者给出不同的回答，梳理后发现资源基础理论可以因此被划分为三个流派：传统资源基础理论、企业能力理论和企业知识理论（杨春华，2010）。

以 Penrose 为代表的传统资源基础理论认为支撑企业在长期竞争中立于不败之地的核心竞争力是企业在较长时间内拥有的有形资源（Wernerfelt，1984；Barney，1991），包括物力资本资源（Physical Capital Resources）、人力资本资源（Human Capital Resources）和组织资本资源（Organiztional Capital Resources）。但该理论主要集中在物的资源上，忽略了对人的技能的考察（Grant，1991；蔡荣和蔡书凯，2014）。后来学者们从资源异质性的本质是人的异质性的思路出发对传统资源基础理论进行了批判与发展（Prahalad & Hamel，1999；Teece et al.，1999），进而产生了企业能力理论。该理论认为企业是能力的集合，核心能力是保证企业在竞争中处于优势地位的基础，指出企业能力不仅包括所拥有的物质资源，还包括企业员工、团队及其相互作用，以及企业与外部资源和利益相关者之间的相互关系（Sanche，1995）。企业知识理论是在企业能力理论的基础上，回答了企业如何获得核心能力，为何会丧失其核心能力等问题。该理论指出知识是所有这一切的幕后推手（Kogut，1992；Spender & Grant，1996）。从上述资源基础理论的发展可以看出，资源基础论者最开始只是关注物质资源和资金资本资源，随后发现社会资本资源在企业发展过程中的重要性，然后进一步发现人力资本资源在统筹物质、资金资本资源，整合社会资本资源等方面的积极作用（Grant，1991；Amit，1993）。

农户是中国农业生产经营决策最基本的单位，是一种由家庭社员组成的生产经营组织。该组织具有目标高度一致性且生产监督成本较小的特征。农户作为一种特殊的组织，其资源基础影响着农户的生产经营决策，决定着生产经营过程中所面临的优劣势。所以，以往主要用于分析企业的资源基础理论，在某种程度上，也可以被用于分析农户的生产经营研究。有部分学者也运用资源基础理论，对农户的生产行为和农业合作社的发展进行了研究（蔡荣和蔡书凯，2014；高钰玲，2014）。农户受资源的约束，在独立面对市场竞争时表现出竞争力弱、乏力等特征，为了规避农业生产经营风险，追求更高的效益，农户会根据自身需求选择是否加入合作社，加入怎样的合作社。异质性资源会使农户具有独特的竞争优势，但由于拥有不同的资源，农户想要通过合作所获得的期望收益有所差异，例如有些农户想通过合作提升自己的市场议价能力，使自己获得尽可能高的利润；有些农户则想通过合作提升自己的社会影响力，为自己的仕途奠定基础等。因此，本书从资源基础理论出发，基于资源禀赋的不同来分析异质性社员的合作行为和持续合作倾向。

2.2.6 公平理论

公平问题最早起源于古希腊时期哲学家对立法的讨论（卢梭，2018）。哲学家、思想家和社会学家关于公平的讨论主要集中于绝对公平的规范研究。后来公平进入商业领域，受到管理学学者的重视。但两个领域对于公平的关注侧重点不同，前者更关心公平是什么，后者更关注人们为什么将某现象视为公平。组织公平始于1961年霍曼斯（Romans）的研究，并以1965年美国心理学家亚当斯（John Stacey Adams）发表的《社会交换中的不公平》一书为其最终形成的标志（Adams，1965）。亚当斯的公平理论是在研究工资报酬分配的合理性和公平性对员工的工作积极性和工作态度影响的基础上归纳出的，主要强调个体对其投入（Inputs）与所得结果（Outcomes）的衡量与其他社员投入与所得之间相比较所产生的感受（Adams，1976）。目前比较成熟的公平理论由三个维度构成，分配公平、程序公平和互动公平（Russell et al.，2007），三者之间没有完全清晰的边界，相互关联彼此影响（Yochi & Paul，2001）。

分配公平理论认为员工的工作积极性不仅来自于自身报酬（即根据自身付出的劳动所获得的报酬绝对值），还取决于自身相对收入（即自身付出与收获之比与同自己一道工作的其他人的付出与收获之比的对比）的主观判断（Carrell & Dittrich，1978；Hatfield，1984）。员工期望获得与他们的工作贡献相匹配的收入，这一概念被称为“公平原则”（Equity Norm）。如果员工对自己投入的知觉用 I_1 表示，对自己产出的知觉用 O_1 表示，对参照对象投入的知觉用 O_2 表示，参照对象产出的知觉用 I_2 表示，那么只有当 $\frac{I_1}{O_1}=\frac{I_2}{O_2}$ 时，员工才感觉到公平，才会继续积极工作，这一概念又被称为“社会比较”（Social Comparison）（Carrell & Dittrich，1978）。这里的“投入”包括工作的数量、质量、在工作所投入的技术水平、智慧和努力、拥有的资格、经验和技能等（Kabanoff，1991），而“产出”不仅包括以金钱衡量的薪酬、津贴等经济福利，还包括荣誉、地位等非经济福利。在这个维度上公平理论主要关注分配公平（Distributive Justice），其侧重于社员对结果的感知与行为反应，事实上过程因素也影响着社员的公平感知。20世纪80年代，学术界开始将公平研究由分配领域转移到程序领域。

程序公平强调某事项执行过程的公平性与结果公平性一样影响着社员的公平

感知，甚至对其影响更加深远。Thibaut 等（1974）在研究人们对司法审判结果的接受度时提出审判程序的公平程度与其成正比，甚至会出现即使当事人对审判结果不算满意，但只要他们认为审判过程是公平的，也会倾向于接受审判结果。组织决策程序的公平包括决策的精确性、一致性、易懂性和参与人“发言权”的保障性（Folger，1977）。随着实践的推进，理论的发展，学者们对程序公平进行了理论模型的推演，并将程序公平具体为工具性公平和非工具性公平，前者是指当事人的参与感，后者侧重于当事人的受尊重感（Lind & Tyler，1988）。

互动公平阐述的是在决策实施过程中，个体对组织间社员的人际互动的感受，更加强调组织中不同层级社员间交流过程的公平性（Bies & Moag，1986）。互动公平是在程序公平基础上拓展而来的，两者是独立的两个维度，但又相互关联。Masterson 等（2001）指出互动公平着重强调社员对组织领导的公平认知，程序公平则是社员对组织本身的公平认知。

合作社社员作为有限理性经济人，其行为决策是以经济利益最大化为目标。社员持续合作决策是基于对合作的短期利益与长期利益的综合考虑后作出的，其决策不仅受到客观经济效益的影响，还受到主观感知的影响。因此，在分析社员持续合作倾向时不仅需要从客观上分析社员在合作中贡献与收益比值对当期收益的影响，还应该考虑社员在合作过程中的公平感知，其影响着社员对长期利益的预期。客观经济效益强调的是分配的结果，主观感知主要关注社员对于合作社决策程序的公平性的感知。因此，本研究主要选取 Thibaut 等（1974）提出的程序公平理论作为分析异质性社员公平感知的理论基础。

除了上述主要理论之外，本书的研究还借鉴了农民分化理论、合作社理论、成本收益理论、社会交换理论和激励理论等相关理论的思想与方法。

2.3 研究逻辑框架

作为有限理性经济人的可预见性行为决策，合作社社员的持续合作倾向同时受到客观因素和主观因素的共同影响（杨雪梅等，2018）。从已有研究成果可以发现，社员的持续合作与深度合作不仅受到社员所能从合作中所获得的经济收益的影响，还与社员在合作过程中的主观体验有关（刘宇翔，2010；李晓锦和刘易勤，2015；蔡荣和易小兰，2017）。于是，有必要将“客观获利能力”和“主观公平感”有机融合起来，重新审视异质性社员持续合作的生成路径。从客观收益和主观感知的角度，把合作收益能力、公平感知与持续合作倾向分析有机结合起来，构建出符合中国异质性社员合作实际的分析框架，旨在促进异质性社员合作收益能力、公平体验和持续合作倾向的良性互动发展。

农户行为理论认为农民是有限理性经济人，其生产经营决策是在一定条件下的理性选择。合作社是农户为了提高市场议价能力、降低交易成本、控制生产成本、提高产品质量而创建的组织。上述一系列目标可以归结为对经济利益的追求，利益可分为当期利益（短期利益）与下期利益（长期利益）。社员在合作社中的持续合作是上一轮生产经营活动结束后，继续进行协同活动的行为，是典型的生产经营决策行为。持续合作倾向是引入社员持续合作意愿和能力后，对社员持续合作行为发生概率的预判。这种预判不能直接被观察到，但可以通过社员在上一轮合作中获得的效用来推断，用 U 表示。U 越大，说明持续合作倾向（Y）越高。作为有限理性经济人，社员进行合作所获得的总效用主要来源于短期利益的满足所产生的效用，以及长期利益正向预期所带来的效用 U_2，即 $U = U_1 + U_2$。

2.3.1　合作收益能力与社员持续合作倾向

费鲁姆的期望理论指出个人的努力是以实现自身目标为基础，通过努力实现价值，从组织中获取奖励，通过匹配该奖励与自身目标判断是否有必要继续努力。结合社员对短期利益追求的现实表达，上述理论逻辑可以表达为：社员进行合作是为了获取一定量的短期经济利益（目标），在追求短期利益过程中通过自身努力（合作贡献），从组织中获取相应的经济收益（合作收益），通过将经济收益与初始目标进行匹配，判断在下一期是否继续努力（持续合作倾向），详见图 2－2。结合短期利益能给社员带来的效用，最终可表达为，社员综合考虑合作过程中所付出的合作贡献与获得的合作收益是否符合自己对合作短期经济利益的预期，两者匹配度越高，说明社员由短期经济利益所给社员带来的效用越高。根据成本收益理论，衡量一项活动所带来的经济利益，不仅需要考虑收益，还应当将获得收益所付出的成本纳入其中，才能对实际获得的经济效益进行科学判断。由于社员资源禀赋差异较大，合作贡献异质性强且范围较广，结合分配理论可知，根据按劳分配和按资分配所获得的合作收益差异较大，其绝对值可比性较差。使用合作收益能力（合作收益/合作贡献）这一相对概念对社员间收益进行比较，能够有效避免上述问题。基于有限理性经济人关于经济利益“多多益善”的价值取向，此处认为合作收益能力越强，社员所获收益与其短期经济利益的匹配度越高，由其带来的效用也就越高，在短期经济利益需求得到满足的情况下，社员持续合作倾向就会越强。因此，本研究在合作收益能力对社员持续合作倾向影响的前提下提出假说1：合作收益能力越强，社员越倾向于继续合作，即社员持续合作倾向则越高。

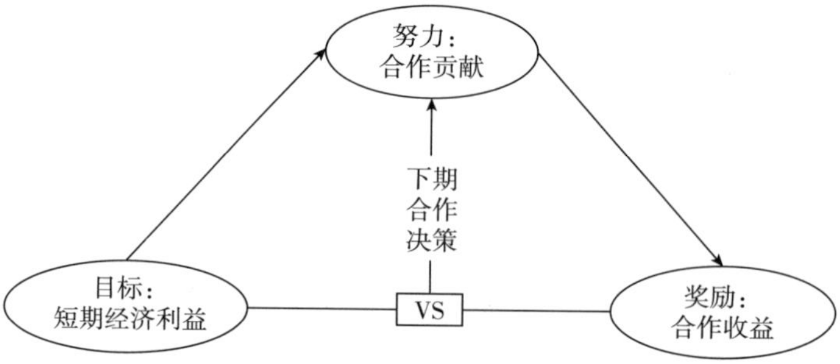

图2-2　短期经济利益驱动、合作收益能力与持续合作倾向逻辑关系

此外，交易成本理论认为如果交易主体的市场交易成本高于组建组织所需付出的管理协调成本，那么交易主体会选择组织契约来降低市场交易所面临的交易成本。若将社员的合作看成是组建合作社的动态过程，那么社员每次合作决策都可以视为对市场交易成本与组织管理成本的衡量结果（罗必良，2009）。如果前者高于后者，社员将拥有更积极的持续合作倾向，反之则表示社员的持续合作倾向较弱。社员作为经济决策主体，其决策的依据主要是经济利益最大化。实现经济利益最大化有两个渠道，一个是成本最小化，另一个是收入最大化。从成本最小化角度出发，当合作收益不变的情况下，合作贡献越低，合作收益能力则越高，社员持续合作倾向也就越高。从收入最大化视角出发，合作贡献不变的情况下，合作收益越高，合作收益能力也就越高，进而社员越倾向于继续进行合作。基于路径依赖理论，当合作贡献与合作收益同时变化时，只要合作贡献的增长幅度不大于合作收益的增长幅度，合作社社员会倾向于维持合作状态。合作收益能力代表社员在组织契约模式下获取收益的能力，该种能力越高，在一定程度上能够说明社员通过组织所付出的成本越低或收益越高。于是，可以将社员市场交易成本的节约与组织管理成本的付出用合作收益能力来表示。同理可推断出假说1。

2.3.2 公平感知与社员持续合作倾向

合作收益能力代表着社员从合作中获取经济利益的能力，是可以观测到的短期经济利益。那么目前不能被观测的远期经济利益应该如何衡量？公平理论中程序公平学派认为个人对组织决策程序是否公平的判断影响着其对组织的信任以及能从组织获得公平收益的判断，最终影响着个体行为决策。同时已有研究发现，社员对合作社的公平感知会正向影响社员对合作社的态度（Bhuyan，2007），进一步影响社员的参与行为（蔡荣和易小兰，2017）。合作社的一视同仁、产权明晰、治理结构透明是社员愿意继续进行交易和投资的重要因素（Fulton，1995）。社员在决定是否继续进行合作时，合作社是否公平是其考虑的主要因素（李晓锦和刘易勤，2015）。组织公平性的提升能够促进社员投资入股（刘宇翔，2010），而投资入股是社员持续合作的重要表现形式。

由于实现长期经济利益需要一定的时间，无法在合作当期获得回报，社员仅能通过在合作过程中的个人感知来判断自身获得长期合作经济利益的可能性。结合上述期望理论观点与社员追求长期经济利益的假设推断，以长期经济利益为合作目标的社员在合作过程中，合作贡献和合作收益是否受到公平对待的主观判断，影响着社员对其能从合作社中获取长期经济利益的预期，从而影响社员持续合作倾向。例如，社员在贡献合作成本、获取合作收益的过程中，如果感知到合作社的生产经营决策过程和利益分配制度制定过程是公平的，那么社员可能形成这种印象：合作社的决策程序是公平的，只要自己努力就能获取相应的收入。这种想法很可能对社员持续合作形成激励。结合长期经济利益正向预期所带来的效用可推断出，社员公平感知越高，其对长期经济利益的预期也就越高，与长期经济利益目标匹配度越高，由此带来的效用 U_2 也就越高，在长期经济利益预期积极的情况下，社员持续合作倾向就会越强，详见图 2-3。因此，本研究在公平感知对社员持续倾向影响的理论背景下提出假说 2：较高的公平感知对社员持续合作倾向的形成具有正向作用。

2.3.3 合作收益能力、公平感知与社员持续合作倾向

起源于分配理论，在管理学界研究程序公平感知与组织产出分配中存在两大模型，分别是自利模型和群体价值模型（刘畅，2018）。自利模型认为组织社员的程序公平感知受其所得收益的影响，而群体价值模型则认为两者没有明显影响。在本研究中合作收益能力是当期合作的贡献与收益的比值，公平感知是同一

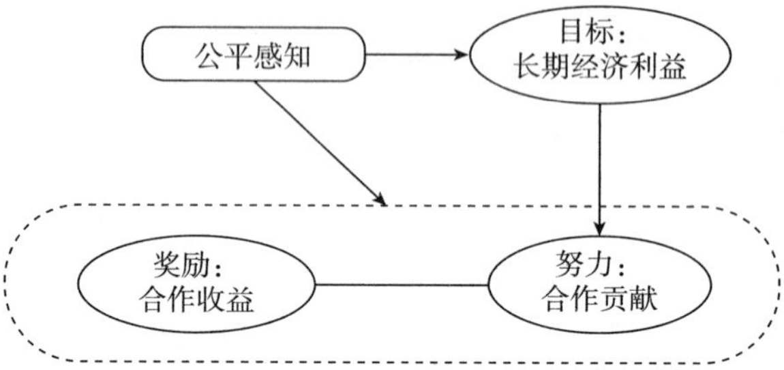

图2－3　长期经济利益驱动、公平感知与持续合作倾向逻辑关系

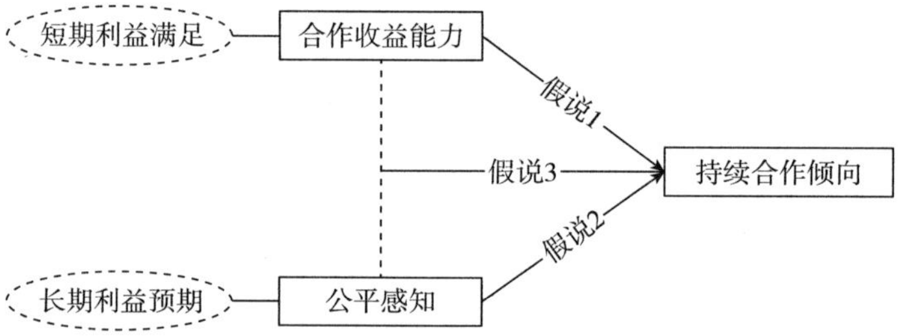

图2－4　变量与假说间的逻辑关系

期社员对程序公平的感知。两者关系到底如何，对持续合作倾向的影响又如何，有待结合实地调研数据进行证明。因此提出有待检验的假说3：合作收益能力与公平感知对持续合作倾向具有某种交互作用。

结合上述社员利益（短期经济利益和长期经济利益）驱动的基本假设（$U=U_1+U_2$）和3个推断假说，可初步梳理出合作社异质性社员合作收益能力、公平感知与持续合作倾向之间的逻辑关系。详见图2－5。

综上所述，基于期望理论、分配理论、交易成本理论、公平理论和农户行为理论，本文从“客观收益—短期经济利益”和“主观感知—长期经济利益”两个维度提出持续合作倾向生成机理分析框架。以有限理性经济人基础假设为逻辑分析起点，将社员合作行为视为经济利益驱动下的行为，当期合作行为结束后社员通过衡量自身合作贡献与合作收益的比值（合作收益能力）判断短期利益是否得以实现，这一判断结果正向影响着社员下期持续合作的意向和可能性（持续合作倾向）；与此同时，社员对当期合作中合作社决策程序的公平感知同样会影响其对是否能够在合作中获得长期利益的判断，这一判断结果很大程度上会正向影响社员持续合作倾向。例如，若某社员在合作过程中受到不公平对待，那么他很难形成对长期合作收益的积极预期，最终导致该社员在下一期合作中消极合作或隐性退社等行为。详见图2－5。

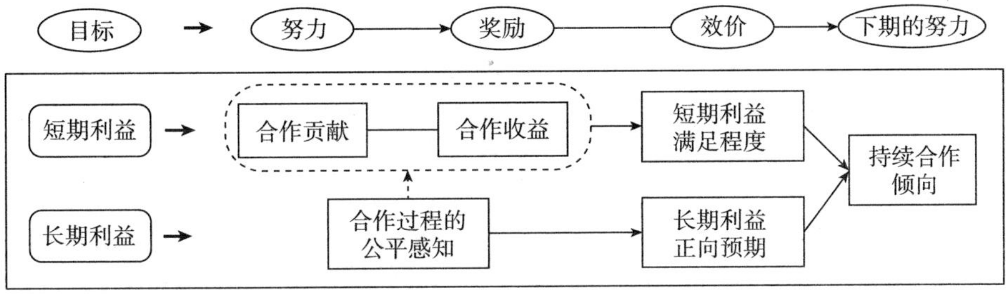

图2－5　逻辑关系进一步说明

结合上述主要变量的逻辑关系梳理，基于农户行为理论提出的有限理性经济人假设，在资源基础理论的指导下，按照资源禀赋将异质性社员进行分类。基于期望理论，假定异质性社员合作行为是基于利益驱动，包括短期利益和长期利益。基于此，采用资源基础理论分析社员的合作收益能力是对该社员追求短期利益的表征，采用公平理论分析社员的公平感知是对长期利益判断的依据，最后使用交易成本理论和农户行为理论，从客观合作收益能力和主观公平感知探析合作社社员持续合作倾向的影响机理。详见图2－5。

2.4　小结

本章首先界定了本研究的四个核心概念，即异质性社员、持续合作倾向、合作收益能力和公平感知。然后介绍并分析了期望理论、交易成本理论、农户行为理论、资源基础理论和公平理论等相关理论基础及其在研究中的应用。最后，以有限理性经济人为基础假设，以社员合作是基于对利益的追求为逻辑起点，基于费鲁姆的期望理论，结合资源基础理论和公平理论，指出社员的合作收益能力是该社员追求短期利益的效果表征，公平感知是社员对长期利益判断的现实依据，最终提出社员客观合作收益能力和主观公平感知探析社员持续合作倾向的影响机理，并提出有待实证检验的研究假说，为下文的研究奠定理论基础。

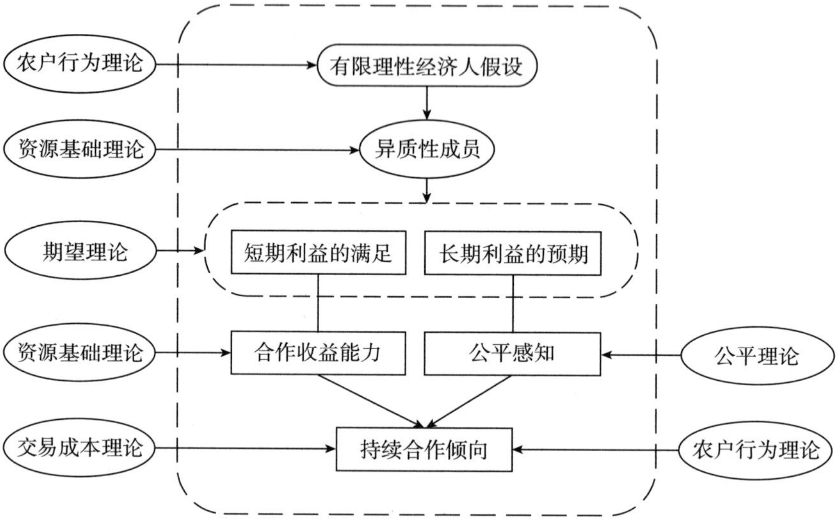
农户行为理论
有限理性经济人假设
资源基础理论
异质性成员
期望理论
短期利益的满足
长期利益的预期
资源基础理论
合作收益能力
公平感知
公平理论
交易成本理论
持续合作倾向
农户行为理论

图2-6 理论框架

第3章　社员异质性的历史追溯与现状考察

中国合作社偏离“罗虚戴尔”原则下经典合作社的发展轨迹，是一个动态的历史过程。异质性社员的产生也是在中国这一特定经济社会政治环境下，历史发展的必然结果。合作社异质性社员矛盾是伴随着中国农村土地改革、农民分化、农村社会结构分层产生的。深入探讨异质性社员间的矛盾与合作，必须先对异质性成员的成因进行溯源。本章按照中国合作社的发展历程梳理社员异质性的历史演进，总结提炼合作社社员异质性出现的原因，从资源禀赋视角探讨社员异质性的表现，从合作社生成机制、治理机制、利益机制和创新机制剖析社员异质性引发的矛盾。

3.1　合作社发展历程与社员异质性历史演进

清朝末年间，西方合作主义思想首次传入中国，到20世纪20年代初期，该思想得到进一步宣传（郗玉松，2011）。合作思想作为当时社会思潮的重要组成部分，对中国社会经济发展产生了重要影响。随后，在知识分子和国家领导人的共同努力下，合作主义开始在中国得到践行。1918年，中国合作主义者首先在城市创办了中国历史上第一个合作社——消费合作社，引起了各界的关注。之后，随着社会各阶层对农村问题的关注，合作社在中国农村地区也得以推广。但由于时局动荡，艰难组建的合作社被迫停止运行。新中国成立以后，中国合作社的发展也经历了较为曲折的过程。根据合作社的发展特征与相关政策的执行，可将新中国成立之后合作社的发展历程分为五个阶段。

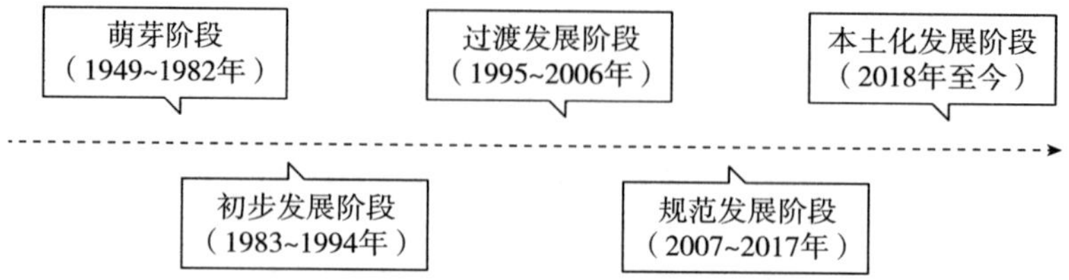

图3－1　合作社发展历程

3.1.1　萌芽阶段（1949～1982年）

新中国成立初期，中国政治协商会议以临时宪法的形式要求国家逐渐把土地分给农民①。1950年土地改革以法律的形式固化下来，并在全国开展，大多数农民得以无偿分得土地②。小农户自主经营土地的格局，在中国农村逐渐形成。随着农业生产经营的推进，农民深感个体经营在农资购买、技术掌握、农产品销售等方面心有余而力不足，合作需求逐渐在小农户群体中产生。同时，政府察觉到小农户在农产品生产交换过程中面临的困境，开始积极支持农民开展经济合作。最开始为了解决劳动力不足的问题，政府推行互助组，以便实现5～7家农户在农忙时节相互帮助。随后出现以土地和劳动力合作为基础的初级社，农户根据自家所投入的这两种生产资料的多寡进行收入分配。互助组和初级社在短时间内解决了不少农户个体生产经营的困难，政府为了进一步促进农户间的合作，开始施行高级社，并迅速向人民公社过渡。至此，分散经营完全过渡到了集体劳动。在此期间，以"合作社"命名的组织有生产、供销、信用、手工业等，但大多都是官方推动的，而不是农民自发形成的。因此，真正意义上的合作社一直沉寂于火热的人民公社化运动中。

1978年家庭联产承包责任制开始出现，并逐步推广到全国。该制度赋予了农户对土地的使用权和经营权。农民从事农业生产的积极性大幅度提高，生产效率也随之提升。与此同时，国家通过统销统购政策牢牢地控制着农民对土地的使用。农民所生产的农产品进入市场进行流通的数量较少。虽然农民拥有了对农产品的支配权，但由于剩余农产品较少，对农产品销售类合作经济组织虽有一定的

① 新中国的土地改革运动（新中国档案）［EB/OL］. http：//finance. people. com. cn/nc/GB/61161/9798862. html.

② 《中华人民共和国土地改革法》的颁布。

需求，却不是很强烈。这个阶段，农民经历了从没有土地到按照家庭人口数拥有了一定面积土地的使用权和经营权的曲折过程。然而由于国家并没有放宽土地的流转，以及城乡人口的流动限制，农民群体内部具有较高的同质性，即拥有着按照家庭人口分配的土地，生产的粮食需要定期定量上交国家，增收渠道狭小，增收能力缺乏，自然资本、资金资本、人力资本匮乏等特征。因此，可以判断在这个阶段由政府推动成立的合作组织，其社员存在着普遍的同质性。

3.1.2 初步发展阶段（1983~1994年）

1984年《关于农民进入集镇落户问题的通知》的发布放宽了“农业户口”居民向城镇迁徙的限定。随后，《关于做好劳动就业工作的通知》等一系列规范和细化流动人口的政策相继出台，为农村“剩余”劳动力进入城镇、谋求生计提供政策保障。但这时的户籍制度放宽的力度仍然有限。自1988年“菜篮子工程”的实施，到20世纪90年代，各类农产品的供给开始充足起来，农民投入市场进行交易的农产品数量也逐渐上升。农民农业生产技术有所提升、经营规模有所增大，但在面对大市场的竞争时，依旧表现出较弱的竞争力。1993年《农业法》提出农村承包经营土地能够流转，这为既拥有资金又拥有“剩余”劳动力的农民流转土地、扩大农业生产规模提供了法律依据。尽管国家关于统购统销的政策有所调整，但仍旧严格控制着粮食的生产与销售，这加重了农民的负担。因此，有不少农民“丢弃”土地，选择进城打工。留在农村从事农业活动的农民被分化为普通小农户、兼业农户和种养殖“大户”。

为了改善农村地区农业经营状况，1984年“中央一号文件”提出“应该设置以土地共有为基础的地区性合作经济组织”，为农民的合作提供了政策依据。面对“大市场”的激烈竞争，农民更加希望通过加入合作经济组织来提升自己的市场议价能力和参与能力，降低生产成本和市场风险。在农民内生需求与国家政策支持的双重激励下，“新型农村合作经济组织”得以迅速发展。1993年《中共中央、国务院关于当前农业和农村经济发展的若干政策措施》指出要深化供销社改革，使其真正地成为农民自己的合作经济组织。同时，农村专业技术协会得到进一步发展，其业务覆盖农业生产的产前、产中、产后的各个环节，其功能已经比较接近农民专业合作社（孔祥智，2018）。这个阶段，物质资产与人力资本刚开始在城乡间流动，农民分化处于起步阶段。在耕地面积、劳动力数量、从业技能、资金资本、社会关系等方面，农民群体间出现不同水平的分化，但不存在较大差异。因此可以判断，这段时期的合作社社员也具有较强的同质性。

3.1.3 过渡发展阶段（1995～2006年）

1995年国务院提出“建立土地承包经营权流转机制”①，旨在鼓励土地流转，这无形中培养了一批新时期农业经营能人，造就了农业生产经营大户。2003年《土地承包法》进一步对农村土地承包人员范围进行了界定，即必须是本村集体经济组织社员。为土地流转的实施，提供了更具操作性的指导意见。同年，税费改革减轻了农民负担，增加了农民从种田获得收益的可能性。在城乡二元结构下，城乡的经济、社会发展水平差异非常大，随着户籍制度的进一步放宽、城镇化进程的推进、城市就业机会的增多，农业人口向城镇转移的规模逐步扩大。以上政策和改革都促进了农村结构的变化和农民的分化。在机遇与危机并存的情况下，对于留在农村从事农业生产的人员而言，为了降低从事农业生产经营的风险，其更加愿意参与合作，拓展合作的范围。各级政府也相继出台了一系列政策，例如，2000～2006年“中央一号文件”均对合作社的组建和运营给予了引导和支持。部分合作经济组织开始延长产业链，从技术合作拓展到农资购买、农产品销售、共享资金、农业生产的设施设备等方面的合作。浙江等发达地区开始尝试将合作社在工商部门进行登记注册。随着合作经济组织的发展，“农民专业合作社”这一名称也是在这一阶段开始出现。

这一时期，中国合作社的发展具有较强的诱致性制度变迁特征。首先，由于合作社业务范围较广，影响较深，且密切关系到农民、农业甚至农村的整体发展，各级政府出台了一系列政策，对合作社的组建与运营进行规范与引导。其次，由于生产要素的加速流动，农民间的资源禀赋差异越发显著，农民分化不断加强；不少拥有农资采购渠道、农产品销售渠道、植保等农业技术的农村能人牵头创办合作社。值得注意的是，这个阶段政府的政策更多的是倡导广大农民群众创建合作社，为其提供制度保障，并没有为合作社提供更多的资金或优惠政策支持。因此，农户自发创办的小规模合作社是这个阶段合作社的主要形式，且合作社由在资源禀赋、风险偏好、入社动机等均存在差异的农村能人和小规模经营农户构成。由此可知，在这一阶段，中国合作社社员异质性较明显，但异质性社员内部，物质、资金、人力等资源禀赋差异较小。

① 资料出处：《国务院批转农业〈关于稳定和完善土地承包关系的意见〉的通知》。

3.1.4 规范发展阶段（2007～2017年）

2007年《合作社法》的颁布实施，给予了合作社合法身份，使其能够作为一个合法的市场主体与其他市场参与者进行谈判、交易。此外，2007年10月开始实施的《物权法》对农民的合法财产进行保护，鼓励农民将闲置资产或优势资源用于合作，这进一步推动了合作社的发展。2008年10月党的十七届三中全会的召开，宣布了农民现有土地承包关系将保持长久稳定不变，这一举措加快了土地的流转速度，为农民进行土地流转提供了政策保障，为合作社的成立提供了物质基础。合作社的重要性也受到各级政府的高度重视，各级政府采用了一系列政策措施以鼓励农民成立合作社，促进合作社的发展，例如：2008年《十七届三中全会的决定》、2013～2015年的中央一号文件、2015年的《深化农村改革综合性实施方案》和《国务院办公厅关于加快转变农业发展方式的意见》。同时政府也出台了一些政策用以树立合作社发展模范、规范合作社的发展，例如：2007年《财政部、国家税务总局关于农民专业合作社有关税收政策的通知》，2008年《中共中央关于推进农村改革发展若干重大问题的决定》，2009年《关于开展农民专业合作社示范社建设行动的意见》，2010年《中共中央国务院关于加大统筹城乡发展力度进一步夯实农业农村发展基础的若干意见》《农民专业合作社示范社创建标准（试行）》，2017年《国家农民专业合作社示范社评定及监督暂行办法》等。大量鼓励、优惠政策的落实，促进了合作社的发展，截止到2017年底，中国合作社数量已经超过190万家，入社农户约占全国农户总数的47%（孔祥智，2017）。在数量急剧增加的同时，合作社的质量也存在较多问题，受到社会各界人士的质疑。甚至有学者提出“中国到底有没有真正合作社”的批判（邓衡山和王文烂，2014）。

在这一阶段，合作经济得到迅猛发展，合作社的生产经营能力、服务和带动农户的能力得到较大提升，一定程度上扮演着农户与现代农业间的有效载体的角色（孔祥智，2018）。与此同时，这个阶段也是合作社的规范发展阶段，有着大量的法律文件及政府政策引导其规范发展；但在这一时期，合作社数量快速增长，迅猛的发展常常伴随着发展的一系列问题，而异化是中国合作社发展最受关注与质疑的现象。具体表现在合作社仅为少数核心社员牟利，受其控制，为其服务，无视普通社员或边沿社员的利益诉求和合作需要。合作社异化的根本原因在于社员的异质性，包括社员资源禀赋的异质性、入社目的的差异性、在合作社中扮演角色的差异以及承担合作风险、合作投资偏好等方面的差异。异质性社员的普遍存在使合作社的运行严重偏离了以同质性社员为基础的经典合作社的运行模式。异质性社员的利益分歧已经成为威胁合作社能否存续的关键因素。

3.1.5 本土化发展阶段（2018年至今）

随着合作社的发展，政府投入了大量资金对合作社进行扶持，这使合作社的数量飞速增长。截至2018年底，全国依法登记的合作社达217.3万家，是2012年的3.15倍①。但合作社数量不实、质量不高问题，以及“空壳社”的出现，也导致合作社的治理机制、组织制度、自身绩效以及促农增收的作用一直受到人们的议论。由于经典合作社具有经济和社会双重属性，在国家政府大力扶持合作社发展的背景下，人们对合作社在提升农民生活水平、增加农民收入、改善农村就业环境等方面给予了更多的期望。因此，当人们看到实践中的合作社偏离了经典合作社的发展轨迹，超出了2007年颁布的《合作社法》的规定时，人们就认为合作社在中国农业发展、农民增收中无足轻重，甚至没有存在的必要。于是在《合作社法》修订前后，专家、学者、政府工作人员等通过多次多地走访调研，综合考虑合作社理论与中国实情，提出了合作社发展本土化的思路。在2017年颁布的《合作社法》修订版中，无论是关于社员出资形式、合作社类型还是联合社的问题均表现出明显的中国特色，此外新法还提出对未按照要求从事生产经营活动的合作社给予取消其资格这一惩罚的规定，不仅如此，对未履行义务的合作社社员给予除名的惩罚。2019年《开展农民专业合作社“空壳社”专项清理工作方案》中，进一步明确合作社整顿的内容，具体包括清理两无合作社（即无农民社员、无实质生产经营）、整顿停止运营的合作社，清理涉嫌以合作社名义骗取套取国家财政奖补和项目扶持资金的合作社，鼓励广大群众举报违规或从事非法融资的合作社等。县市级政府对不同类型的空壳社进行分类处理，在完成清理工作后，我国登记主持的合作社依然超过220万家②。

从合作社法修订内容来看，合作社社员多样性、异质性社员的存在得到了法律的认可。异质性社员的普遍存在意味着合作社内部出现了不同利益群体。充分发挥合作社应有的作用，平衡好异质性社员间的利益关系成为当前工作的重中之重。异质性意味着社员自身资源禀赋的异质性，角色扮演的异质性等，对合作社

① 2019中国新型农业经营主体发展分析报告（二）——基于农民合作社的调查和数据[EB/OL]. http://szb.farmer.com.cn/nmrb/html/2019-02/23/nw.D110000nmrb_20190223_1-07.htm? div=7.

② 农业农村部发布农民合作社发展情况［EB/OL］. http://www.zgnmhzs.cn/yw/202001/t20200102_7274614.htm, 2020-01-02.

的贡献不同，所能获得的收益当然有所差异，为了保护不同社员的利益，保证合作社的公平有效发展，平衡社员间的合作贡献与收益是维持异质性社员持续合作的必经之路。

3.2　社员异质性出现的原因

合作社的发展不仅受合作社内部特征的影响，也受到政府与市场环境等外在因素的影响。合作社社员先赋资源与资源存量的差异化、政府政策的引导以及一二三产业融合都使合作社社员异质性不断增强。合作社社员结构的异质性成为一种历史必然。

3.2.1　农民分化的现实产物

农村阶层分化是合作社异质性社员结构形成的内在动因（覃杰等，2016）。改革开放以来，中国农村社会的一系列改革在促进农业发展和推动农民增收的同时，也致使中国农村社会原本同质性的农民群体在职业、收入和消费结构等多方面呈现出鲜明的分化和转型特征（陆学艺，2006；万能和原新，2009）。在城镇化、工业化快速发展的过程中，农业生产所获取的收益已大不如前，大多小农户很难依靠单纯的农业生产赢得体面的收入。这使得小农户对农业和土地的依赖持续降低，越来越多农业用地由原本家庭收入的首要支撑转变成保底型的口粮田，大批农村青壮年劳动力为获取更高收益不断向城镇流动，农村劳动力兼业化、老龄化、妇幼化问题日益突出。与此同时，部分农民在市场经济的大环境下开始成长起来，并凭借其积累的大量资本、技术等成为专业大户、农民企业家等乡村能人，在农业领域逐渐走向领先地位。传统小农对农业短期生产收益的关注度更高，对合作社的认知水平有限，深入参与合作社经营管理的动力与能力不足。而专业大户等新型职业农民对新事物的接受能力更强，对通过合作社这一平台来稳定与提高其农业生产经营的效益寄予了较高希望，拥有更充足的参与动力和更强的参与能力。在农民分化背景下，传统小农和专业大户等新型职业农民进行合作，在合作社中必将带来合作社员之间参与目的、参与贡献等方面的差异。因此，即使从农民中剥离出那些不再务农的群体，包括家庭农场、种养大户等职业农民、外出务工的兼业农民和全职小农在内的剩余务农群体也呈现出明显异质性。农民阶层的多元分化，使谋求加入合作社的农民无论在年龄、受教育程度等人口统计学特征方面，还是在耕地面积、农业生产技术与农业生产资料等农业生产特征方面，抑或是在风险偏好特征等方面都存在着差异（林坚和马彦丽，2006；郭熙保和黄灿，2010）。

3.2.2 弥补生产要素结构性缺乏的必经之路

参与目的、参与贡献、要素禀赋等方面的不同是社员异质性的典型表现，其中要素禀赋差异不仅是合作社社员生产要素投入、参与目的、参与贡献以及所承担的风险等方面差异化产生的根源，更是社员结构异质性特征的本质体现。农户自身年龄、受教育水平、技术能力、社交能力等个体资源禀赋差异以及家庭经济水平、土地数量与质量、家庭社员数量与结构等家庭资源禀赋差异，都是合作社社员异质性产生和增强的重要原因。鉴于农户资源禀赋各异，农民期望借助合作，以满足其自身对部分缺乏的农业生产要素的需求。合作社也被视为不同要素所有者为弥补生产要素结构性缺乏而形成的具有共同利益的契约组织。

合作社社员中有的希望通过合作社获得技术服务，有的希望获得质优价廉的生产资料，有的希望销售产品，有的希望获得更多的农产品货源，还有一些希望借助于合作社获得政策益处（徐旭初和邵科，2014）。实践表明，在中国国情下合作社社员异质性的存在是一种历史必然。除了社员在性别、年龄、受教育水平、经济状况、经营规模、技术能力、社会能力等方面存在的明显差别外，面对变化无常的经济社会环境以及日益激烈的市场，增强合作社的开放性和提高合作社的服务能力成为合作社持续生存发展不可避免的选择。合作社服务能力的提高需要更多的生产要素，而包括资金、技术、人才、社会关系等要素禀赋各异的生产经营者的加入（于会娟和韩立民，2013），以及非生产者的投资（周蓉和李明贤，2018）进一步强化了合作社社员的异质性。

3.2.3 政府鼓励合作社发展的现实结果

现阶段，中国合作社尚处于本土化发展时期，在服务能力、社会地位、综合实力等方面的现实状况，与理想状态相去甚远。政府政策是合作社发展的支撑，是加快中国合作社本土化进程的助推器，更是缩小合作社发展的现实与理想之间差距的有力保障。在农业发展势头较弱的背景下，仅仅依靠农业领域的内生力量很难促进合作社的发展（周艳华和彭玉旺，2013），政府力量的介入既是合作社发展的动力，也是社员异质性形成的重要原因。民国时期，当时的政府就非常关注合作社发展，并将合作社当作“民生主义”的核心内容进行大力推行，发展合作社成为当时政府推进农村经济恢复与发展的重要途径（祝浩轩，2017）。新中国成立初期，合作社更被视为中国进行社会主义改造的重要组织载体。改革开放后，为从根本上解决“三农”问题，化解市场经济下小农户进入大市场的矛盾，中国政府颁布了《合作社法》，全面扶持发展合作社。然而，在市民社会发育明显不足、民间组织发展受管制的环境下，中国传统小农户自发组织和参加合作社的内部动力和参与能力不够（徐旭初和邵科，2014）。政府诸多扶持政策更加“偏爱”比传统小规模农户更具有资金、技术或者能力等优势的高校应届毕业生、大学生村官、返乡创业农民工、农村能人等。又加之法律体制尚不健全、行政推进不当和审批纰漏存在（邵科和朱守银，2014），包含部分投机主义者在内的大量个体、社会经济组织，进入到创办与参加合作社的行列里，加剧合作社社员的异质性。

3.2.4　一二三产业融合发展的必然结果

随着中国一二三产业融合发展的大力推进，合作社延长产业链、实行多元化经营逐渐成为中国合作社的发展趋势，这必然会导致合作社社员异质性的增加。改革开放以来，中国经济体系逐步由计划导向转为市场导向，农业生产的社会化程度逐步提高，农业产业链各个环节的融合发展愈加密切，农业产业化经营趋势日益明显。2015年《关于推进农村一二三产业融合发展的指导意见》指出，鼓励合作社开展农产品的加工与销售，拓宽合作的领域，丰富合作社的服务内容。这意味着合作社产业链的融合发展势在必行。传统的合作社中社员具有同质的特征，然而，随着农产品市场纵向一体化程度日益加深，农户所处产业链位置集中度逐渐减弱，再加上生产成本差异和技术水平差异所产生的生产经营多样化，使得社员的异质性程度持续加深（齐文娥和彭朵芬，2014）。伴随着一二三产业的纵向融合发展，农业纵向一体化的程度越来越高，不少合作社社员已经转变为面向特定客户的专业化生产者，而不再是单纯面向农贸市场的初级产品生产者。产业的融合发展必将导致合作社员位于产业链各个位置、在合作社中担任各种不同角色、对合作社做出不同程度贡献、享有不同经济利益等，这也势必会强化合作社社员间的异质性。此外，在一二三产业融合发展背景下，多元化经营和联合成为合作社扩大自身规模与增强自身综合实力的重要途径。但在合作社多元化经营和联合的背景下，合作社社员生产的农产品种类、在合作社中扮演的角色等差异也会更加明显，这也会加剧合作社社员的异质性。

3.3 社员异质性的表现

社员异质性来源于合作社社员入社前初始资源禀赋的异质性（楼栋和孔祥智，2014；徐旭初和邵科，2014），同时也突出表现为资源禀赋的差异化。本小节主要从合作社社员的自然资本、人力资本、资金资本和社会资本四类资源方面对社员的异质性表现进行分析。

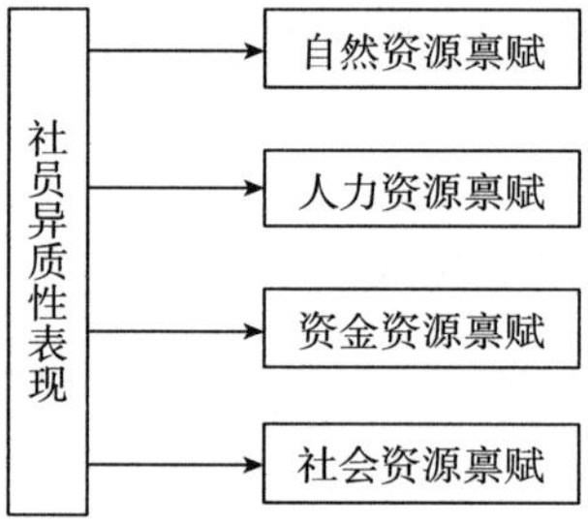

图3－2　社员异质性的表现示意图

3.3.1　自然资本资源的异质性表现

《辞海》中自然资本资源是指天然存在的（不包括人类加工制造的原材料）并有利用价值形成的自然物，如土地、生物、气候等资源。联合国环境规划署指出自然资本资源是在一定的时间、空间和技术条件下，具有经济价值的，并能够提高人类福利的自然物的总称。合作社的经营与发展都不可能离开自然资本资源，尤其是土地资源。与技术、资金、社会关系等稀缺要素相比，土地资源更为普遍、更为基础，是大多数农户参与合作社投入的主要成本。农户以土地资源作价入股合作社，合作社社员在初始土地资源禀赋、入股合作社的土地数量方面的差异，会导致社员参与角色、参与贡献等方面的差异。在其他要素投入同等的情况下，向合作社投入更少土地的社员，加入合作社的成本降低，参与合作社活动的动力不足，进而对合作社的贡献以及能从合作社获得的收益就相对较少；相较而言，向合作社投入了更多土地的社员，由于加入合作社的成本较高，更加关心合作社的经营状况，也会更高程度地参与合作社活动，进而对合作社的贡献以及能从合作社获得的收益就相对较多。这也会导致合作社社员在利益分配方面的异质性。

3.3.2 人力资本资源的异质性表现

人力资本资源是指一定时期内组织中的人所具有的能够为企业所用，且对价值缔造起奉献作用的教育、技术手段、阅历、精力等的集合。合作社的人力资本资源主要有两类：一是只拥有土地和劳动力等生产资料的普通劳动力，二是通过教育、培训等方式获得知识和技能，拥有管理技术、生产技术等的高素质劳动力。合作社社员在教育、能力、技能、经验、体力等方面的显著差异，也使得合作社社员参与角色异质性明显，社员结构异质性突出。实践证明，具有生产技术的合作社社员，能通过为合作社其他社员提供技术指导，提高农产品的质量与产量，从而提升合作社的效益、促进社员增收（谭春兰，2013）；善于挖掘市场、熟悉销售渠道的合作社社员，能够通过充分发挥其营销能力为合作社带来利益（孔祥智等，2010）；拥有管理才能、懂合作社运营的合作社社员，专注于管理运营合作社，让合作社发展得越来越好（李明贤等，2016）。仅拥有传统种植经验和体力的普通社员，在合作社价值创造过程中贡献相对较小。拥有生产技术、市场信息、管理能力等稀缺要素的核心社员，平均文化水平更高、能力更强，他们在合作社价值创造的过程中贡献更大。这最终形成合作社社员在合作贡献方面的异质性。

3.3.3 资金资本资源的异质性表现

资金资本资源，是指以货币为表现形式，用来盘活其他自然、物质资源，垫付于社会再生产过程，用于缔造新价值，并增添社会剩余产品价值的媒介价值。合作社从成立到发展都需要大量货币资金的投入。在中国合作社的发展历程中，由于农村劳动力的分工、农户的分层加快，在经济上拥有一定实力的农村精英、专业大户和龙头企业成为中国合作社的主要创办者（张晓山，2009）。合作社的资产会量化到每个社员的账户之中，农户需要按照合作社章程的规定缴纳一定数量的股金，才能加入合作社，取得社员资格。而大量工商资本的进入往往容易形成“精英行为”，合作社理事长以及核心社员本身具有较强的资本实力，在合作社中投入了大部分资金，股金比重较高，与资金资源禀赋较低且资金投入相对较少的普通社员相比，拥有更强的话语权。由于社员初始产权资本化形势显著，大多数合作社在成立之初便呈现少数大额资本核心社员与多数小额资本普通社员并存的局面。此外，在社员资金信贷能力差异化的基础上，为满足合作社持续发展的需要，产生的借贷行为主要由合作社核心社员承担。这表明社员本身初始经济能力的差别，将进一步导致合作社社员间参与动力、控制权、收益权等方面的异质性。

3.3.4 社会资本资源的异质性表现

一般来说，社会关系是社会中人和人之间关系的集合。从关系的不同维度来看，社会关系不仅包括个人与私人、集体、国家之间的关系，一般还包括集体与集体、国家之间的关系。在合作社中，社会资本资源主要是指社会关系网络。核心社员拥有较强的运用知识和技术的能力，具有较广的人脉关系，能较容易地获得想要的资源；而普通社员因为科学文化素质不高，社会关系不强，获取资源的能力相对较弱。在合作社的关系网络结构中，处在网络中心的核心社员常常有着更为有利的位置，不但担任着信用中介的角色，为本人带来经济收益，同时也强化了关系网络、获得社会收益，也能为合作社的其他社员带来经济上的收益（李明贤等，2018）。而普通社员由于缺乏合作与联系，关系网络不紧密，社会关系也相对松散，很难在合作社发展中扮演重要角色。这最终导致合作社社员在合作角色的异质性。

3.4 社员异质性引发的矛盾

合作社社员的异质性作为社员外生属性中的重要一环，对合作社的生产机制、治理机制、利益机制和创新机制都有重要的影响。

3.4.1 社员异质性与合作社生成机制

从合作社成立之初来看，其组织者大致包括普通农户、能人和大户三种类型。

一是普通农户。普通农户作为农村中农业生产经营的基本单位，通常是独立的生产者，同时也是全面的经营者。他们独立交易、自担风险，独自面对市场，负责从原材料的置办到生产再到销售的整个过程，生产经营呈现出“原子化”状

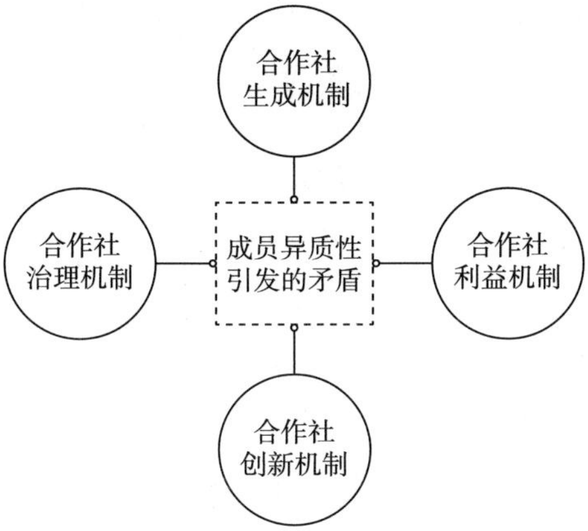

图3-3 社员异质性引发的矛盾示意图

态。但普通农户“善分不善合”，很难自发组织起来进行合作。而且对于普通农户来说，合作社的集体利益是外部利润，分散而有限。此外，由于农户“有限理性”的特点，为了追逐自身的最大化利益，很容易因为眼前利益而出现机会主义行为，最终影响合作的持续性，因此不利于合作社的形成。

二是能人。“能人”是指在村落社会中，既具有经济资源（主要是资金资本或相应的要素资源），又有人力资本资源（主要是经营头脑、创新能力、商业经验等），还有社会资本资源（往往是农资购买领域、相关产品销售领域或当地政府部门中有良好的社会关系），具有超前思维和战略性眼光，有一定的合作意识和合作知识的“村庄精英”型人物。主要表现为村支两委领导、村干部、农业技术部门相关人员等。具有企业家精神的农村能人的出现，使合作社的产生出现了可能。少数农村能人与普通农户相比，生产经营的规模普遍较大，对市场风险的承受能力也较大，为实现自我的更高发展，更愿意联合起来。同时，他们拥有创办合作社所需的经济实力、企业家才能和金融资本等，而这些稀缺资源普通农户难以具备。正因如此，农村能人的引领是有利于合作社形成和发展的。

三是大户。农业产业化背景下，农户专业分工进一步细化，部分农户依靠自身在自然、资本、人力以及社会等方面独有的资源优势，逐步发展成为具有专业能力的种养生产大户和经营销售大户。在农产品生产和销售的市场化、商品化以及不断提升的行业生产专业化背景下，农村大户作为乡村社区中率先达到小康水平的群体，在市场需求的导向下，当中多数人都以专业化生产或经营为主业，使其在信息获取、竞争参与、交易谈判等方面具有高于一般农户的优势。为了获得降低生产成本，获得更强的市场议价能力，平摊市场交易费用，农村大户更倾向于创建合作社。此外，农村大户还能够通过运用自身的人力资本、社会资本和资金资本等，第一时间了解各级政府对合作社的支持政策，努力获得相关项目、资助金支持，进而促进合作社的形成和发展。

综观合作社的各类发起者、创建者，长期分散、独立的原子化生存状态使得普通农户很难组织起来进行合作，不利于合作社形成；而少数农村大户与普通农户相比，生产和经营的规模较大，对市场风险的承受能力也相对较大，要实现更高的自我发展，更愿意联合起来，有利于合作社的初步建立。基于生产视角，Berglas（1976）率先对异质性社区作了详细解读，发现异质社区比同质社区更优，更容易形成合作。Olson（1965）的集体行动理论指出在规模较小的团体中，社员间经营规模、利益诉求、资源禀赋等方面的差异更能够促进其提供集体物品，形成合作。核心社员所具备的资源禀赋，如企业家才能和大额资金资本，与普通社员仅有的资源，如土地、劳动力和小额资本等，相互之间能够达到良性匹配。所以，异质性能够促进农户相互合作并组建合作社。需要说明的是，在合作过程中，合作社的生成和发展对核心社员（或带头人）的企业家才能具有强烈的依附性。在合作社当中，类型各异的社员具有资源的互补性，促使其达成协议、形成合作。而且，核心社员和普通社员在合作之初，技术或资本上有较强的合作需求，有助于打破彼此间的合作壁垒，改变单类社员原先弱势的市场地位。同时，异质性社员的合作也存在着一系列问题，例如，生产或营销大户、大股东通常占据核心地位，对于合作社拥有较为全面的剩余控制权和剩余索取权剩余，在监督缺位的情况下，很容易侵害普通社员的利益；对于普通社员，由于缺乏契约精神，且付出的参与成本较低，在合作社运营过程中容易出于投机取巧动机，产生“搭便车”行为，降低合作社组织效率，不利于合作社集体行动的实现，致使合作社发展基础受到动摇。

3.4.2 社员异质性与合作社治理机制

传统的合作社治理机制是建立在同质性社员结构基础上，内部产权归属明晰，治理结构透明，组织承诺、信任程度较高，价值观念趋同，组织成本较低，交易成本也随之降低。在社员异质性背景之下，社员间协调难度加大，合作社内部组织成本、决策成本增加，合作社的治理将变得更加复杂。社员的层次不同，社员农户所拥有的决策能力也不同，此时过度强调“一人一票”这样的民主表决机制非但不能节省集体决策成本，反而会降低合作社的治理效率。

掌握着稀缺要素的社员在合作社中承担着比普通社员更多的成本和风险，如果合作社治理机制设置不能满足稀缺要素所有者的利益需求，其对合作社的要素投入积极性受到抑制，不利于合作社的长期稳定发展。同时，虽然拥有非稀缺要素的社员的成本和所承担的风险相对较低，但若其恰当的利益诉求在既定的治理机制下得不到保障，该类社会也不会选择长期合作，结果也会导致合作社的运营失败。有研究从要素投入差异方面提取指标，用以衡量社员异质性，如以社员入股额度差异（邵科等，2008）、人力资本要素拥有量（孔祥智等，2010）等来衡量社员异质性，分别揭示了合作社股份化和人力资本要素拥有量对合作社治理机制的影响。也有观点认为大户治理具有一定的合理性和有效性（黄胜忠等，2008；张晓山，2011），但大户的利益诉求不同于兼业小农户，这一定程度影响着合作社的治理。由于合作社社员在资源禀赋和参与程度上的不同，使得他们在合作社中履行的权利和义务也各不相同，很容易在合作社中出现“大户带头，小户参与”的现象，进一步产生社员之间阶层分化，造成“大农吃小农”和“去益贫化”现象，甚至出现“敲竹竿”“小农吃大农”等现象。因此，在产权制度的安排和治理机制的形成过程中，需要平衡不同要素所有者对合作社的产权拥有量，特别需要考虑给予稀缺要素所有者所付出的生产资料相应的剩余控制权和剩余索取权。

3.4.3　社员异质性与合作社利益机制

合作社社员的异质性表现为资源禀赋、风险偏好和参与维度等方面。一般来讲，社员的资源禀赋影响着社员参与合作社的利益诉求和预期收益，表现在行动上则是异质性社员对合作社的参与维度存在差异。具体来讲，参与维度分为业务参与、管理参与和资金参与，而不同维度的参与又会引起差异化的社员利益分配制度偏好。社员的异质性还表现为社员面对风险时不同的态度：资源禀赋较为丰富的社员应对生产风险和市场风险的能力较强，往往具有较为积极的风险态度。资源禀赋较缺乏的社员通常表现出风险中性或风险厌恶的特征。这些都会影响社员对合作社的预期收益和利益诉求，最终影响合作社利益机制的设定。实践中，2017 年全国按惠顾额返还盈余的合作社仅占总数的 20.99%，四川省按惠顾额返还盈余的合作社占其总数的 21.71%（农业部农村经济体制与经营管理司和农业部农村合作经济经营管理总站，2018），造成这种分配差异的重要原因在于社员之间显著的异质性。

合作社社员间的异质性会加深农户间资源禀赋与劳动贡献的冲突。对于合作社而言，虽然剩余利润按惠顾额返还、资本领取固定利息的原则有利于保护惠顾者和劳动者的利益，但资本报酬受限对合作社的资本来源也造成不同程度的限制，致使合作社发展中资本短缺问题的恶化，更有甚者会导致其难以有效运营。如果农户是同质的，则各个农户在资本和劳动上的投入将一样，这对于农户来说，无论是盈余按资本返还，还是按惠顾额返还都是无区别的。此时，剩余利润按惠顾额返还仅仅限制了外部资本进入合作社，对社员农户自身的资本也给予了足够的激励。然而，事实并非如此，农户之间的异质性导致剩余利润无论是按惠顾额返还是按股金进行分红，都会限制部分社员的参与积极性。因此，在社员异质性情况下，合作社需要适时调整利益机制来充分调动各类社员的积极性。

3.4.4 社员异质性与合作社创新机制

社员异质性的存在虽然会使合作社的本质规定性有偏移的可能，但也蕴含着创新潜能。在社员异质性背景下，资源禀赋较为丰富的少数社员在合作社中实际上扮演着企业家和资本家的双重角色，他们通过对合作社剩余索取权和控制权的掌控，集风险制造者和风险承担者于一身。事实上，这种合作社治理结构，使得资源禀赋较丰富的社员向合作社贡献其物质资源、人力资本资源和社会资本资源等稀缺要素，为合作社的发展注入新动能。就当前阶段来看，这不失为一种切合实际并且行之有效的组织制度安排。异质性社员在技术掌握、资源拥有与能力培养等方面存在互补性，能够促进农户之间相互交流与学习，从而促进技术创新与管理创新，带来创新效应，推动合作社的创新发展。

实践中，异质性社员间资源互补的特性使得资源禀赋较为富足的社员将其企业家才能和巨大资本等资源要素与普通社员的土地资源、劳动力和小额资本匹配。异质性社员之间强大的技术、资本等合作需求可以克服合作面临的困难，进而改变单个社员仅凭自身弱小力量无法规避市场风险的劣势地位（崔宝玉和李晓明，2008）。通过合作，一方面能够弥补资源禀赋较富足的社员生产规模受限，农资购买规模和农产品销售规模不能突破瓶颈的局限性；另一方面能够弥补资源较为短缺的社员在资金、先进技术、市场信息、优质农产品市场渠道等方面的缺陷。这能够激发合作社在资源匹配过程中开展了标准化生产、注册商品、质量认证等创新行为。

3.5 小结

本章按时间顺序对合作社发展历程进行了回顾、梳理归纳，并探讨了社员异质性发展的历史演进，认为社员异质性是中国合作社发展的必然趋势。在总结社员异质性历史演进规律与现实表达的基础上，将社员异质性出现的原因主要归纳为以下四个方面：农民分化严重、农业生产要素结构性缺乏、政府政策引导的偏颇以及产业融合的发展趋势。从社员资源禀赋异质性出发，从自然资本资源、人力资本资源、资金资本资源以及社会资本资源四个维度对合作社社员异质性的表现进行了剖析，发现中国合作社社员异质性明显。最后，从社员异质性与合作社机制的关系出发，深入挖掘合作社社员异质性所引发的矛盾，分别从合作社的生成机制、治理机制、利益机制和创新机制详细描述了社员异质性给合作社带来的机遇与挑战。本章认为，社员异质性是合作社在中国这一特定经济、政治、社会环境下发展必然需要面临的状况，其能够给合作社带来发展机遇，同时也对合作社的持续健康发展提出挑战。既然社员异质性是中国合作社的发展需要面对的必然事实，那么，如何协调异质性社员的利益关系，促进异质性社员长期持续合作是合作社持续发展必须回答的问题。

第4章　异质性社员的特征分析

为分析异质性社员合作收益能力、公平感知与持续合作倾向，首先应该对异质性社员的基本特征进行剖析。因此，本章首先按照社员的异质性对异质性社员进行分类划定，根据上文对“异质性社员”的概念界定，得知异质性社员产生的根源在于农户拥有不同的资源禀赋。故而，本章依据异质性社员资源禀赋的高低，对比分析异质性社员在资源禀赋、合作收益能力、公平感知与持续合作倾向四方面的特征差异。

4.1　数据来源

为了保证研究的连贯性，本章数据依然使用课题组调查数据，有关该数据的详细说明请参见“1.4.1　数据来源”部分。

4.2　研究方法

根据各个方面的资源禀赋计算出一个社员资源禀赋的综合值，实质上是综合评价思维，即通过一定的数学模型将多个数值“合成”一个整体性的评价值。这样的数学模型有很多，例如主成分分析、层次分析、模糊综合评价法、灰色关联等。由于层次分析和模糊综合评价法在指标赋权过程中采取主观赋权法，其结果很大程度上依赖于主观判断，这必然使得评价结果具有强烈的主观臆断色彩。相较而言，主成分分析和灰色关联等客观赋权法得出的综合评价值具有更强的客观性，更能够反映调研数据的真实情况。评价指标间往往存在着或多或少的相关性，相较于灰色关联度分析方法来讲，主成分分析方法最大的优势在于能够解决指标间的信息重叠、相关关系的问题。结合研究目标，本研究首先采用主成分分析方法将合作社社员自然资本、人力资本、资金资本和社会资本四个维度资源禀赋的各个指标，按照一定的方法提取主成分。采用主成分分析获取各个主成分的贡献率，根据这个贡献率，再将各主成分综合成一个指标值。为了确保社员资源禀赋综合数值的科学性，本部分除了使用主成分分析计算出各主成分的权重外，还使用客观赋值法中的熵值法计算各主成分的权重；随后，将两组权重相加，求其平均值。然后，利用两种方法得到的权重平均值计算社员的综合资源禀赋。最后，根据资源禀赋的高低，将异质性社员按照资源禀赋的高低进行分类。

4.2.1　主成分分析

主成分分析方法（Principal Component Analysis，PCA）最早于1901年由卡尔和卡尔逊提出，应用于非随机变量中。随后，Hotelling（1933）将其扩展到随机变量领域。该方法在本部分的应用思路是：利用降维的思想，将社员自然资本、人力资本、资金资本和社会资本四个维度资源禀赋指标这些具有一定相关性的变量，通过线性变换成与原变量数量一致的且相互之间不相关的主成分，使用对应主成分的方差贡献率作为每个主成分的权重，将其综合成一个数值，即社员的资源禀赋综合赋值。

假设社员样本数为 n，社员资源禀赋包含的具体指标有 m 个，则有以下矩阵：

$$X=\begin{bmatrix} X_{11}, & X_{12}, & \cdots, & X_{1m} \\ X_{21}, & X_{22}, & \cdots, & X_{2m} \\ \cdots & \cdots & \cdots & \cdots \\ X_{n1}, & X_{n2}, & \cdots, & X_{nm} \end{bmatrix} \tag{4-1}$$

其中，X_{ij}表示第 i（$i=1, 2, \cdots, n$）个社员的第 j（$1, 2, \cdots, m$）项资源禀赋指标赋值。当原始变量的单位和属性不相同时，变量通常体现出异方差的特征，这会导致变量指标的不可比性。为了统一数据性质，让数据具有可比性，在计算综合指标前，首先应该对原始数据进行标准化处理（沃尔夫冈和利奥波德，2014）。不同资源在进行禀赋测量时，会使用不同的衡量单位，因此应该对资源禀赋的各个指标数据按照以下公式，进行标准化处理：

$$X' = (X_j - \overline{X_j}) / \sqrt{D(X_j)} \tag{4-2}$$

其中，$\overline{X_j}$为第j项资源禀赋指标的均值，$\sqrt{D(X_j)}$为第j项资源禀赋指标的标准差。原始数据各资源禀赋之间或多或少存在着一些相关关系，为了消除这种相关关系给研究结果带来的偏误，本部分利用主成分分析对原始数据进行降维，把可能存在相关性的原始变量合为一个新变量，新变量间不存在相关关系。根据各指标之间的相关关系，得到主成分集合Z，包括h个主成分，假设主成分Z'_g的得分用F_g表示，那么有：

$$F_g = \sum_{j}^{8} \Lambda_{gj} Z'_g \tag{4-3}$$

其中，F_g表示第g项主成分的得分；Λ_{gj}表示第g项主成分第j项指标的载荷。

根据公式（4-1），计算得出相关系数矩阵，其特征值为λ（$\lambda_1 \geqslant \lambda_2 \geqslant \lambda_3 \cdots \geqslant \lambda_j$），那么主成分的贡献率，即主成分的权重可以表示为：

$$Y_g = \frac{\lambda_g}{\sum_{k=1}^{j} \lambda_k} \tag{4-4}$$

按照主成分确定的原则，即数据变异最大原则、最小二乘原则、群点相似性改变最小原则和对原变量系数最佳综合表现原则（任若恩和王惠文，1997），对主成分个数进行确定。确定主成分个数的方法有第一主成分法、$x\%$准则、特征根均值准则和斯格里准则等。本研究选取$x\%$准则对主成分个数进行确定。$x\%$准则要求，如果选取h个主成分，则$\frac{\sum_{k=1}^{h} \lambda_k}{\sum_{j=1}^{m} \lambda_j}$为主成分$Z_1$，$Z_2$，…，$Z_n$的累积贡献率，该值应该大于某个百分数。一般来讲，可以是75%、80%、85%、90%、95%，其值越大，说明在保留主成分过程中损失的信息就越少。本书原则上以95%为主成分个数确认边界。

4.2.2 熵值法

熵值法源于信息论，其基本原理是，某个指标的离散程度越大，即变异程度越大，说明该指标对综合评价的影响越大。依照该原理，熵值法通过计算熵值，用其作为判断某指标离散程度的依据，进而利用指标差异性确定权重系数。

为了消除指标数值之间的异方差，首先，应该对由主成分分析方法获得的主成分F_g进行非负化处理。对于不同的指标，非负化处理需要依照不同的计算公式。本研究有一个暗含假设，即社员的资源禀赋越高越好，因此，此处在进行非负化处理时，采用处理越大越好的指标公式。

$$f'_{ig}=\frac{F_{ig}-\min(F_{1g},\ F_{2g},\ \cdots,\ F_{ng})}{\max(F_{1g},\ F_{2g},\ \cdots,\ F_{ng})-\min(F_{1g},\ F_{2g},\ \cdots,\ F_{ng})}+1 \tag{4-5}$$

其次，使用处理后的数据f'_{ig}计算样本社员 i 的指标权重Y_{ig}，在本研究中是指第 i 个社员的第 g 个主成分数值占所有样本的该主成分数值的比重。

$$Y_{ig}=\frac{f'_{ig}}{\sum_{i=1}^{n}f'_{ig}} \tag{4-6}$$

最后，根据样本指标权重计算信息熵和价值系数，具体公式如下：

$$e_g=-q\sum_{i=1}^{n}(Y_{ig}\times \ln Y_{ig}) \tag{4-7}$$

其中，常数 q 取决于样本总数，即 $q=1/(\ln n)$ 信息熵价值系数$d_g=1-e_g$。最后，使用信息熵价值系数算出指标权重 $w'_g=\frac{d_g}{\sum_{g=1}^{h}d_g}$，其中，在本书中 h 是主成分个数。根据上述分析，本书的权重 $W=\frac{Y_g+w'_g}{2}$。因此，社员资源禀赋综合得分可以表示为 $P=\sum_{i=1}^{n}W_{ig}F_{ig}$。

4.2.3　聚类分析

聚类分析是用多元统计技术将研究对象划分为不同组别的方法。聚类分析方法包括划分聚类方法（Partitioning Method，包括 K－平均、K－中心点、基于遗传算法的 K－中心点）、层次聚类方法（Hierarchical Method，包括凝聚和分裂、BIRCH、CURE、Chameleon）、密度聚类方法（Density－based Method，包括 DB-SCAN 和 OPTICS）、基于网格聚类方法（Grid－based Method，包括基本的基于网格聚类算法、STING、WaveCluster、CLIQUE）和神经网络聚类方法（李爱国，2012）。K－平均算法是目前所有聚类方法中应用最多、最成熟的方法之一。结合本研究数据特征，选用划分方法中的 K－平均算法对 872 个异质性社员的资源禀赋进行分类。

给定一个有 n 个对象的数据库，按照 K 个均值，将数据库划分为 K 个组，要求每个组至少包含一个对象，且每个对象只能属于一个组（K≤n）。K－平均算法是以 K 为输入参数，把 n 个对象的集合分为 K 个类，使得同一类之间的相似度高，而类别之间的相似度低。类的相似度是类中对象的均值度量，可以看作是类心。K－平均算法实现步骤如下：

（1）随机找出K个数据作为K个初始区间的类心；

（2）根据类心的欧式距离，对所有对象进行聚类，即将对象划到离它最近的类；

（3）重新计算各个类的类心，并利用新的类心重新聚类所有样本；

（4）重复以上步骤，直到所有类的类心不再随算法循环而改变为止。

4.3 异质性社员的分类

分析异质性社员合作贡献差异要以确定异质性社员类型为基础。合作社社员异质性的根源在于社员的资源禀赋差异（Karantininis et al.，2001），而资源禀赋的差异又导致了社员对合作社的要素投入、参与合作社的动机和目的、对合作社的贡献、在合作社中扮演的异质性角色以及对风险的承担程度等差异（徐旭初和邵科，2014）。因此，本研究从社员资源禀赋视角出发，对异质性社员进行分类（详见上文对异质性社员的界定）。

4.3.1 资源禀赋变量选取

资源是各种物质要素的总称，分为自然资本资源和社会资本资源两大类，具体包括土地、空气、水、人力资本资源、信息资源等多个方面。资源禀赋常被定义为某种能力和条件（罗明忠等，2018），是一个综合性概念。大部分学者按照生产要素的类型，将农户资源禀赋分为自然资本资源、劳动力资源、技术资源、人力资本、资金资本、社会资本等（林坚和黄胜忠，2007；姚文，2016；韩利丹和李桦，2018；易家林等，2018）。合作社社员异质性主要是社员的资源禀赋异质性（林坚和王宁，2002）。徐旭初（2016）也明确提出不同合作社参与主体的资源禀赋不同，具体表现在自然资本资源、资本资源、人力资本资源和社会资本资源的差异。

那么，合作社社员哪些方面的资源禀赋决定了社员的异质性结构，形成了异质性社员呢？已有研究主要从以下几个方面对农户资源禀赋进行分析：劳动力、土地资源（吕美晔和王凯，2008；易家林等，2018）、技术资本（吕美晔和王凯，2008）、人力资本（肖慧婷等，2018）、资金资本（吕美晔和王凯，2008；易家林等，2018）、信息资本（徐同道和吴冲，2008；朱月季等，2015）等。也有学者研究农户的社会经济禀赋，例如有无加入专业合作组织（杨国强等，2014）、地理环境、交通资源、市场资源（刘滨等，2017）等。学者们依据研究目标及对象，选取不同指标来衡量各个资源禀赋维度，详见表4－1。

表4－1 个体的资源禀赋维度与指标

资源禀赋维度	指标	代表研究
自然资本资源	土地规模；土壤肥力；灌溉条件	韩利丹和李桦，2018；梁凡和朱玉春，2018；易家林等，2018
经济资本资源	家庭总收入；存款	林坚和黄胜忠，2007；罗明忠等，2018
人力资本资源	户主性别；年龄；受教育层次；身体状况；是否为村干部；是否外出务工；风险偏好；农业劳动力数量；劳动力受教育程度；家庭人口数	洪名勇和尚名扬，2015；许荣和肖海峰，2017；韩利丹和李桦，2018；罗明忠等，2018；翁贞林和徐俊丽，2018；易家林等，2018
社会资本资源	社会关系；一年礼金支出数；亲朋好友数量；是否村里的大姓；有无村干部亲友；是否获得政府补贴；是否接受相关技术培训	姚文，2016；许荣和肖海峰，2017；罗明忠等，2018
物质资本资源	拥有物质资产的种类数量；有无城镇住房	楼佳俊和郑雨倩，2017；梁凡和朱玉春，2018
金融资本资源	是否拥有金融资产	梁凡和朱玉春，2018
农地资源	所在村庄地形、交通条件、农地灌溉条件、农地土壤肥力以及承包耕地面积；	罗明忠和陶志，2016
	用材林面积、经济林面积、竹林面积和细碎化程度	肖慧婷等，2018
其他资源	地理环境禀赋、交通资源、市场资源、非农收入能力和迁徙意愿禀赋	刘滨等，2017

为了实现上述分类目标，首先应该确定资源禀赋的维度和具体指标。根据上文关于异质性社员的界定，结合前文对已有文献的梳理，本部分将从自然资本、人力资本、资金资本和社会资本四个方面对社员的资源禀赋进行衡量。其中自然资本由社员家庭耕地面积表示；人力资本包括户主性别、年龄、受教育程度、家

庭劳动力数量；资金资本包括社员家庭的非农收入和农业收入。需要特别说明的是，社会资本是能够促进或帮助获得市场中有价值的技能或特点的人之间自然产生的社会关系（Loury，1976）。本研究将社会资本关系分为社区社会资本与家庭社会资本两类，并借鉴已有学者的研究，按四等分法，将家庭社会资本分为社会网络、社会信任、社会声望与社会参与（陆迁和王昕，2012；张聪颖和霍学喜，2017）。结合本书的研究目标和已有研究对合作社社员社会资本的具体内涵，本书提到的社员家庭社会资本是指社员家庭社会网络。借鉴张聪颖和霍学喜（2017）使用信息获取渠道数量和家庭亲友网络规模两个指标衡量家庭社会网络，本部分选择家庭社员担任村、组干部和家庭亲友网络规模两个指标来衡量社员的家庭社会网络。

Karantininis（2001）指出社员异质性主要源自农户在加入合作社前的自身资源禀赋。由于社员的资源禀赋是一个不断积累的过程，社员在参与合作之前和参与合作之后的资源禀赋都会有所差异。为了避免资源积累导致的测量偏误，本部分用于划分社员类型的资源禀赋是指社员加入合作社时的禀赋。

表 4－2　资源禀赋维度与指标解释

资源禀赋	指标名称	指标度量
自然资本	耕地（l_1）	家庭耕地总面积（亩）
人力资本	年龄（l_2）	户主的年龄（岁）
	受教育程度（l_3）	户主接受学校教育的年限（年）
	劳动力数量（l_4）	家庭劳动力数量（个）
资金资本	家庭总收入（l_5）	加入合作社前一年，家庭年总收入（万元）
	农业收入（l_6）	加入合作社前一年，从事农业经营所获取的总收入（万元）
社会资本资源	家庭社员担任村、组干部（l_7）	加入合作社前，社员家庭中，担任村、组干部的数量
	家庭亲友网络规模	加入合作社前，家庭中所有成年社员常往来的亲友总量（l_8）
		加入合作社前，家庭社员向亲友能够借到多少钱（万元）（l_9）

结合调研数据，得到社员资源禀赋指标的统计特征，详见表 4－3。由表 4－3 可知，在加入合作社前，社员平均家庭耕地面积为 3.192 亩，这不仅比

2016 年全国农户家庭平均面积 10.67 亩小[①]，也远远低于其他农业大省的家庭平均耕地面积，例如河南省和山东省的农业家庭户均耕地面积分别为 8.18 亩、7.77 亩，黑龙江省的户均耕地面积更大为 42.23 亩[②]。这表明，农户家庭小规模经营在四川，尤其是本研究的样本中表现得更为充分，更需要通过合作社的形式联合起来生产经营。样本平均年龄约为 48 岁，这与第三次全国农业普查所调研的全国农业生产经营人员年龄情况基本相符，调查发现西部地区农业从业人员的年龄较轻，东部地区农业生产经营老龄化问题相对突出。受教育程度约为 7 年，这略高于第三次全国农业普查获得的西部地区受教育程度的平均水平，可能是因为本研究的调查对象是蔬菜种植户，该产业既是劳动密集型又是技术密集型，相较其他农业产业而言，需要拥有更高教育水平的生产经营者。家庭劳动力数量约为 3 个，这与全国农业家庭劳动力数量相当（王建，2019），但是四川省是劳动力输出大省，农村劳动力存在大量外流的现象，实际从事农业劳动的劳动力会少一些。家庭年总收入为 3.473 万元，这略低于全国农村家庭平均收入。农业年总收入为 2.790 万元。由于样本社员加入合作社的平均时间为 2010 年 10 月，那么我们可以知道在 2010 年左右，样本社员的收入主要以农业收入为主。在加入合作社前，样本社员家庭人均担任村组干部的数量为 0.166 人，亲友数量约为 24 人，能够在亲友处借到的平均资金数量为 9670 元。

表 4-3　资源禀赋指标统计描述

指标	均值	标准差	最小值	最大值
耕地（l_1）	3.192	3.195	0	20.18
年龄（l_2）	48.457	10.742	23.25	85.58
受教育程度（l_3）	7.095	3.245	0	16
劳动力数量（l_4）	2.947	1.197	0	12
家庭总收入（l_5）	3.473	7.857	0	152.94
农业收入（l_6）	2.790	3.166	0	18.92
家庭社员担任村、组干部（l_7）	0.166	0.388	0	2
家庭亲友数量（l_8）	23.654	17.80	0	150
亲友借贷资金规模（l_9）	0.967	2.975	0	80.00

①② 数据来源：《中国统计年鉴》（2017）。

4.3.2 变量测度的信度和效度评价

在进行主成分分析之前，需要对指标数据的信度和效度进行评价。使用STATA 14.0完成以上评价。Bartlett检验结果（6214.347，P<0.000）表明，拒绝相关阵是单位阵的原假设，可以进行主成分分析。KMO测度是用来比较相关系数值与偏相关系数的一个指标，用以判断是否有必要使用主成分分析方法进行分析。Kaiser（1974）研究指出，当KMO值在0.00~0.59时，根本没有必要使用主成分分析；当KMO值大于0.60时说明主成分分析方法是被需要的（Kaiser, 1974）。本研究的KMO值为0.695，因此，该部分可以进行主成分分析，且分析结果可以被接受。此外，Alpha信度系数为0.6854，表明资源禀赋指标量表中的各题项得分之间存在一致性，进一步说明样本数据适用于主成分分析。

4.3.3 各类资源禀赋的权重确定

4.3.3.1 主成分分析方法赋权

对异质性社员资源禀赋的各项指标数据进行标准化处理，得到标准化数据矩阵。以标准化后的数据矩阵为基础，用STATA14.0计算与标准化后的数据相对应的相关系数矩阵和特征值，计算出主成分贡献率，即主成分权重和累积贡献率，详见表4-4。

表4-4 特征值与方差贡献率

主成分	特征值	方差贡献率 Y_g（权重）	累积方差贡献率
Z_1	3.1398	0.3489	0.3489
Z_2	1.4275	0.1586	0.5075
Z_3	1.0361	0.1151	0.6226
Z_4	0.9440	0.1049	0.7275
Z_5	0.9270	0.1030	0.8305
Z_6	0.7899	0.0878	0.9183
Z_7	0.5360	0.0596	0.9778
Z_8	0.1973	0.0219	0.9997
Z_9	0.0023	0.0003	1.0000

从表4-4中可以看出，前7项主成分累积贡献率约为98%。这说明前7项

主成分能够解释原始数据的98%的信息。由4.3.1对主成分分析的介绍可知，本研究可以按照主成分的累积方差贡献率大于95%选取主成分，因此选取7个主成分来代表社员资源禀赋各项指标。根据表4－5可知，第一主成分Z_1主要解释社员的自然资本资源禀赋、资金资本资源与部分社会资本资源禀赋；第二主成分Z_2主要解释社员的人力资本资源要素禀赋；第三主成分Z_3和第四主成分Z_4主要解释部分人力资本资源与社会资本资源禀赋；第五主成分Z_5和第六主成分Z_6主要解释部分资金资本资源和社会资本资源禀赋；第七主成分Z_7主要解释社员人力资本资源要素禀赋。

表4－5　主成分载荷值

评价指标	Z_1	Z_2	Z_3	Z_4	Z_5	Z_6	Z_7
l_1	0.506	0.113	－0.130	0.091	0.126	－0.064	－0.014
l_2	0.133	0.565	0.259	0.445	－0.084	0.252	0.572
l_3	0.183	－0.117	0.176	－0.027	0.069	0.182	0.686
l_4	0.066	0.319	0.701	0.335	0.071	0.120	－0.118
l_5	0.205	0.170	－0.080	0.470	0.716	0.375	0.220
l_6	0.537	0.154	0.110	0.045	0.129	－0.057	0.011
l_7	0.535	0.150	0.112	－0.039	－0.129	－0.059	0.006
l_8	0.196	－0.208	0.340	0.634	0.509	0.096	－0.363
l_9	0.182	－0.260	0.500	0.235	0.403	0.653	－0.091

本研究使用主成分的主要研究目的是提取能够代表社员资源禀赋的主成分，并得到这些主成分的权重。因此，此处不具体呈现主成分进行综合评价的全过程。本部分主要关注主成分Z_1～Z_7及其特征值贡献率（权重），分别为：34.89%、15.86%、11.51%、10.49%、10.30%、8.78%和5.96%。

4.3.3.2　熵值法赋权

根据1.3.2介绍的熵值法的原理与实现步骤，利用Excel对7个主成分进行熵值法赋权。首先依据公式（4－4）对7个主成分进行非负化处理，然后计算样本的主成分权重，随后使用样本主成分权重计算信息熵和价值系数，最后根据信息熵价值系数计算得出对7个主成分的赋权，分别为：35.51%、15.92%、12.49%、10.01%、9.88%、8.57%和6.20%。

4.3.3.3 权重的确定

通过对比由主成分分析方法和熵值法计算得出的主成分的权重发现，两种方法得到的权重差异较少。即便如此，为了获取更加稳健的社员资源禀赋综合得分，按照线性平均加权原则，在采用主成分分析和熵值法计算出权重后，对两组指标权重进行重新组合计算，将最后得到的平均数作为资源禀赋主成分的最终权重，分别为：35.21%、15.89%、12.00%、10.25%、10.09%、8.68%和6.08%。

4.3.4 异质性社员分类

通过上文的分析，已经得到社员的资源禀赋综合得分。进行非负化处理后，根据4.3.3介绍的聚类分析方法，使用STATA中“Cluster kmedians”命令将社员分为两组，分别命名为低资源禀赋组（581个社员）和高资源禀赋组（288个社员）。从表4-6中可以看出，在样本社员中，绝大多数被归入低资源禀赋组，占样本社员的66.86%，而高资源禀赋组的社员只占样本量的33.14%。这表明，样本合作社社员普遍缺乏生产经营必需的生产要素。与已有研究相比可以发现，这与中国合作社实际发展情况相符（黄胜忠和徐旭初，2008；孔祥智等，2014；刘同山和孔祥智，2014；颜华和冯婷，2015）。

表4-6 异质性社员分类

指标	低资源禀赋组	高资源禀赋组
样本数（个）	581	288
样本数所占比率（%）	66.86	33.14
综合评价得分区间	0.000~1.170	1.172~5.439

4.4 异质性社员特征对比分析

社员加入合作社时的资源禀赋，即初始资源禀赋决定着社员的入社动机、合作角色扮演、风险偏好与盈利能力等（袁久和和祁春节，2013；楼栋和孔祥智，2014；徐旭初和邵科，2014）。那么可以推断社员的初始资源禀赋与社员入社后的资源积累、收益能力、公平感知和持续合作倾向有着某种相关关系。通过组间对比可以对这种相关关系做出直观判断。

4.4.1 异质性社员资源禀赋特征对比分析

上文对社员的分组依据是社员在加入合作社时的资源禀赋特征，随着实践的推进，社员的资源禀赋也在不断变化。对异质性社员进行分组分析之前，需要对异质性社员在被调研时的个体特征（例如年龄、性别、受教育程度、是否担任村组干部、风险偏好等）与家庭特征（例如家庭人口规模、劳动力数量、是否拥有农机具、距离最近集市的距离等）进行描述性统计，详见表 4 - 7。其中第二列和第三列分别是对低资源禀赋组社员和高资源禀赋组社员特征的统计描述。第四列是由组间差异分析命令得到的，对比两组社员间的个体特征与家庭特征是否具有显著差异的结果。

表 4 - 7 社员资源禀赋组间差异分析

指标	低资源禀赋组社员	高资源禀赋组社员	高资源禀赋组社员 VS 低资源禀赋组社员
性别	0.811（0.392）	0.899（0.301）	0.089（0.026）***
年龄	51.427（10.782）	54.243（11.002）	2.816（0.782）***
受教育程度	6.918（3.284）	7.837（3.363）	0.919（0.239）***
风险态度	2.516（1.191）	2.806（1.243）	0.289（0.087）***
担任村组干部	0.046（0.211）	0.333（0.472）	0.287（0.023）***
家庭总收入	9.21（12.50）	14.55（13.47）	5.43（1.24）***
家庭人口规模	4.277（1.489）	5.094（1.595）	0.817（0.110）***
劳动力数量	2.766（1.099）	3.372（1.332）	0.606（0.085）***
耕地面积	2.116（1.145）	6.780（4.005）	4.066（0.179）***
农机具	0.522（0.500）	0.677（0.468）	0.156（0.035）***
离集市的距离	15.850（14.439）	19.152（15.201）	3.302（1.059）***
成都平原经济区	0.351（0.434）	0.413（0.464）	0.061（0.032）*
川南经济区	0.207（0.405）	0.247（0.432）	0.040（0.030）
川东北经济区	0.308（0.462）	0.257（0.438）	-0.051（0.033）*
攀西经济区	0.134（0.424）	0.084（0.388）	-0.050（0.030）*

注：括号中数字为标准差；*** 和 * 表示在 1% 和 10% 的水平上显著。

由表4-7可知，不同组别间的社员在个体特征与家庭特征方面存在较大差异。具体来讲，从不同组别户主性别来看，男户主家庭的资源禀赋普遍高于女户主家庭。从年龄来看，高资源禀赋组社员普遍比低资源禀赋组社员年长。从受教育程度来看，资源禀赋越高的异质性社员受教育程度越高，在组内不存在较大差异。就社员的风险态度而言，低资源禀赋社员显著低于高资源禀赋社员。高资源禀赋社员中更多的户主是当地村的村组干部。高资源禀赋组社员的家庭总收入显著高于低资源禀赋组社员，平均高出5430元左右。家庭人口规模和劳动力数量两个指标，均是高资源禀赋社员占优势。从低到高，资源禀赋异质性社员的平均耕地面积为2.116亩和6.780亩。从标准差可以看出，每组社员内部，耕地面积存在一定差异，并且是高资源禀赋组的社员之间耕地面积差异远远大于低资源禀赋组的社员之间的差异。农机具拥有情况也是高资源禀赋社员占优势。比较奇怪的是，距离集市距离越远，资源禀赋越高。从地理位置来看，地处成都平原经济区和川东北经济区的合作社社员资源禀赋较高，川南经济区次之，而攀西经济区合作社社员的资源禀赋普遍偏低。

由以上分析可以得出，社员加入合作社的资源积累对其初始资源禀赋特征具有路径依赖，即加入合作社前拥有较多资源禀赋，那么这种资源禀赋的优势将会在加入合作社后进行延续。

4.4.2 异质性社员合作收益能力对比分析

结合上文的定义，异质性社员的合作收益能力用合作收益与合作贡献的比值表示，为了理清异质性社员合作收益能力的差异，有必要先分析其合作收益与合作贡献的差异，再整体比较合作收益能力的不同。

4.4.2.1 异质性社员合作贡献差异

由2.1.2关于合作贡献的界定可知，社员对合作的贡献分为两个阶段：

一是合作社利益创造阶段，社员所做出的贡献。合作社利益创造阶段，是合作社将农产品生产出来，或社员将自己生产的农产品交付给合作社的阶段。这个阶段合作社所需要的生产要素主要集中在土地、劳动力等基本生产要素方面。由于农业生产过程难以监督的特征（傅新红，2016），社员在该阶段所付出的努力难以被直接量化。合作社的收益主要来源于通过集体行动统一购买生产资料和销售农产品的溢价，于是本研究将社员从合作社购买农资和向合作社销售农产品视作为合作社共同利益所做出的贡献。因此在合作社利益创造阶段，社员的贡献可以用两个指标进行衡量：一是“社员与合作社的交易数量（O_1）”；二是“社员购买合作社提供的农资数量（O_2）”。低资源禀赋组和高资源禀赋组社员在利益创造阶段的合作贡献及其之间的差异被呈现在表4-8中。

表4-8 异质性社员合作贡献差异（利益创造阶段）

指标	低资源禀赋组社员	高资源禀赋组社员	低资源禀赋组社员 VS 高资源禀赋组社员
购买数量（千斤）	88.536（119.183）	368.783（401.121）	280.246（18.054）***
销售数量（千斤）	4.547（4.906）	17.582（16.239）	13.035（0.733）***

注：括号中数字为标准差；*** 表示在1%的水平上显著。

由表4-8可知，在利益创造阶段，高资源禀赋组社员的合作贡献显著高于低资源禀赋组社员，均在1%水平上显著。就购买数量而言，无论是低资源禀赋组还是高资源禀赋组，组内差异明显，且组间存在显著较大差异。具体来讲，高资源禀赋组社员从合作社购买的农资数量较低资源禀赋组社员普遍高出280千斤。从销售数量来看，高资源禀赋组社员销售给合作社的农产品的平均数量是低资源禀赋组社员的4倍左右。由表4-7中异质性社员耕地面积差异可知，这可能是由于高资源禀赋组社员往往拥有更大的耕地，所需要的生产资料数量更多，所生产的农产品数量也更多，需要更广阔、更稳定的农产品销售渠道。此外，由于高资源禀赋组社员往往在合作社处于核心地位，合作社的发展与其自身的发展休戚相关，在需求一定的情况下，高资源禀赋组社员更倾向于合作社进行直接交换。

二是合作社利益实现阶段，社员所做出的贡献。合作社的利益实现阶段强调的是通过将农产品销售出去来实现利益，稳定的、优质的市场渠道能够给合作社带来更高的收益。于是，在这个阶段则需要社员通过投入资金、管理才能和社会关系来寻找更优的市场价格和更加稳定的市场渠道。合作社的资金主要来源于社员入社时的股金投入；管理才能和社会关系的投入主要体现在社员为拓展合作社市场渠道所付出的时间和使用的人际关系等。因此，合作社利益实现阶段，社员为实现合作社的利益所能做出的贡献，可以用三个指标进行衡量：一是“社员花费在合作社管理事务上的时间（O_3）”；二是“社员是否为寻找市场动用自己的社会关系（O_4）”；三是“社员投入合作社的股金数量（O_5）”。低资源禀赋组和高资源禀赋组社员在利益实现阶段的合作贡献及其之间的差异被呈现在表4-9中。

表 4-9 异质性社员合作贡献差异（利益实现阶段）

指标	低资源禀赋组社员	高资源禀赋组社员	低资源禀赋组社员 VS 高资源禀赋组社员
投入管理的时间（天）	3.000（0.301）	4.094（0.423）	1.093（0.521）**
启用社会关系（是=1，否=0）	0.060（0.232）	0.389（0.464）	0.319（0.164）*
入股金额（千元）	8.423（1.607）	21.075（7.317）	12.651（5.632）**

注：括号中数字为标准差；** 和 * 表示在 5% 和 10% 的水平上显著。

由表 4-9 可知，在利益实现阶段，高资源禀赋组社员的合作贡献显著高于低资源禀赋组社员。两组社员花在合作社管理事务上的时间分别约为 3 天和 4 天。高资源禀赋组社员一个月花在管理上的时间，在 5% 水平上显著高出低资源禀赋组社员约 1 天。根据调研实际可知，在回答该问题上，大部分社员均表示并没有投入时间在合作社的管理方面。在仅有的几位回答说“有投入管理时间”的社员中，大部分社员在合作社中的身份要么是理事长，要么是理事会成员，或者是专职管理人员，少部分是合作社聘请的农业技术人员、财务人员或农场管理员。整体来说，社员投入合作社管理上面的时间较少。在启用社会关系拓展、维护市场渠道方面，为了拓展合作社市场渠道、寻找更优的市场价格，高资源禀赋组社员中投入自己的社会关系的人数占比为 38.9%，而低资源禀赋组社员曾投入过自己的社会关系人数仅占 6%。从投入的股金数额来看，高资源禀赋组社员投入的股金是低资源禀赋组社员的 2.5 倍还多，在 5% 水平上显著高出 12651 元。无论是启用社会关系还是入股金额在资源禀赋异质性社员间的差异可以从以下两个方面进行解释：一方面，高资源禀赋组社员本身拥有更高的社会资本和资金资本，能够使用的社会网络更广，能够投入的资金资本更多；另一方面，高资源禀赋组社员往往在合作社中扮演重要角色，其利益与合作社的发展息息相关，其付出社会资本和资金资本拓展市场渠道的动力更足。另外，高资源禀赋的社员资金资本更加充足，在加入合作社时，有更多的资金能够投入合作社，因此，高资源禀赋组社员入股金额普遍较多。

4.4.2.2 异质性社员合作收益差异

合作社社员从合作中能够获得的收益包括工资性收入、股金收入、二次分红和土地租金收入，以及将农产品销售给合作社，通过合作社给出的溢价，而获得的高于市场价格的溢出部分（通常被称为一次返利）。不同资源禀赋社员之间的合作收益，均呈现出在 5% 及以上水平上存在显著差异，详见表 4-10。

表4－10 异质性社员合作收益差异

指标	低资源禀赋组社员	高资源禀赋组社员	低资源禀赋组社员VS 高资源禀赋组社员
工资性收入	2.857（0.311）	4.271（0.645）	1.415（0.634）**
股金收入	0.551（0.125）	2.827（1.610）	2.276（1.147）**
二次分红	0.035（0.017）	0.120（0.051）	0.085（0.043）**
一次返利（溢价）	0.232（0.021）	1.011（0.117）	0.778（0.088）***
土地租金收入	0.575（0.084）	1.225（0.231）	0.650（0.201）***

注：括号中数字为标准差；***和**表示在1%和5%的水平上显著。

由表4－10可以看出，就低资源禀赋组社员而言，从合作中所得的收益由高到低排序为工资性收入、土地租金收入、股金收入、一次返利和二次分红收入。高资源禀赋组社员的合作收益由高到低排序为工资性收入、股金收入、土地租金收入、一次返利和二次分红收入。相较于低资源禀赋组社员而言，高资源禀赋组社员最占优势的合作收益排序如下：股金收入、一次返利、二次分红、土地租金收入和工资性收入。分别是低资源禀赋组社员的5.13倍、4.36倍、3.43倍、2.13倍和1.49倍。具体而言，两组社员的股金收入相差2276元，一次返利收入相差778元，二次分红收入相差85元，土地租金收入相差650元，工资性收入相差1415元。

就股金收入差异而言，由表4－9可知，高资源禀赋组社员的入股金额是低资源禀赋组社员的2.5倍还多，在按股分红比例一定的情况下，高资源禀赋组社员由于入股较低资源禀赋组社员多，其股金收入理所当然会更多。事实上，由于高资源禀赋社员的高资本投入，其拥有合作社剩余索取权和剩余控制权的概率更高。在合作社分配制度制定过程中，作为有限理性经济人，高资源禀赋社员能够利用自己所拥有的剩余控制权制定有利于自己的分配制度，例如增加按股分红的比例。这会进一步增加高资源禀赋社员的股金收入，拉大资源禀赋异质性社员的股金收入差异。就一次返利收入差异而言，可以通过不同组别社员与合作社的交易数量的差异来解释。根据表4－8陈列的结果可知，高资源禀赋组社员交付给合作社的产品数量超过低资源禀赋组社员交付数量的4倍，根据一次返利的本质特征，交易量越大，能够获得的一次返利收入就越高。因此，高资源禀赋社员一次返利收入显著高于低资源禀赋组社员这一现象得到解释。二次分红收入相差绝对值较少，但相对值较大。这可能是因为，进行二次分红的合作社比例本就不高，且二次分红占合作社盈余的较少部分，因此，两组社员获得二次分红基数较小。根据产业类合作社惠顾额的计算逻辑，与合作社的交易量即为社员的惠顾额，二次分红的依据是惠顾额，由于高资源禀赋组社员交付给合作社的农产品数量多于低资源禀赋组社员，高资源禀赋组社员所能获得的二次分红自然多于低资源禀赋组社员。

就土地租金差异而言，在基数较少的情况下，高资源禀赋组社员依旧表现出明显的资源优势。两组社员的土地租金收入差异可以由异质性社员对土地资源拥有量的差异进行解释。高资源禀赋组社员拥有更多的土地资源，这为出租给合作社更多土地提供物质基础。出租的土地面积越大，获得的租金也就越多。此外，从绝对值来看，两组社员的工资性收入均是其合作收益最主要的组成部分。高资源禀赋组社员的工资性收入是低资源禀赋组社员的约 1.5 倍。这样的差异可以解释为高资源禀赋组社员往往是合作社的核心社员，参与合作社的管理与经营，拥有合作社的剩余控制权。在管理经营合作社过程中，存在委托代理关系，作为既是委托方又是代理方的高资源禀赋组社员而言，能够获得合作社更多的剩余控制权，能够在决策管理人员工资时，给付自己与努力相匹配的工资，甚至是获得高工资收入。相较而言，低资源禀赋组社员大多在合作社中从事农场管理、农业生产技术服务或者会计等工作，没能掌握合作社的核心决策权，不能决定自己的工资水平。

4.4.3 异质性社员公平感知对比分析

由 2.1.4 关于公平感知内涵界定可知，此处社员的公平感知主要是指社员对合作社相关决策与制定过程的公平感知，即程序公平感知。已有关于组织社员程序公平感知的研究，主要从社员对组织决策制定程序的公平感知来衡量社员的程序公平感知（Yochi & Paul，2001；李燕萍和吴丹，2016）。合作社作为社员集体行为的组织，它的决策制定过程同样也影响着社员对合作社程序公平的感知度。合作社重大经营决策与分配制度的制定影响着绝大多数社员的利益（周振和孔祥智，2015；徐旭初和吴彬，2017），由此推断在合作社所有决策中，社员最为关心这两方面的决策。于是，本研究主要通过以下两个题项来测量社员的程序公平感知，一是“您是否同意以下说法，在制定生产经营决策时，合作社会一视同仁地考虑每个社员提出的意见或建议”；二是“您是否同意以下说法，在制定利益分配制度时，合作社会一视同仁地考虑每个社员提出的意见或建议”，使用李克特 5 点量表进行测量：完全同意 =5，同意 =4，不一定 =3，不同意 =2，完全不同意 =1。

4.4.3.1 异质性社员对生产经营决策制定的公平感知

合作社的决策需要满足异质性社员关于增加销售收入、降低生产成本、获取政府补贴等多方需求。搜寻和考虑异质性社员的不同需求会增加合作社的组织成本与决策成本，从经济效率最优出发，合作社并不倾向于考量所有社员的需求。若不将社员的异质性需求纳入合作社决策制定的影响因素考察，那么合作社社员可能会因为参与感、获得感较低而退出或隐性退出合作。平衡合作社的组织决策成本与异质性社员的公平感知有利于促进异质性社员的持续合作和合作社的长期健康发展。因此，有必要对异质性社员对合作社生产经营决策制定程序的公平感知进行度量分析。

通过统计描述（见图4－1）可知“完全同意”和“同意”合作社生产经营决策制定程序是公平的样本社员分别有72人和216人，两选项样本加总仅占样本总量的33.15%。“不一定”同意和“不同意”合作社在制定生产经营决策时会一视同仁地考虑每个社员提出的意见或建议的社员数量相当，分别为170人和172人，各占样本数的19%左右。“完全不同意”合作社生产经营决策制定程序公平性的社员数量最多，有239位，占样本总数的27.50%。总的来说，超过65%的社员并不认为合作社在生产经营决策制定过程中表现出一视同仁，在这个方面社员的公平感知普遍偏低。这可能与合作社的实际治理机制有关，为了降低合作社决策成本、提高决策效率，合作社倾向于并不考虑所有社员的意见，而是主要参考具有决策能力的核心社员意见来做出决定。通过对比不同选择社员的数量可知，关于在生产经营决策制定过程中，合作社是否会一视同仁地考虑每个社员的意见问题，样本社员间意见分歧较大，除了完全同意这一说法的社员明显少于其他四种观点外，其他观点的持有社员数量相当。这可能与合作社社员自身的知识积累和社会经历有关。

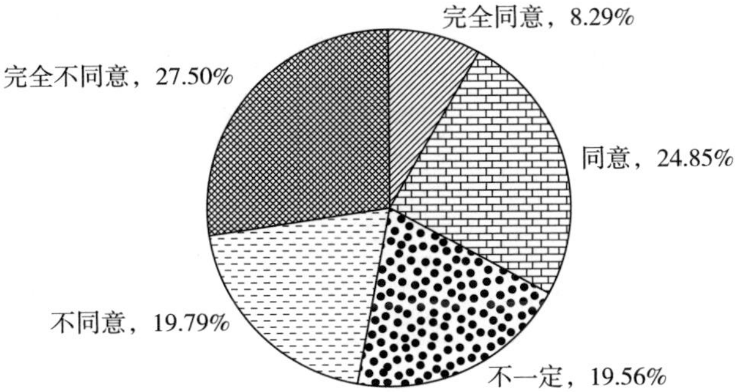

图4－1　合作社生产经营决策制定程序的感知分布

由表4－11可知，异质性社员关于生产经营决策制定程序公平的感知差异。

总体而言，高资源禀赋组社员关于在生产经营决策制定过程中，合作社是否公平听取或采纳每个社员意见的感知较低资源禀赋组积极。有 40.97% 的高资源禀赋组社员“完全同意”或“同意”合作社生产经营决策制定程序是公平的，而仅有约 29.26% 的低资源禀赋组社员持有相同观点。这可能跟社员拥有的合作社的管理控制权有关，当人们能够掌控某项制度的制定时，人们通常会更加认可这个制度的制定过程和制度本身的普惠性和科学性。此外，认为合作社互动“不一定”公平的高资源禀赋组社员有 24.65%，低资源禀赋组社员则少一些，有 17.04%。这可能是由于高资源禀赋组社员拥有更丰富的信息，了解如何更好地、更高效地制定合作社的经营决策制度，同时也能够意识到合作社经营决策制度的制定过程并不是考虑了所有社员的意见。与此同时，低资源禀赋组中有高达 53.53% 的社员不同意或完全不同意“合作社会一视同仁地考虑每个社员提出的意见或建议”这一说法，而在高资源禀赋组中持有相同观点的社员仅占总量的 34.38%。这可能是由于合作社考虑到运营成本和决策效率，在实际制定生产经营决策时并没有考虑到低资源禀赋组社员的需求和意见。在“不患寡而患不均”的思想下，低资源禀赋组社员由于缺乏对合作社的控制权，更容易产生不公平的感知。

表 4-11 公平感知组间对比

项目	类别	低资源禀赋		高资源禀赋	
		频数	比例（%）	频数	比例（%）
生产经营决策制定程序公平	完全同意	44	7.57	28	9.72
	同意	126	21.69	90	31.25
	不一定	99	17.04	71	24.65
	不同意	127	21.88	45	15.63
	完全不同意	185	31.84	54	18.75
利益分配制度制定程序公平	完全同意	26	4.48	22	7.64
	同意	137	23.58	90	31.25
	不一定	151	25.99	89	30.90
	不同意	129	22.20	43	14.93
	完全不同意	138	23.75	44	15.28

4.4.3.2 异质性社员对利益分配制度制定的公平感知

社员的合作收益不仅取决于社员的合作贡献，还受到合作社利益分配制度的深度影响（赵彩云等，2013；应瑞瑶等，2016；毛敏等，2018）。一个有利的利益分配制度，能够在合作贡献既定的情况下为社员带来更多的合作收益。大部分社员通常希望能够通过影响利益分配制度来获得更多合作收益，例如对于交易较多的社员，他更倾向于制定按交易量返还比例更高的利益分配制度，而入股较多的社员则更希望按股分红的比例更高一些。因此，对利益分配制度制定程序的公平感知一定程度上反映了合作社现行利益分配制度是否与社员的利益需求向匹配，匹配度越高，社员将越倾向于合作。

在统计描述中（见图4－2），可知“完全同意”和“同意”合作社利益分配制度制定过程是公平的样本社员分别有48人和227人，两选项样本加总仅占样本总量的31.64%。“不一定”同意的样本社员较“不同意”合作社利益分配制度制定过程是公平的样本社员多，有240人，占样本总量的27.62%。而“不同意”和“完全不同意”的样本有172人和182人，两项加总占样本总量的40.73%。显而易见，样本社员中绝大多数社员并不认为在利益分配制度制定过程中，合作社会公平对待大部分社员的意见或建议，这与中国合作社发展实际情况较为符合。由于合作社社员普遍缺乏参与意识，特别是对剩余控制权的使用意识，少数社员愿意真正加入合作社规章制度的制定当中，“搭便车”的情况较为普遍（谭智心和孔祥智，2012；肖云等，2012）。并且大部分社员，特别是小农户社员的决策能力有限，“用脚投票”的情况时有发生（苑鹏，2013）。在制定相关规章制度时，为了节约决策成本和组织成本，合作社往往会选择少部分人直接决策的方式（林坚和黄胜忠，2007）。作为有限理性经济人，这些由核心社员组成的少部分社员为了在合作过程中获得更多收益，难免会在制定分配制度过程中将分配依据按照对自己有利的方向制定。

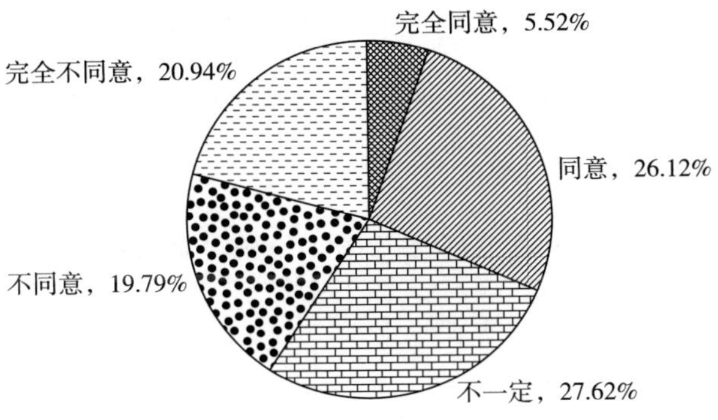

图4－2 合作社利益分配制度制定程序的感知分布

由表4－11可知异质性社员关于程序公平的感知差异。总体而言，高资源禀赋组社员关于合作社利益分配制度制定程度是否公平的感知较低资源禀赋组积极。在高资源禀赋组社员中，“完全同意”合作社利益分配制度制定程序公平性的社员有31.25%，有7.64%的社员表示“同意”这种说法。在低资源禀赋组社员中持有相同观点的社员占比分别为23.58%和4.48%。认为合作社利益分配制度制定程序“不一定”公平的高资源禀赋组社员有30.90%，低资源禀赋组社员稍少一些有25.99%。低资源禀赋组中有高达45.95%的社员“不同意”或“完全不同意”在制定利益分配制度时，合作社一视同仁地考虑所有社员的意见或建议，而在高资源禀赋组中持有相同观点的社员仅占总量的30.21%。关于资源禀赋异质性社员在合作社利益分配制度制定程序是否公平的感知出现上述差异的主要原因如下：一是高资源禀赋组社员往往凭借自己较高的投入，在制定利益分配制度过程中使用了自己关于合作社的控制权，就个人而言该组社员更倾向觉得整个制度制定过程是公平的；二是高资源禀赋组社员拥有更多的相关知识，在利益分配制度制定过程中所提出的意见更容易被合作社当局采纳，致使该组社员认为合作社在制定相关制度时确实是考虑了不同社员提出的不同意见。

整体而言，无论是生产经营决策制定程序公平还是利益分配制度制定程序公平，高资源禀赋组社员所感知到的公平均比低资源禀赋组社员高，这种差异在1%的水平上显著（详见表4－12）。这可能是由于丰富的资源给高资源禀赋组社员带来相对优势，使其在合作中往往处于优势地位，在合作社决策过程中更多地担任决策者角色。由决策权带来的自主权，最终使得高资源禀赋组社员在合作社中感受到的公平体验比低资源禀赋组社员强烈。公平感知在两组社员间的差异，利益分配制度制定程序公平的差异大于生产经营决策制定程序的公平感知。这也是情理之中，相较于生产经营决策，利益分配制度与社员能够从合作中获得的收入更加相关。越是与自身利益密切相关，人们在相关制度制定时越是敏感，被剥夺感更容易产生。

表4－12　异质性社员公平感知组间差异

指标	低资源禀赋组社员	高资源禀赋组社员	低资源禀赋组社员 VS 高资源禀赋组社员
生产经营决策制定程序公平	2.624（0.050）	3.007（0.069）	0.383（0.086）***
利益分配制度制定程序公平	2.513（0.055）	2.976（0.075）	0.463（0.095）***

注：括号中数字为标准差；*** 表示在1%的水平上显著。

4.4.4 异质性社员持续合作倾向对比分析

持续合作倾向是社员持续合作的前提，更是合作社长期存续的保障。它是社员基于合作形成的认知，对是否继续进行合作作出的可预见性的决策行为判断。持续合作是建立在社员付出一定量的生产资料基础上，故而社员在考虑是否进行持续合作时，将衡量自身是否有能力继续进行合作。与此同时，持续合作是以合作社仍然存在并运营为前提，因此在考量社员持续合作倾向时，需要考察社员对所属合作社提供合作平台的能力。若社员不认为合作社能够继续提供良好的合作平台，那么即使该社员拥有较强烈的持续合作意愿，为了规避投入合作的生产资料变为沉没成本的风险，该社员的持续合作倾向也会大大降低。因此，在考察社员持续合作倾向时，不仅需要直接询问社员的持续合作意愿，还应该通过询问社员对自身合作能力的判断和对合作社是否有能力继续提供合作平台的判断来综合衡量。于是，本研究将通过以下三个问题来衡量社员的持续合作倾向，具体表述为“您是否同意以下说法，您有能力继续参与合作”“您是否同意以下说法，您所在合作社有能力继续提供合作平台”以及“您未来两年是否愿意继续积极合作”，前两个题项的选项为“完全同意=5，同意=4，不一定=3，不同意=2，完全不同意=1”，后一题的选项为“非常愿意=5，愿意=4，不确定=3，不愿意=2，非常不愿意=1”。

4.4.4.1 异质性社员对自身合作能力的判断

根据样本社员对自身合作能力题项的回答，可以按照对合作能力判断的不同，将样本社员分为五个部分，详见图4-3。从图中可以看出，整体而言，绝大部分样本合作社社员对自己的持续合作能力持有肯定态度，有近80%的社员对自己持续合作能力表示认同，只有不到1%的社员完全不认为自己具有持续合作的能力，还有不到3%的社员不认为自己能够继续进行合作，剩下18.18%的社员觉得自己不一定具备持续合作的能力。事实上，只要社员依旧从事农业，或具有与农业产业相关的社会资本，社员在自我合作能力评估时均会持有积极态度。少部分社员认为自己没有继续合作能力的原因有以下几点：一是身体原因；二是因子女读书需求迁入城镇，不再从事农业生产；三是因职业选择，将更多劳动力投入非农产业，农业收入不再是家庭收入的主要来源之一。

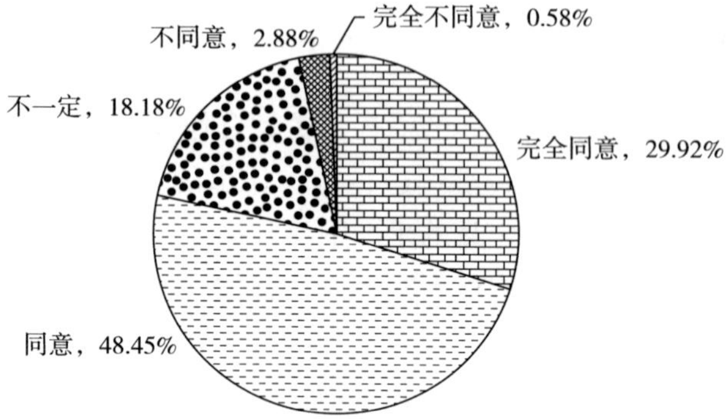

图 4－3　社员对自身合作能力的判断分布

由表4－13 显示的自身具有持续合作能力的判断与资源禀赋特征的交叉分析结果可以看出，整体而言，对自身持续合作能力持有积极态度的社员中，低资源禀赋组社员的绝对数高于高资源禀赋组。这是因为低资源禀赋组社员的人数较多。就组内社员分布而言，高资源禀赋组组持有“完全同意”或“同意”态度的社员占全组社员数的 85% 左右，而低资源禀赋组社员持有相同观点的社员占比约为 75% 。对自身持续合作能力持有一般态度或“不同意”“完全不同意”态度的社员中，低资源禀赋组占有绝对优势。由此可见，初始资源禀赋对社员对自身持续合作能力的判断具有一定的影响。

表 4－13　持续合作倾向各维度的组间对比

项目	类别	低资源禀赋		高资源禀赋	
		频数	比例（%）	频数	比例（%）
自身具有持续合作能力	完全同意	166	28. 57	94	32. 64
	同意	269	46. 30	152	52. 78
	不一定	120	20. 65	38	13. 19
	同意	22	3. 79	3	1. 04
	完全不同意	4	0. 69	1	0. 35
合作社能持续提供合作平台的能力	完全同意	184	31. 67	124	43. 06
	同意	285	49. 05	137	47. 57
	不一定	66	11. 36	24	8. 33
	同意	37	6. 37	3	1. 04
	完全不同意	9	1. 55	0	0. 00

续表

项目	类别	低资源禀赋		高资源禀赋	
		频数	比例（%）	频数	比例（%）
持续合作意愿	非常愿意	137	23.58	81	28.13
	愿意	214	36.83	112	38.89
	不确定	109	18.76	54	18.75
	不愿意	100	17.21	35	12.15
	非常不愿意	21	3.61	6	2.08

4.4.4.2　异质性社员对合作社持续提供合作平台能力的判断

合作社持续提供合作平台的能力是社员对合作社综合能力的简单判断，反映着社员对合作社持续发展的信心，以及对自身为实现合作所投入的资源是否能够得到相应回报的预判。对合作社持续提供合作平台能力的判断越积极，社员越倾向于持续合作。从图 4－4 异质性社员对合作社持续提供合作平台能力的判断分布图来看，有 307 位合作社社员非常同意所属合作社具有较强的持续提供合作平台的能力，占样本总量的 35.33%。同时有近 50% 的社员认为合作社具有持续提供合作平台的能力。剩余社员中，有 10.33% 的社员认为合作社持续提供合作平台的能力一般，此外还有 40 位（4.59%）和 9 位（1.36%）社员分别表示不同意或完全不同意所属合作社具有持续提供合作平台的能力。总的来说，绝大部分社员对自己所在合作社的持续发展能力充满信心。这可能是因为近年来各级政府对合作社加大扶持力度，并在普通农户间进行宣传合作社的好处；也可能是因为合作社表现出强劲的发展势头，无论是以村干部主导的形式，还是以合伙制企业的形式，或是以大户主导小农跟随的形式。

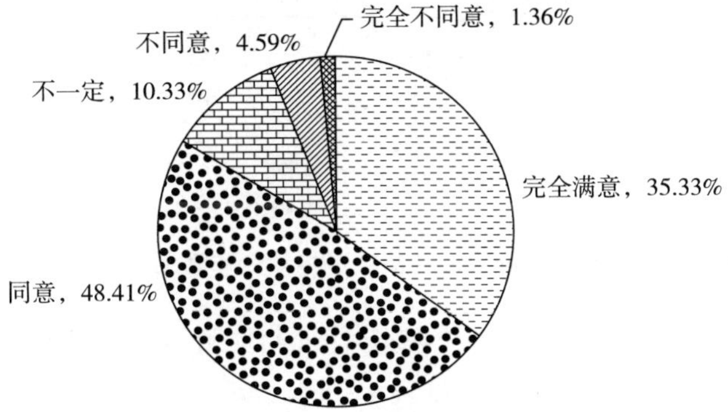

图 4－4　社员对合作社持续提供合作平台能力判断的分布

由表4－13显示的资源禀赋异质性社员对所属合作社持续提供合作平台的能力判断与资源禀赋的交叉分析可以看出，资源禀赋无论高低，社员对所属合作社持续提供合作平台能力均抱有积极的态度，低资源禀赋组中认为合作社具有较高的持续提供合作平台的能力社员占总数的80.72%，具有同类看法的高资源禀赋组社员占比更大，占90.63%；剩余社员中，有11.36%的低资源禀赋组社员和8.33%的高资源禀赋组社员认为所属合作社持续提供合作平台的能力一般。这表明，无论是否认为合作社能够为自己带来利益，无论资源禀赋高低，社员均对合作社这一组织的发展前景持有积极态度。

4.4.4.3　异质性社员主观持续合作意愿

影响异质性社员持续合作倾向的因素有很多，其中社员主观上对持续合作意愿的表达是最能直接反映社员合作倾向的指标。对异质性社员主观持续合作意愿的分析，是对社员持续合作倾向的初探，为后续研究提供指示信息。由图4－5可知，在样本社员中，有超过60%的社员表达了未来两年内继续合作的意愿，其中，有218位（25.09%）社员非常愿意在未来两年内保持合作，还有37.51%的社员愿意继续合作。还有不到20%的社员正在观望，表示不确定自己是否会退出合作。这类社员是合作社争取的重点群体，只要合作社作出对这类社员稍微有利的决策，例如在相关制度制定过程中充分考虑这类社员的意见，则会提升该类社员的持续合作意愿。还有15.54%的社员明确表示在未来两年内不愿意再进行合作，此外还有3.11%的社员表示非常不愿意再继续合作下去。

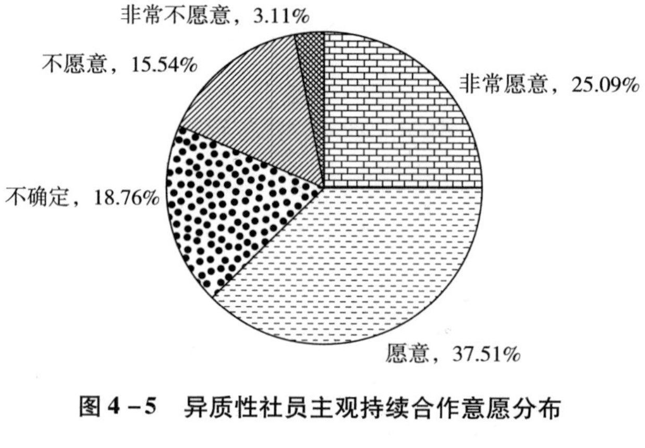

图4－5　异质性社员主观持续合作意愿分布

异质性社员关于持续合作意愿的差异特征与对自身合作能力和合作社持续提供合作平台的能力的判断相似，详见表4－13。高资源禀赋组社员更愿意进行持续合作，持有“非常愿意”和“愿意”观点的社员占比67.02%；低资源禀赋组社员中持有相同态度的社员数分别为有137位和214位，占比60.42%，无论资源禀赋高低，均有约18.75%的社员表示在未来两年里不一定会进行持续合作，在“不愿意”或“非常不愿意”进行持续合作的社员中，低资源禀赋组社员的数量稍微多于高资源禀赋组社员，分别占比17.21%和3.61%。由于投入要素和入社动机的差异，在合作社中扮演的角色，所掌握的剩余控制权和剩余索取权的差异，异质性社员在合作过程中的具体参与方式、合作行为以及合作收益会有一定差距，这些差距反映在社员的持续合作意愿上，就形成了上述差异。

整体而言，无论是对自身持续合作能力的判断，还是对所在合作社持续提供合作平台能力的判断，或是持续合作意愿，高资源禀赋组社员的态度均比低资源禀赋组社员积极。其中对自身持续合作能力和合作社持续提供合作平台能力的判断差异是在1%的水平上显著，异质性社员持续合作意愿的差异在5%的水平上显著，详见表4-14。这些显著差异可能是因为初始资源优势导致的高资源禀赋组社员在合作社生产经营或分配方式制定过程中起着主导作用，由于现行分配方式更多地代表着高资源禀赋组社员的利益，该组社员的持续合作倾向自然会更高。在这种生产经营制度和利益分配方式下社员自身的持续合作能力更容易得到发挥，其对自身合作能力的判断将更为积极。最终不难理解高资源禀赋组社员对合作社持续提供合作平台的能力，以及持续合作意愿均高于低资源禀赋组社员。

表4-14 异质性社员持续合作倾向组间差异

指标	低资源禀赋组社员	高资源禀赋组社员	低资源禀赋组社员 VS 高资源禀赋组社员
自身持续合作的能力	3.993（0.034）	4.163（0.042）	0.170（0.057）***
合作社持续提供合作平台的能力	4.077（0.035）	4.326（0.040）	0.249（0.056）***
持续合作意愿	3.609（0.465）	3.788（0.062）	0.179（0.079）**

注：括号中数字为标准差；**、***分别表示在5%和1%的水平上显著。

4.5 小结

本章在参考前人研究的基础上，结合本书研究实际，对异质性社员类型进行了分析。由于社员在加入合作社前所拥有的资源禀赋的差异是异质性社员产生的根源，因此，本章以社员入社前的资源禀赋为基准，将合作社社员分为高资源禀赋组和低资源禀赋组。具体操作如下，首先参考已有研究，构建资源禀赋衡量指标体系。然后运用主成分分析和熵值法组合而成的权重系数，综合测度出社员的资源禀赋水平，并使用聚类分析，将社员分为高资源禀赋与低资源禀赋两组。最后对社员的资源禀赋、合作收益能力、公平感知以及持续合作倾向进行了对比分析与讨论。研究发现：

（1）样本合作社社员初始资源禀赋普遍偏低，资源禀赋的再积累表现出路径依赖特性，即社员入社后的资源积累依赖于初始资源禀赋。样本中，大多数社员拥有较低的资源禀赋。具体来讲，低资源禀赋组社员数量（581 位）是高资源禀赋组社员的两倍还多，远远多于高资源禀赋组数量（288 位）。此外，低资源禀赋组社员的现有资源禀赋高度显著地低于高资源禀赋组社员。

（2）高资源禀赋组社员的合作收益能力显著高于低资源禀赋组。其中，就合作贡献而言，利益创造阶段，高资源禀赋组社员的合作贡献，特别是农资购买数量和农产品销售数量，高于出低资源禀赋组 3 倍多；虽然在利益实现阶段这种优势依然保持，但无论从显著性还是差异绝对值来看，高资源禀赋组社员的合作贡献较低资源禀赋组社员的优势弱于利益创造阶段。这与高资源禀赋组社员的资源在合作社中应该发挥的作用不太相符，即合作社更需要高资源禀赋组社员在利益实现阶段发挥其独有的资源优势，拓展市场销售渠道、寻找稳定的市场、提高农产品销售价格等。但可能由于高资源禀赋组社员在现行的合作社治理机制下不能获得与之努力响应的回报，高资源禀赋组社员选择投入较少的资金资本、社会资本等稀缺要素。这启示我们应该设计一套能够激发高资源禀赋组社员投资积极性和努力水平的分配机制，以鼓励高资源禀赋组社员在利益实现阶段积极投入，带动合作社持续发展。就合作收益而言，高资源禀赋组社员的合作收益显著高于低资源禀赋组，且在合作收益的不同维度表现出不同程度的差异。合作收益的不同维度差异从大到小排列为股金收入、一次返利、二次分红、土地租金收入和工资性收入。这与异质性社员在股金和交易量方面的差异密切相关，且与合作社利益分配方式有着紧密联系。调整利益分配方式将是协调异质性社员合作收益的有效措施。

（3）社员公平感知普遍不高，但高资源禀赋组社员的公平感知水平普遍高于低资源禀赋组社员。从整体而言，异质性社员间的合作，由于存在要素投入、合作行为、合作收益等方面的差距，所代表的利益则有所不同。虽然对外交换时，合作社是个整体，即异质性社员代表着同一利益，但是在面临内部分配时，异质性社员间则会产生利益分歧，无论是哪一方均会产生被剥夺的情绪，进而影响社员整体的公平感知。就样本社员而言，对合作社生产经营制度制定程序的公平感知较利益分配方式制定程序的公平感知积极。但无论是哪种程序公平，高资源禀赋组社员的公平感知均高于低资源禀赋组社员。虽然社员在利益分歧中均会感到不公平，但高资源禀赋组社员整体上处于优势地位，掌握了更多的合作社控制权，相对而言，其公平感知较高。

（4）社员对自身合作能力和合作社持续提供合作平台能力的判断大致相似，相比而言，社员的主观持续合作意愿较消极。样本社员对合作社持续提供合作平台能力的判断普遍较积极，其次是对自身合作能力的判断，持续合作意愿相对最低。就三者整体而言，高资源禀赋组社员的态度较低资源禀赋组社员积极，两组社员态度方面的差异由大到小分别是，对合作社持续提供合作平台的能力的态度、持续合作意愿和对自己合作能力的判断。社员间的持续合作倾向具有显著差异，其原因需要进一步挖掘，合作收益能力和公平感知在其中起到的作用有待进行实证分析。

第5章 异质性社员合作收益能力差异分析

异质性社员结构已经成为并将长期是中国合作社发展的基础背景，导致其形成的最直接因素是社员加入合作社前资源禀赋的差异。为了更好地引导异质性社员进行持续合作，控制异质性社员合作收益能力差异，理清资源禀赋异质性给社员带来的具体影响，有必要以资源禀赋异质性为起点，分析异质性社员间合作收益能力的具体差异。第4章介绍了异质性社员的分类依据和分类方式，即将样本社员分为低资源禀赋组和高资源禀赋组。同时，统计性描述分析了构成异质性社员合作收益能力的合作贡献与合作收益的组间差异。虽然通过上文的分析可以看出合作贡献与合作收益在不同资源禀赋社员间具有显著差异，但由于没有控制其他因素对二者的影响，而且合作贡献与合作收益并不能直接代表合作收益能力，因此上文的分析结果并不能直接说明社员的初始资源禀赋对其合作收益能力的影响。基于此，为了进一步理清异质性社员初始资源禀赋在社员合作收益能力形成过程中的作用，本章以IPWRA估计方法为手段，分析社员初始资源禀赋对其合作收益能力的影响。

5.1 资源禀赋异质性与合作收益能力的分析框架

研究分析的合作社社员主要是农户社员，每位社员可视为是中国农业产业最小的经营组织。探索社员资源禀赋对其合作收益能力的影响，可以借鉴Wernerfelt从企业内部探讨其如何获得竞争优势时提出的“资源—战略—绩效”的逻辑框架（Wernerfelt, 1984）。合作社社员的资源是指社员所能使用的所有土地、资金、能力、知识、信息、社会网络等，是其改善生活环境、增加经济收益的基础。具体包括自然资本资源、资金资本资源等多种资源（Barney，1991）。资源基础理论认为只有有价值的、不能完全被仿制、其他资源无法替代、资源拥有者能够以低于该资源价值的价格获取的稀缺资源才能作为竞争优势源泉（Wernerfelt，1984）。社员的合作，其本质是资源的合作，只有付出对于其他社员来讲稀缺的资源，合作才能实现，于是，本研究仅将能够给社员带来竞争优势的资源纳入考察社员资源禀赋的范畴。前文“4.3.1 资源禀赋变量选取”部分已经阐明已有研究关于社员异质性考量的资源维度选取（林坚和王宁，2002；徐旭初，2016），本章则从自然资本资源、人力资本资源、资金资本资源、社会资本资源的角度对社员异质性进行考量。

社员所控制的资源很可能成为该社员经济租金的来源（Barney，1986），但社员所拥有的资源只是一种存量，只有将其进行有效配置，资源才可能为社员带来经济租金。也就是说初始资源禀赋可能会给社员带来合作收益，但却并不一定，只有社员将资源投入合作中，才能获得相应的合作绩效，即合作收益能力。同一种资源具有不同用途，不同资源的用途又有一定差异，资源拥有者一旦决定某种资源的用途并实施，则很难实施这种资源的其他用途，即资源使用的排他性。在短时间内，社员对资源的拥有量是既定的，在生产生活资源配置过程中，作为有限理性经济人的社员会以整体效益最大化为目标进行资源的配置。由此可以推断出以下两种情况：第一，社员在合作过程中，更愿意付出对自己来说较为充足的资源；第二，在前期资产专用性投资较大的情况下，只要社员预期合作收益大于不合作的收益，那么社员也会愿意付出对自己来说较为稀缺的资源。

社员资源禀赋差异是其绩效产生差异的重要原因（Rumelt，1984）。也就是说，初始资源禀赋差异是社员合作收益能力产生差异的基础，对不同资源、同一资源不同数量的投入是社员合作收益能力产生差异的重要决定因素。例如，某一社员拥有较高的资金资本资源，但基于自身生产经营投资战略考虑，该社员由于缺乏其他资源的配套，将既定数量的资金投入合作社所能获得的收益将低于其他投资所能带来的汇报，于是在合作过程中投入大量资金资本资源对于该社员来讲并不是最优选择。最终表象则是合作社某社员虽然拥有较为丰富的资金资本资源，但并没有向合作社投入大量资金。最终导致优势资源拥有者所能获得的合作收益，特别是股金收益可能与一般缺乏资金资本的社员的合作收益无异。但是较多的资源代表着更大的选择权，在社员家庭资源配置战略未知的情况下，从社员资源拥有量差异寻找社员合作收益能力差异产生的原因具有一定合理性。因此，本部分主要遵循“资源差异—绩效差异”的分析逻辑进行研究。

社员往往是多种资源的综合体，几乎不存在某个社员仅拥有某一类资源的情况。当社员同时拥有多种资源时，资源所能带来的获利能力会出现叠加效应。因此本书借鉴已有关于资源禀赋的描述（何安华等，2012；徐旭初和邵科，2014），将社员按照资源禀赋的高低进行分组。需要说明的是，由于政策影响，社员最初拥有的土地等自然资本资源具有高度一致性，若想拥有更多自然资本资源则需要付出资金资本资源换取。社员拥有的人力资本资源也更多遵循着人类发展的自然规律，除了智力水平能够受资金资本资源和社会资本资源的影响外，其他人力资本资源基本上不以人的意识为转移。此外，人力资本在一定情况下也能带来资金资本和社会资本。在自然资本资源和人力资本资源的积累具有较强的惰性，并且依赖于资金资本资源和社会资本资源的情况下，可以初步判定，资源禀赋高的社员大多数都是拥有着较为丰富的资金资本资源和社会资本资源的社员。由于自然资本资源与人力资本资源对资金资本资源和社会资本资源具有较高依赖性，所以资源禀赋高的社员往往自然和人力资本资源的拥有量也不会低。根据 4. 4. 1 对不同资源禀赋组社员的现有资源禀赋的统计描述也验证了以上推断。资源基础理论认为资源拥有者在资源禀赋方面的差异是其获利能力产生差异的重要原因，也是优势资源的拥有者能够在经济活动中获得更高经济收益的原因。基于此，提出假说4：资源禀赋越高的社员在合作过程中的获利能力越强，即合作收益能力越高。

5.2 实证模型

根据前文的理论分析得知：农户作为农业生产经营基础单位，其资源禀赋会对其农业生产经营能力产生影响，并且资源禀赋更优的农户越容易在生产经营活动中获利。加入合作社进行合作的行为是农户为了提高自身能力（包括市场议价能力、使用先进农业生产技术的能力、保护自然资本资源和环境的能力等）（Ma et al. , 2018）、获取更高利益（包括经济利益和社会声誉、政治声誉等非经济效益）（Ma & Abdulai, 2016）而采取的生产经营决策。那么本章假定资源禀赋越高的社员越倾向于从合作中获利。根据 4. 3 按照资源禀赋对异质性社员的分类，此处给出以下基础模型：

$$Y_i = \gamma X_i + H_i \vartheta + \tau_i \quad (5-1)$$

其中，Y_i表示社员在合作中的获利能力，使用社员合作收益能力表示，此处合作收益能力等于社员合作收益除以合作贡献；X_i表示异质性社员分类的二元变量，当社员 i 拥有较高资源禀赋时取1，社员拥有较少资源禀赋时取0；H_i表示影响社员 i 合作收益能力的其他可观测因素的集合，包括社员家庭户主个体特征、家庭特征、所属合作社的特征等；γ 和 ϑ 为待估参数；τ_i是随机扰动项，表示影响社员合作收益能力的其他不可观测因素。

虽然少有文献对合作社社员的合作收益能力的影响因素进行过研究，但有不少文献研究了合作社社员参与绩效的影响因素或合作社的增收效益等问题，本研究可以借鉴这些文献所用的方法分析社员合作收益能力的影响因素，特别是考察社员初始资源禀赋对其的影响。例如，苏群和陈杰（2014）采用倾向得分匹配法（PSM）分析了合作社对农户水稻种植净收益的影响；王云等（2017）使用偏最小二乘法分析了合作社对苹果种植户收入的影响；朋文欢和黄祖辉（2017）、杨丹和刘自敏（2017）、Kumar 等（2018）使用内生转换模型（ESR）分析了合作社对农户家庭收入的影响；Wossen 等（2017）在研究合作社对其社员家庭收入的影响时，不仅使用了 ESR 模型，还列出 PSM 模型和调整逆概率加权（IPWR）模型的估计结果。通过梳理已有相关研究文献可知，近年来关于合作社增收效益评价的文章多在反事实框架下进行估计，其中使用较为普遍的是 PSM 模型和 ESR 模型，还有部分学者开始使用逆概率加权（IPW）系列方法。PSM 模型能够消除由户主年龄、性别等个体特征，家庭收入、劳动力数量等家庭特征等可观测因素导致的样本选择偏差（Ma et al.，2016；朋文欢和黄祖辉，2017）。此外已有文献多使用“是否为合作社社员”作为合作社效果识别的处理变量（Ma et al.，2016；Wossen et al.，2017），将“社员的家庭收入或农业收入”作为合作社绩效评估的结果变量，考虑到是否成为合作社社员是农户自选择的结果，确定“是否为合作社社员”是一个内生变量。因此在进行合作社效果评估过程中需要考虑内生性问题，故多使用 ESR 模型。

由于本研究所关注的社员资源禀赋是由社员入社前的人力资本资源、物质资源、社会资本资源和资金资本资源等要素组成并决定，与加入合作社后社员的合作收益能力无直接决定关系，即合作收益能力不会对社员初始资源禀赋形成影响，因而本章暂不考虑由反向因果带来的内生性问题，故不采用 ESR 模型。同时，由 4.3 异质性社员类型划分依据可知，社员属于高资源禀赋组还是属于低资源禀赋组是由社员加入合作社前的各项资源决定的。设社员初始资源状况用Z_i表示，Z_i为资源集合，当Z_i大于一个固定值 t 时，社员被划入高资源禀赋组；当Z_i小于 t 时，社员被划入低资源禀赋组。依据 4.2.3 的聚类分析结果得知，t 等于

1.170，因此社员类型X_i可以进一步用社员初始资源状况Z_i表达：

$$t = Z_i\alpha + \delta_i \tag{5-2}$$

$$X_i = \begin{cases} 1, & t > 1.170 \\ 0, & t \leq 1.170 \end{cases} \tag{5-3}$$

其中，Z_i包括户主年龄、受教育程度、家庭耕地面积、劳动力数量、家庭总收入、农业收入、家庭社员担任村组干部情况以及家庭亲友数量和资金借贷规模等；α 为待估参数向量；μ_i为随机误差项。根据资源基础理论，本章假设社员初始资源禀赋与合作收益能力存在线性关系，得到如下社员合作收益能力方程：

$$Y_{1i} = \omega X_i + H_i\varphi + \epsilon_i \tag{5-4}$$

其中，Y_{1i}为社员合作收益能力；ω 和 φ 为待估参数；ϵ_i为随机扰动项。因此社员拥有高资源禀赋时所展现出的合作收益能力（Y_{11}）与拥有低资源禀赋时所在合作社中表现出的合作收益能力（Y_{10}）的差异期望可以被表达为：

$$\tau = E[Y_{11} \mid X_i = 1] - E[Y_{10} \mid X_i = 0] \tag{5-5}$$

由于对于同一个社员，我们只能测量到一次当他加入合作社时的资源禀赋，也就是说当一个社员加入合作社时，他要么属于高资源禀赋组，要么属于低资源禀赋组，即 $E[Y_{11} \mid X_i = 1]$ 和 $E[Y_{10} \mid X_i = 0]$ 只有一个可以被观察到。在没有条件进行随机实验的情况下，可以通过构建反事实框架模拟出实际拥有高资源禀赋的社员在拥有低资源禀赋时的情景，以及实际拥有低资源禀赋的社员如果拥有高资源禀赋后的情况（胡安宁，2015）。在反事实框架下，有多种模型能够被利用，例如 ESR 模型和 ESP 模型等，其中使用较为普遍的是 PSM 模型。PSM 模型是两步法，并且只有两个方程同时被正确设定，其估计的结果才是稳健的。其弊端在于，若两个方程其中随意一个方程的形式设定不正确，其结果就不可信。相比 PSM 模型而言，IPWRA 估计方法是处理这方面问题的有效方法（Cattaneo，2010），且该模型具有双重稳健性特征，具体表现在，只要 IPWRA 两个方程中的其中任意一个方程被正确设定，便会得到较为稳健的估计结果。

综合考虑模型的功能与可操作性，本部分最终选取 IPWRA 估计方法对方程（5-1）进行估计。首先，由于社员类型是二元分类变量，因此，使用 Probit 模型对方程（5-2）进行估计，得到广义倾向得分（GPS），即合作社某社员归属于高资源禀赋组还是低资源禀赋组的概率；其次，以概率拟合值倒数为权重，估计合作收益能力结果方程中特征向量的加权回归系数；最后，使用调整后的系数，结合个体特征计算不同组别个体的反事实合作收益能力的期望值。本章旨在分析由资源禀赋的差异带来的合作收益能力的差异，因此，需要考察高资源禀赋组社员如果拥有较少资源禀赋，其合作收益能力的变化情况，故本章主要考察处理组的平均处理效应（Average treatment effect on treated，ATT），可由以下方程计算得到：

$$ATE = E(Y_{11} \mid X_i = 1) - E(Y_{10} \mid X_i = 1) \quad (5-6)$$

5.3 数据来源与变量设置

5.3.1 数据来源

为了保证研究的连贯性，本章数据依然使用课题组的调查数据，有关该数据的详细说明请参见“1.4.1 数据来源”部分。

5.3.2 变量设置与描述统计

参照已有研究（刘同山，2017；朋文欢和黄祖辉，2017），本研究也设置了因变量、自变量和控制变量三个维度的变量。本研究选定合作收益能力 Y_1 作为被解释变量（因变量），社员类别 X 作为解释变量（自变量），并辅之以部分控制变量（性别、年龄、受教育程度、风险态度等）模拟变量之间的统计关联。模型变量的定义和统计性描述参见表5-1。

5.3.2.1 因变量

合作收益能力作为结果方程中的被解释变量，是根据合作贡献和合作收益通过二次处理计算得到的。由4.3可知，合作贡献由社员在合作社利益创造阶段和利益实现阶段的合作贡献构成，包括从合作社购买的生产资料的数量和比例，销售给合作社农产品的数量和比例，以及社员投入管理的时间、投入的社会关系以及入股金额。由于合作贡献各个维度的衡量单位不同，因此需要对各维度指标数值进行中心化处理，然后使用主成分分析方法和熵值法将其合并为一个数值，并进行非负化处理，得到合作贡献综合值。合作收益由社员从合作社中获得的所有经济收益构成，包括社员在合作社中的工资性收入、土地租金收入、股金分红收入、二次分红以及一次返利等。由于本章考虑的合作收益是社员的经济收益，合作收益综合值可以通过直接加总各维度收入得到。社员的合作收益能力=合作收益综合值/合作贡献综合值。因此，合作收益能力是一个包含零值的连续变量。

由表5－1得知样本社员平均合作收益能力为4.052，但从4.5倍左右于均值的样本标准差可以看出，样本社员合作收益能力的差异非常大。统计发现有340位社员的样本合作收益能力为0，占样本总量的39.12%。这是因为大部分社员的合作收益为零，这与中国合作社发展实际相符（应瑞瑶等，2016）。

5.3.2.2　自变量

作为解释变量，社员类别是经过预处理得到的二分类变量，预处理过程参见4.3。变量取1时，表示社员属于高资源禀赋组；取0时，则属于低资源禀赋组。低资源禀赋组作为参照组。通过描述性统计可以发现，大部分社员属于低资源禀赋组，有581位社员，占样本总量的66.86%。由于本章使用IPWRA模型，因此在决策模型中，“社员类别”变量也被视为被解释变量。

表5－1　变量定义与描述性统计

指标	项目	样本数	频数(%)	均值	标准差
因变量					
合作收益能力[a]	合作收益综合值/合作贡献综合值	—	—	4.05	18.87
自变量					
社员类别[b]	低资源禀赋组＝0	581	66.86	0.33	0.47
	高资源禀赋组＝1	288	33.14		
控制变量					
性别	女＝0	139	16.00	0.84	0.37
	男＝1	730	84.00		
年龄	受访时年龄（岁）	—	—	52.36	10.93
受教育程度	户主受教育程度	—	—	7.22	3.34
风险态度	规避风险＝1	461	53.05	1.72	0.84
	风险中性＝2	188	21.63		
	偏好风险＝3	220	25.32		
距集市的距离	村庄距最近集市的距离（公里）	—	—	16.94	14.77
合作社示范等级	非示范社＝1	136	15.65	2.82	1.23
	县级示范社＝2	248	28.54		
	市级示范社＝3	316	24.86		
	省级示范社＝4	175	20.14		
	国家级示范社＝5	94	10.82		
成都平原经济区	所在地区为成都平原经济区（是＝1，否＝0）	339	39.01	0.39	0.45

续表

指标	项目	样本数	频数(%)	均值	标准差
川南经济区	所在地区为川南经济区（是=1，否=0）	201	23.13	0.23	0.21
川东北经济区	所在地区为川东北经济区（是=1，否=0）	257	29.57	0.29	0.35
攀西经济区	所在地区为攀西经济区（是=1，否=0）	72	8.29	0.08	0.16

注：a 表示合作收益能力是经过预处理的排序变量；b 表示社员类别是按照资源禀赋高低进行分类后得到的二元分类变量。

5.3.2.3　控制变量

虽然鲜有针对社员在合作社中盈利能力的研究，但本章可以借鉴已有关于合作社对社员其他能力作用的文献中有关控制变量的选取对本研究中的控制变量进行设置。在参考相关文献的基础上（Ito et al.，2012；Yang et al.，2014；刘宇荧等，2018），结合研究实际，本章设定了8个控制变量：性别（男=1；女=0）、年龄（岁）、受教育程度（年）、合作角色（核心社员=1；普通社员=0）、风险态度（规模风险=1；风险中性=2；偏好风险=3）、距集市的距离（公里）、合作社示范等级（非示范社=1；县级示范社=2；市级示范社=3；省级示范社=4；国家级示范社=5）、地区变量（成都平原经济区、川南经济区、川东北经济区和攀西经济区）。从表5－1可以看出，样本社员有84%为男性，平均年龄约为52.36岁，受教育程度约为7.22年，大多在初中文化水平。大部分社员倾向于规避风险，距离最近集市的平均距离为16.94公里。大部分样本社员属于县级（248）和市级示范社（316），有175个社员属于省级示范社，有94个社员属于国家级示范合作社，有136个非示范社社员。大部分样本社员属于成都平原经济区，共有339位，占样本总量的39.01%，其余样本主要来源于川南经济区和川东北经济区，分别有201位和257位，分别占比23.13%和29.57%，来自攀西经济区的72位，占样本总量的8.27%。

5.3.3　异质性社员变量均值差异

表5－2给出了低资源禀赋组社员与高资源禀赋组社员在各变量上的均值差异。整体而言，高资源禀赋组社员的户主为男性的比例更高、年龄更大、受教育

程度更高、更喜欢冒险、所在村庄距集市的距离更远，且上述差异均在1%水平上显著。但是，就社员所属合作社的示范等级来看，并没有表现出显著的差异。特别地，高资源禀赋组社员加入合作社的合作收益能力为2.515，较低资源禀赋组社员高出0.680。由此可知，入社前拥有占优资源禀赋的社员更容易在合作社中获利。当然，简单的均值比较只是粗略地反映出不同资源禀赋的社员在合作收益能力、户主个体特征、农户家庭特征、所在合作社特征以及所属地区等方面存在的差异。由于社员的资源禀赋是由社员入社前的人力资本资源、物质资源、社会资本资源和资金资本资源等要素决定，而这些资源要素受到社员入社前的生产生活行为影响。这些影响社员资源禀赋的因素很可能也同时影响着社员的合作收益能力，也就是说，拥有较高资源禀赋的社员即使不加入合作社，其收益能力也不会低。因此，为了更加准确地考虑初始资源禀赋对社员在合作中盈利能力的影响，需要采用能够控制样本自选择的计量方法进行分析。基于上文的分析，本研究选用IPWRA模型进行相关估计。

表5-2　异质性社员的组间均值差异

变量类型	指标	低资源禀赋组	高资源禀赋组	差异
因变量	收益能力	2.52（0.27）	3.20（0.55）	0.68（0.35）**
控制变量	性别	0.81（0.02）	0.90（0.02）	0.09（0.03）***
	年龄	51.43（0.45）	54.24（0.65）	2.82（0.78）***
	受教育程度	6.92（0.14）	7.84（0.20）	0.92（0.24）***
	风险态度	1.64（0.03）	1.89（0.05）	0.24（0.06）***
	距集市的距离	15.86（0.60）	19.15（0.90）	3.30（1.06）***
	合作社示范等级	2.78（0.05）	2.90（0.08）	0.12（0.09）
	成都平原经济区	0.35（0.43）	0.41（0.46）	0.06（0.03）*
	川南经济区	0.21（0.41）	0.25（0.43）	0.04（0.03）
	川东北经济区	0.31（0.46）	0.26（0.44）	-0.05（0.03）*
	攀西经济区	0.13（0.42）	0.08（0.39）	-0.05（0.03）*

注：①***、**和*分别表示估计结果在1%、5%和10%的水平上显著；括号内数字为稳健标准差；②社员类型（1=高资源禀赋组；0=低资源禀赋组）为自变量，因此表中未单独列出自变量特征。

5.4　模型回归结果与分析

在实证中使用 STATA14.0 软件，基于 Teffects 命令执行异质性社员特征对合作社社员合作收益能力影响的模型估计。由于异质性社员的分类已经在 4.3 中做出了详细解释，此处不再赘述。通过异质性社员分类的依据可知，异质性社员分类显著受到社员的自然资本、人力资本、资金资本和社会资本等资源的影响，因此本部分不再列出社员分类的影响因素，而主要讨论社员资源禀赋的高低对社员合作收益能力的影响。为了保证研究结果的稳健性，本部分除了列出 5.2 介绍的 IPWRA 估计方法的估计结果外，还陈列出 IPWRA 估计方法同源模型 IPW 和 RA 的估计结果作为稳健性检验。此外，虽然资源禀赋异质性是社员异质性产生的原因，但在合作中社员异质性主要表现为社员在合作社中所扮演角色的异质性（即社员合作身份的异质性）和社员合作程度的异质性，即对资金、管理和业务参与程度的不同。因此，本章最后还进一步分析了社员合作身份和合作维度异质性对合作收益能力的影响。

5.4.1　模型检验与估计

基于反事实分析框架，本研究使用 IPWRA 估计方法得到了社员资源禀赋对其合作收益能力的影响。在估计之前，首先做了平衡性检验，其结果显示各控制变量标准化平均值趋近于 0，方差比基本接近于 1，详见表 5 -3。这表明本章采用的 IPWRA 估计方法通过了数据平衡性假定检验，即关于社员资源禀赋对其合作收益能力影响的估计结果是可信的。

表 5 -3　平衡性检验

变量	标准化平均值	方差
性别	-0.04	0.98
年龄	0.05	1.18
受教育程度	0.06	0.78
风险态度	0.07	0.94
距集市的距离	0.40	0.89

续表

变量	标准化平均值	方差
合作社示范等级	0.32	1.00
成都平原经济区	0.35	1.00

注：由于四大经济区的样本分布不均匀，且考虑到模型对样本量的要求，此处地区变量采用“是否地处成都平原经济区”进行衡量。

5.4.2 异质性社员合作收益能力差异分析

样本处理组的平均处理效应（Average Treatment Effect of Treated，ATT）的估计结果陈列在表5-4中。需要说明的是，为了降低合作收益能力在样本社员中的异质性，在放入模型之前首先对其进行了取自然对数处理。从表5-4可以看出，高资源禀赋组社员的平均处理效应系数为0.232，在1%的水平上显著。这表明合作收益能力在其他条件不变的情况下，高资源禀赋组社员所拥有的合作收益能力比其拥有较低资源禀赋时所能够获得的合作收益能力高。这一结果某种程度上与张永强等（2017）的观点一致，他们提出资源禀赋较为丰富的大农会在合作过程中盘剥小农，获取额外的利益。这种获得额外收益的能力一定程度上可以理解为富有资源禀赋的大农所拥有的合作收益能力。此外，这一结论也与毛敏等（2018）的研究发现一致，他们指出资源禀赋差异会引起资源禀赋更为丰富的“大农”所能得到的收益提升幅度和成本节约程度均优于“小农”。这种差异可以用本研究的合作收益能力的差异来解释。

由表5-4的第三列可知，高资源禀赋组社员的平均处理效应增加的百分比为38.19%，在1%的水平上显著。这表明高资源禀赋组社员原本获得的合作收益能力，比其拥有低资源禀赋时所能从合作中获得的收益率高出38.19%。这意味着社员的初始资源禀赋在社员参与合作中起着非常重要的作用，影响着社员在合作中的获利能力，在一定程度上验证了假说4。具体来讲就是，相较于拥有较少资源禀赋的农户而言，资源禀赋更高的农户更容易从参与合作中获利。这可以用资源基础理论进行解释，如果一个人或组织拥有较多的资源，那么在进行再投资、再生产时，由于资源的再生能力与资源整合能力，这个人或组织将获得较大的收益。在外部环境不变的情况下，投入一种生产资料所带来的收益是递增的，虽然该生产资料收益率增加到一定程度就会呈现出递减趋势，但如果此时投入另外一种生产资料，那么这种收益率递增的趋势依旧会维持下去。这也就解释了为什么资源禀赋高的社员在合作社中获得的合作收益能力平均高于资源禀赋较低的社员。进一步讲是因为，相比于低资源禀赋社员，高资源禀赋社员拥有更多种类、更多数量的资源，在一种资源的收益率呈现下降趋势时，高资源禀赋社员可以选择继续投入另一种资源，每种资源都有其对应的收益率，而低资源禀赋社员由于缺乏资源很难做到这一点。

表5－4　IPWRA估计方法估计结果

结果变量	ATT_{IPWRA}	ATT_{IPWRA}(%)
合作收益能力	0.232 (0.066)***	38.19

注：结果方程中，输入变量（社员合作收益能力）均为自然对数值，因此 *ATT* 也是自然对数结果；括号中数字为标准差；*** 表示在1%的水平上显著；*ATT* 表示处理组样本的平均处理效应。

5.4.3　稳健性分析

对于稳健性检验，本章采用与IPWRA估计方法同源的IPW和RA模型来测度社员异质性资源禀赋对其合作收益能力的影响效果。估计结果陈列在表5－5中。

表5－5　IPW模型和RA模型估计结果

结果变量	ATT_{IPW}	ATT_{IPW}(%)	ATT_{RA}	ATT_{RA}(%)
合作收益能力	0.223 (0.066)***	36.17	0.225 (0.066)***	36.66

注：结果方程中，输入变量（社员合作收益能力）均为自然对数值，因此 *ATT* 也是自然对数结果；括号中数字为标准差；*** 表示在1%的水平上显著；*ATT* 表示处理组样本的平均处理效应。

由表5－5可知，整体来讲使用IPW和RA两种模型所得到的估计结果与基准回归结果是一致的。具体来讲，基于IPW模型得到的估计系数为0.223，增长比例为36.17%，在1%的水平上显著；基于RA模型得到的估计系数为0.225，拥有高资源禀赋的社员原本的合作收益能力比其拥有较低资源禀赋所能获得的合作收益能力高出36.66%。三种模型存在微弱的差异可能来自第二阶段所使用的概率权重的差异。

5.4.4　进一步探析

5.4.4.1　基于合作角色的分组分析

为了进一步理清初始资源禀赋对合作社社员合作收益能力的影响，本部分按照社员在合作社中扮演的角色进行分组，然后以社员资源禀赋作为处理变量，探索不同合作角色情景下，社员初始资源禀赋高低对社员合作收益能力的影响。

已有研究提出，核心社员拥有合作社的绝大部分剩余控制权与剩余索取权，并利用这些特殊权利谋取自己的利益，进而达到侵占普通社员利益的目的（温铁军，2013；张永强等，2017）。但事实真的如此吗？为了进一步理清对于不同合作角色的社员其初始资源禀赋在合作利润获取过程中起到多大的作用，本章首先依据合作角色的不同将样本社员分为普通社员和核心社员两组，再分别使用IP-WRA估计方法，分析不同组别社员间资源禀赋高低对合作收益能力的影响。其中普通社员是指没有在合作过程中使用剩余控制权或少量执行剩余索取权的非理事会和监事会的社员。核心社员是指拥有合作社剩余控制权，并在合作社经营管理实务中扮演重要角色的理事会或监事会社员。

表5-6　普通社员与核心社员的均值差异

指标	普通社员	核心社员	差异
合作收益能力	2.614（0.251）	3.245（0.800）	0.632（0.322）**
资源禀赋	0.259（0.037）	0.382（0.018）	0.126（0.040）***

注：合作收益能力 = 合作收益/合作贡献。*** 和 ** 分别表示在1%和5%的水平上显著。

普通社员与核心社员合作收益能力的统计差异被陈列在表5-6中，从中得知普通社员的合作收益能力为2.614，而核心社员的合作收益能力为3.245，核心社员的合作收益能力比普通社员高出0.632，在5%的水平上显著。这说明在不控制其他变量影响的情况下，核心社员在合作中的盈利能力强于普通社员。这个优势既可能来源于核心社员在担任合作社重要职务过程中实现的“精英俘获”，也可能来源于普通社员与合作社之间的无实质性合作情况。也就是说，核心社员的这一优势不一定来自加入合作社前的资源禀赋优势。为了检验核心社员合作收益能力的优势与其初始资源禀赋间的关系，本章将进一步以社员资源禀赋异质性作为处理变量，分别分析其对普通社员与核心社员合作收益能力的影响。估计结果详见表5-7。

表5－7 异质性社员合作收益能力的平均处理效应——合作身份

合作收益能力分组	ATT_{IPWRA}	ATT_{IPWRA}(%)
普通社员	0.285 (0.073)***	51.32
核心社员	0.080 (0.046)*	10.58

注：结果方程中，输入变量（社员合作收益能力）均为自然对数值，因此ATT也是自然对数结果；括号中数字为标准差；*和***分别表示在10%和1%的水平上显著，ATT表示处理组样本的平均处理效应。

由表5－7可知，普通社员中的高资源禀赋组社员的资源禀赋作用于社员的合作收益能力的平均处理效应系数为0.285，在1%的水平上显著。结合ATT的百分比可知：高资源禀赋组社员原本拥有的合作收益能力比该组社员拥有较低资源禀赋时所能获得的合作收益能力高51.32%。同时，也可以知道核心社员的处理组平均处理效应系数为0.080，在10%的水平上显著。这表明在核心社员中高资源禀赋组社员所拥有的合作收益能力并没有显著高于该组社员拥有较少资源禀赋所能获得的合作收益能力。也就是说，较高的初始资源禀赋并不能给核心社员带来更多的合作收益能力。这可能是因为作为核心社员需要向合作社投入更多的时间和精力，换句话说是需要投入更多的人力资本和社会资本，这便增加了核心社员的合作贡献，体现在合作收益能力的降低。反而对于普通社员而言，初始资源禀赋对其合作收益能力的影响显得更重要。这可能是因为普通社员普遍缺乏对合作社的剩余控制权，并不能因为在合作社中特殊的权利和地位带来合作收益的提升。与合作身份所赋予的特权相对，初始资源禀赋的丰歉程度决定了普通社员在合作社中的合作收益。由于没有担任职务，普通社员也不需要贡献额外的稀缺资源，其合作贡献相对较小。然而，这并不意味着较高的初始资源禀赋不能给核心社员带来更高的合作收益。

由表5－6的第3行得知，核心社员的资源禀赋水平比普通社员高出0.126，并在1%的水平上显著，这说明核心社员内部平均初始资源禀赋就很高。在各社员资源禀赋差异不大的情况下，资源禀赋能够带来的合作收益能力的差异也就相对较小。这在一定程度上解释了较高的资源禀赋能够给核心社员带来的合作收益能力的增量小于给普通社员带来的合作收益能力的增量。结合核心社员合作收益能力普遍高于普通社员的事实，本部分可以判定核心社员身份能够给该组社员带来的额外合作收益能力是高于普通社员身份的。也就是说，初始资源禀赋相同的情况下，核心社员的身份能够提高社员的合作收益能力。这与已有的关于核心社员与普通社员利益关系研究中，认为核心社员利用自己在合作社中的权利为自己谋求更多利益的观点相符（冯娟娟和霍学喜，2017；张永强等，2017）。

5.4.4.2　合作维度对社员合作收益能力的影响

社员异质性不仅体现在资源禀赋的差异，还体现在社员合作维度的差异。具体表现在资金合作、管理合作和业务合作（又称交易合作）三个方面（徐旭初和邵科，2014）。探讨社员的三个维度合作对其合作收益能力的影响，是深入了解异质性社员合作收益能力差异产生原因的重要手段。对比不同维度合作社员合作收益能力的差异可知（见表5－8），资金合作给社员带来的合作收益能力差异较管理合作和业务合作高，其次是业务合作，最后是管理合作。具体来讲，非股东组社员所获得的合作收益能力为2.690，而股东组社员的合作收益能力高达4.792。这印证了目前中国合作社常用的分配方式，即以股金分红为主的利益分配方式，这也是股东组社员合作收益能力更高的核心原因。管理组社员的合作收益能力仅比非管理组社员高1.173，这一差异在10%的水平上显著。

值得注意的是业务合作能够给社员带来的合作收益能力的增加高于管理合作所带来的增量。这为管理社员不愿意为合作社公共利益做出努力这一现象提供了数据支撑。也就是说当社员进行管理合作所能够获得的合作收益能力的增量并没有进行业务合作所获得的合作收益能力的增量高，那么社员自然不愿意进行更多的管理合作。或者在管理过程中会更倾向于实施“精英俘获”，即利用自己拥有的合作社控制权来为自己谋私利。同时，也需要注意到，进行资金合作的社员的绝对合作收益能力是高于进行管理合作的社员，并且这两者均高于进行业务合作的社员。这也解释了为何在管理合作能够给合作收益能力带来较小增量的情况下，仍有社员愿意进行管理合作。但以上结论是在没有控制其他影响社员合作收益能力因素的情况下得出的，为了获得更为精准的相关结论，本部分紧接着使用5.1介绍的实证模型，进一步估计异质性社员合作维度差异对其合作收益能力的影响。

表5－8　合作收益能力在不同合作维度的组间差异

变量	非股东组	股东组	差异
合作收益能力	2.690（0.344）	4.792（0.382）	2.102（0.513）***
	非管理社员组	管理社员组	差异
	2.603（0.335）	3.776（0.311）	1.173（0.634）*
	未交易社员组	交易社员组	差异
	1.343（0.128）	3.244（1.093）	1.901（0.599）***

注：合作收益能力＝合作收益/合作贡献。***和*分别表示在1%和10%的水平上显著。

从表5－9的第2列和第3列可以看出，以入股为处理变量，其估计系数为0.135，在1%的水平上显著。这表明相对于没有入股而言，进行了资金合作的社员所获得的合作收益能力会高出19.05%。这意味着相对于没有进行资金合作而言，资金合作能够给社员带来额外19.05%的合作收益能力。如同上文的分析，这大概率是与合作社主要以股金分红的形式进行盈余分配有关。

对管理参与所带来的合作收益能力的考察，是基于管理参与与否，将异质性社员分为管理社员（处理组）和非管理社员（参照组），通过比较两组社员合作收益能力的差异来实现。由表5－9的第4列和第5列可知，以管理参与为处理变量所得到的管理组社员的平均处理效应为0.166，在5%水平上显著。这表示管理社员所拥有的合作收益能力比其未进行管理所能获得的合作收益能力高22.78%，也就是说管理合作能够显著提升社员的合作收益能力。其中可能的原因在于作为有限理性经理人，参与管理的社员无论是在制定生产经营策略或利益分配方式时，还是在决策管理工资时，都会利用自己的职权获取更多的合作收益。这与前文统计性描述得到的结果有所差异，上文统计结果显示核心社员的身份并不能显著提升社员的合作收益能力。进一步说明在分析合作收益能力的决定因素时，需要使用一定的计量经济模型，控制其他因素潜在的影响。

以业务参与作为处理变量所获得的ATT为0.205，在10%的水平上显著。从业务合作处理效应的百分数可以看出，在其他条件不变的情况下，进行业务合作的社员的合作收益能力较没有进行业务合作的社员高出16.39%。对比资金合作、管理合作与业务合作能够给社员带来的合作收益能力的增量可知，管理合作能够给社员带来最大程度的合作收益能力的增加，其次是资金合作，最后才是业务合作。这进一步验证了中国合作社运行的一个现状：虽然目前中国进行利益分配的合作社中，大部分合作社主要以按股分红为主，以按交易量分红为辅（刘静和周玉玺，2017；徐旭初，2018；郑鹏和李崇光，2012），但作为参与了合作社管理的社员来讲，他们能够通过影响合作社的决策和治理机制，例如利益分配制度、收购价格、管理工资等来为自己谋求更多的合作收益。因此，虽然参与管理合作的社员较少获得管理工资，但因其行使了合作社剩余控制权，该类社员能够通过影响合作社的管理制度或治理机制来获得更多非管理工资的其他合作收益。例如，根据自己投入资本的类别设置相应的报酬体系，具体来讲，参与管理的社员若是投入合作社的资金资本更多，该社员能够通过改动合作社利益分配机制来提升自己的股金收益。

表 5-9　合作收益能力的平均处理效应——合作维度

变量	$ATT_{资金}$	$ATT_{资金}$（%）	$ATT_{管理}$	$ATT_{管理}$（%）	$ATT_{业务}$	$ATT_{业务}$（%）
合作收益能力	0.135 (0.066)**	19.05	0.166 (0.070)**	22.78	0.205 (0.117)*	16.39

注：结果方程中，输入变量（社员合作收益能力）均为自然对数值，因此 *ATT* 也是自然对数结果；括号中数字为标准差；*和**分别表示在10%和5%的水平上显著，*ATT* 表示处理组样本的平均处理效应。

通过对比表 5-8 与表 5-9 的结果可以得到以下结论：①直观判断下，三个维度的合作参与所带来的合作收益能力的增长幅度均大于控制了其他影响因素后得到的研究结果。这表明表 5-2 中的其他控制变量可能对社员的合作收益能力具有正向影响。②三个维度的合作参与所带来的合作收益能力在控制了其他影响因素后都有所变化。这进一步说明社员在判断自己是否能从合作中获得收益，从哪项活动中获得的收益效率最高，不能只从收入的绝对值进行判断，也不能凭借主观判断，需要综合考虑各方面的影响，必要时需要借助科学的计量方法进行考量，以便为自己做出更为正确的合作决策提供科学依据。

5.5　小结

本章使用 IPWRA 估计方法，在控制了户主个体特征、农户家庭特征等其他因素的影响下，从初始资源禀赋差异出发，分析了异质性社员合作收益能力的差异，并使用与 IPWRA 估计方法同源的 IPW 和 RA 估计方法进行稳健性检验分析。最后，从社员在合作社中的身份差异、参与维度差异两个方面探索了合作收益能力的生成逻辑，得出以下结论与启示：

（1）社员初始资源禀赋能够正向显著影响社员的合作收益能力。这可以用资源基础理论来解释，资本具有再生产性，资本拥有量越高，其获利的能力越强。不同资本的联合投资具有增收组合效应，即相同数量的不同资本组织所能获得的收益将超过同类资本投入所能带来的收益。这启发农业生产经营者要抓住乡村振兴战略契机，多元化发展，实现资源积累的同时优化自己的资本结构。就各级政府部门而言，可以选择性地引导拥有不同资源的农业生产经营者加入合作社，优化合作社内部资本结构，提升合作社的整体实力。

（2）社员合作角色能够正向显著影响社员的合作收益能力，其提升幅度大于初始资源禀赋所带来的合作收益能力的提升幅度。不仅是因为核心社员的初始资源禀赋优于普通社员，还源于核心社员在合作社中的特殊身份，例如担任理事长、理事会社员、监事长等。在合作社中担任重要角色一定程度上会增加社员的主人翁意识，激励其从各个维度更多地参与到合作社中，以多元化其合作收益，提升其合作收益能力。鼓励资源禀赋较少的农户在合作社中担任重要角色，积极参与到合作社的各项事务中，这样能够增加其获利能力，让合作社更好地发挥增收效应。

（3）就合作维度来讲，入股给社员合作收益能力带来的提升最大，其次是业务合作，最后是管理合作。此外，核心社员的初始资源禀赋能够带来的合作收益能力的增加低于普通社员，这表明现实中确实存在核心社员的付出被隐形剥夺的情况。这一定程度上反向证明合作社中“精英俘获”的现象并没有部分学者认为的那么严重。高资源禀赋组社员大部分的合作收益来自其所付出的资金资本，以及交付农产品给合作社所带来的一次返利和二次分红。能够利用控制权所带来的大部分收益，即通过特权俘获的额外收益，可以归属为股金收益。这启示我们能够通过进一步规范合作社的利益分配制度来控制股金较高的合作收益能力，激励缺乏资金的社员积极惠顾合作社，获取由业务参与带来的合作收益能力。同时，为了激励高资源禀赋组社员投入合作中，应该适当给予其资本以回报，实现其由管理参与带来的合作收益能力。

第6章 异质性社员公平感知差异分析

社员持续合作倾向主要由客观收益能力和主观公平感知决定，异质性社员的合作收益能力与公平感知会存在一定差异。第5章完成了合作收益能力在异质性社员间的差异分析，接下来本章将进一步分析社员的公平感知因其初始资源禀赋差异会产生哪些不同，为探析社员公平感知对持续合作倾向的影响奠定基础。

6.1 资源禀赋异质性与公平感知的分析框架

公平理论学者认为公平因素对组织绩效同时具有影响和预测的作用（Yochi and Paul，2001）。合作社不仅具有经济性还具有社会属性（梁巧和黄祖辉，2011），其社会属性对合作社提出了较投资者企业更高的公平要求。要实现异质性社员的持续合作，需要在合作过程中给予异质性社员更高的公平体验。公平理论处于不断发展过程中，其内在结构主要包括分配公平（Distributive Justice）、程序公平（Procedural Justice）、互动公平（Interactional Justice）、人际公平（Interpersonal Justice）和信息公平（Informational Justice）等维度。程序公平是在学术界剖析提升公平感知路径的过程中提出的（Thibaut et al.，1974），且后续互动公平等维度是从程序公平的研究中拓展而来（Bies and Moag，1986）。相对于分配公平关注分配的结果是否公平而言，程序公平更加注重决策过程和分配过程的公平性问题（Folger and Greenberg，1985；Whyte，2010），对组织社员的行为具有更强的影响作用。结合研究目的，此处选取程序公平作为社员公平感知分析的理论基础。

合作社异质性社员持续合作意愿较低很大程度上是根源于合作社治理与运营过程中，剩余索取权和剩余控制权的不均衡分配。虽然这始于异质性社员投入合作社生产资料的差异，但这些差异并不是每个社员都能明确感知的，因此在实际运营过程中，容易使异质性社员产生对不公平待遇的感知。总的来说，合作过程的公平性主要体现在合作社生产经营决策制定过程和利益分配制度制定过程中，因此，本章从这两个维度对社员公平感知进行衡量。

在公平感知的影响因素方面，已有研究提出组织社员一般在组织决策程序达到一致性、正确性、准确性、偏见控制性、道德性和代表性六个标准时，组织社员就会体验到组织程序公平（Leventhal，1980）。Folger 和 Greenberg（1985）、Tyler（1988）在此基础上，进一步明确影响组织社员程序公平感知的因素，提出操作性更强的标准，即适当的、控制偏见、决策一致性与正确性以及控制或表达。基于以上标准和已有研究，结合本章研究对象，将影响社员程序公平感知的因素大概分为组织分配制度、组织决策程序、社员个体特征三个方面。在短时间内，组织能够通过调整组织分配制度和组织决策程度来影响社员的公平感知，但社员个体特征是无法在短时间内进行改变的，特别是社员在加入组织之前固有的资源禀赋特征。为了分类施策，提高组织行动绩效，有必要理清社员初始特征，即初始资源禀赋对社员公平感知的影响。

由“4.3.4　异质性社员分类”可知，在加入合作社时高资源禀赋组社员较低资源禀赋组社员拥有显著的资源优势。由资源基础理论可知，这种资源优势能够使高资源禀赋组社员在合作中处于决策地位，因为社员程序公平感知主要使用社员在合作社决策程序中的公平体验感知来度量。因此，有理由相信高资源禀赋组社员由于在决策中处于优势地位，他们在程序中获得的公平感知会更高。于是提出假说5：高资源禀赋组社员的程序公平感知高于低资源禀赋组社员。

6.2　实证模型

根据上文可知，社员公平感知不仅取决于社员的个体特征和家庭特征，例如年龄、性别、耕地面积等，还受限于社员所属组织的治理结构与分配制度（Folger and Greenberg，1985；孙健和李鹤尊，2016；张佳良和刘军，2018）。分析异质性社员的公平感知，其实质上是分析社员资源禀赋对其公平感知的影响。需要注意的是，社员个体特征与家庭特征不仅影响着社员的资源禀赋，同时也对社员的公平感知产生影响，因此需要通过技术手段，尽可能控制由共同决定因素带来的估计偏误问题。根据5.2对相关估计模型的介绍，本章依旧采用 IPWRA 估计方法对异质性社员的资源禀赋与公平感知的关系进行估计。

6.3 数据来源与变量设置

6.3.1 数据来源

为了保证研究的连贯性，本章数据依然使用课题组的调查数据，有关该数据的详细说明请参见“1.4.1 数据来源”部分。

6.3.2 变量设置与描述统计

根据上文的理论推导，本研究选定公平感知 Y_2 作为因变量，社员类别 X 作为自变量，当社员为高资源禀赋组社员时，X 取 1；当社员属于低资源禀赋组社员时，X 取 0。此外，对社员性别、年龄等个体特征，耕地面积等家庭特征以及所属合作社的治理机制和利益机进行控制。模型变量的定义和统计性描述参见表 6－1。

6.3.2.1 因变量

公平感知作为本章的因变量，关于它的问卷对应表述、其中内涵以及统计描述已经在 4.3.4 中做了详细解释。该部分主要对公平感知综合值的计算给出详细介绍。此处的公平感知指的是程序公平感知，由合作社生产经营决策制定程序和利益分配制度制定程度两个方面构成。由于公平感知是“构成型概念”（钱文荣和李宝值，2013），借鉴已有研究的做法（赵智和郑循刚，2015；邓睿等，2016），使用主成分分析方法和熵值法将公平感知三个维度的指标数值合并为一个综合值，并进行非负化处理，通过样本描述性统计，得到公平感知综合值的样本均值为 1.56，标准差为 0.90（详见表 6－1）。

6.3.2.2 自变量

依旧采用“社员类别”作为自变量，主要考察资源禀赋高低对社员公平感知的影响。关于社员类别的详细描述，详见 5.3.2。

6.3.2.3 控制变量

已有文献中少有针对合作社社员公平感知的研究，但不乏研究社员对组织公平态度的成果，对比公平感知与组织公平的结构维度（马超，2014；赵智，

2015），可以知道两者是同一个内涵的不同表述。因此可以借鉴组织公平的相关研究，根据6.1的逻辑分析，结合研究实际筛选出个体特征（性别、年龄、受教育程度），家庭特征（人口规模、耕地面积），合作社社员异质性，治理机制（重大决策产生方式、盈余分配决策方式、理事会产生方式），分配机制（利润分配方式）5个维度10个指标，作为分析社员公平感知的控制变量。从表6－1可以看出，在个体特征中，样本社员有84%为男性，平均年龄约为52.36岁，受教育程度约为7.22年；在家庭特征中，家庭人口规模平均为4.55个人，耕地面积平均为3.66亩；在合作社社员异质性中，发起人人均股权投资与普通社员人均股权投资的比值均值为992.76，这在一定程度上说明样本合作社的社员间在资金合作方面存在较大差异。

在合作社治理机制中，样本平均重大决策产生方式的取值为1.70，这可能表明大部分样本社员所属合作社的重大决策是由理事会或其管理者作出的，这也符合中国合作社的运行实际。样本社员所属合作社的盈余分配决策方式平均取值为1.87，这可能说明样本合作社中主要是理事会或管理人员决定如何进行盈余分配。理事会产生方式变量的平均值为1.37，这可能说明大部分样本社员所属合作社的理事会社员是由全体社员选举产生的，符合《合作社法》的规定。对合作社的利益分配方式而言，78%的合作社主要采用按股分红的形式，这与张娜（2015）在湖北省的调研发现一致。大部分样本社员属于成都平原经济区，有339位占样本总量的39.01%，其余样本主要来源于川南经济区和川东北经济区，分别有201位和257位，分别占比23.13%和29.57%，来自攀西经济区的72位，占样本总量的8.27%。

表6－1 变量定义与描述性统计

维度	指标	度量	均值（标准差）
因变量			
公平感知	—	公平感知综合值[a]	1.56（0.90）
自变量			
社员类别	—	低资源禀赋组＝0，高资源禀赋组＝1	0.33（0.47）
控制变量			
个体特征	性别	女＝0，男＝1	0.84（0.37）
	年龄	户主年龄（岁）	52.36（10.93）
	受教育程度	户主受教育程度（年）	7.22（3.34）

续表

维度	指标	度量	均值（标准差）
控制变量			
家庭特征	家庭人口规模	家庭总人口数	4.55（1.47）
	耕地面积	家庭耕地面积	3.66（3.32）
合作社成员异质性	社员异质性程度	发起人人均股权投资/普通社员人均股权投资	992.76（1032.78）
合作社治理机制	重大决策产生方式	社员（代表）大会＝1，理事会或管理人员＝2，理事长＝3	1.70（1.33）
	盈余分配决策方式	社员（代表）大会＝1，理事会或管理人员＝2，理事长＝3	1.87（1.61）
	理事会产生方式	全体社员选举产生＝1，2 主要由股东决定＝2	1.37（0.50）
利益机制	利润分配方式	按交易量返还＝0，按股分红＝1，	0.78（0.65）
地区变量	成都平原经济区	所在地区为成都平原经济区（是＝1，否＝0）	0.39（0.45）
	川南经济区	所在地区为川南经济区（是＝1，否＝0）	0.23（0.21）
	川东北经济区	所在地区为川东北经济区（是＝1，否＝0）	0.29（0.35）
	攀西经济区	所在地区为攀西经济区（是＝1，否＝0）	0.08（0.16）

注：a 表示公平感知是经过预处理的排序变量。

6.3.2.4 异质性社员变量均值差异

通过T检验比较各变量在资源禀赋异质性社员间的均值差异，结果见表6－2。整体而言，高资源禀赋组社员的公平感知更高，平均值为1.92，较低资源禀赋组社员的公平感知均值为1.38。同时，相对于低资源禀赋组社员来讲，高资源禀赋社员家庭户主更多为男性，其年龄更大、受教育水平更高，家庭人口数量更多，耕地面积也较大。成都平原经济区、川东北经济区、攀西经济区三个地区社员在低资源禀赋组与高资源禀赋组之间差异明显。进一步来看，公平感知、性别、年龄、受教育程度、家庭人口规模、耕地面积在低资源禀赋组与高资源禀赋组之间的差异分别通过1%水平上的显著性检验；而成都平原经济区、川东北经济区、攀西经济区分别通过10%水平上的显著性检验，表明地处成都平原经济区、川东北经济区、攀西经济区的社员在资源禀赋方面存在着显著差异。

表6-2 异质性社员的组间均值差异

指标	低资源禀赋组	高资源禀赋组	差异
因变量			
公平感知	1.38 (0.04)	1.92 (0.04)	0.54 (0.06)***
控制变量			
性别	0.81 (0.02)	0.90 (0.02)	0.09 (0.03)***
年龄	51.43 (0.45)	54.24 (0.65)	2.82 (0.78)***
受教育程度	6.92 (0.14)	7.84 (0.20)	0.92 (0.24)***
家庭人口规模	4.28 (0.06)	5.09 (0.09)	0.82 (0.11)***
耕地面积	2.12 (0.05)	6.78 (0.24)	4.66 (0.18)***
社员异质性程度	940.23 (900.05)	1052.68 (1129.47)	112.35 (102.37)
重大决策产生方式	1.61 (1.30)	1.78 (1.33)	0.17 (0.43)
盈余分配决策方式	1.75 (1.32)	1.93 (1.33)	0.18 (0.56)
理事会产生方式	1.23 (0.51)	1.51 (0.60)	0.28 (0.31)
利润分配方式	0.72 (0.67)	0.81 (0.66)	0.09 (0.08)
成都平原经济区	0.35 (0.43)	0.41 (0.46)	0.06 (0.03)*
川南经济区	0.21 (0.41)	0.25 (0.43)	0.04 (0.03)
川东北经济区	0.31 (0.46)	0.26 (0.44)	-0.05 (0.03)*
攀西经济区	0.13 (0.42)	0.08 (0.39)	-0.05 (0.03)*

通过上述统计分析可知，入社前资源禀赋高的社员更容易从合作社中获得公平感知。诚然，简单的均值比较只是粗略地反映出公平感知、社员个体特征、家庭特征、合作社社员异质性、治理机制、利益机制及所属地区等方面在不同资源禀赋社员间存在的差异。特别是高低资源禀赋组社员的公平感知存在显著差异，但这并不能说明社员间的公平感知差异是由其初始资源禀赋差异引起的。为了更加准确地考察初始资源禀赋对社员在合作中公平感知的影响，需要采用能够控制样本自选择的计量方法进行分析。此外，由表6-2可知，除了个体特征和家庭特征外，异质性社员所属合作社的治理机制、利益机制等特征均不具有显著差异。这为本部分使用反事实框架估计方法提供了技术条件。

6.4 模型回归结果与分析

在实证中使用 STATA14.0 软件，基于 Teffects ipwra、Teffects ipw 和 Teffects ra 命令执行异质性社员的资源禀赋对合作社社员公平感知影响的模型估计。由于异质性社员的分类已经在 4.3 中做出了详细解释，此处不再赘述。本节主要讨论社员资源禀赋的高低对社员公平感知的影响。为了保证研究结果的稳健性，本部分依旧列出 IPWRA 估计方法同源模型 IPW 和 RA 的估计结果作为稳健性检验。由于资源禀赋的差异会引起社员在合作过程中的身份差异以及合作程度的差异，为了更加清晰地了解社员异质性对其公平感知的影响，本章最后还进一步分析了社员合作身份和合作程度异质性对公平感知的影响。

6.4.1 模型检验与估计

在使用 IPWRA 估计方法得到社员资源禀赋对其公平感知的影响之前，需要对其进行平衡性检验。检验结果显示各控制变量标准化平均值趋近于 0，方差比基本接近于 1，详见表 6-3。这表明采用的 IPWRA 估计方法通过了数据平衡性假定检验，即关于社员资源禀赋对其公平感知影响的估计结果是可信的。

表 6-3 平衡性检验

变量	标准化平均值	方差
性别	-0.12	1.03
年龄	0.01	0.92
受教育程度	0.03	0.84
家庭人口规模	0.17	0.99
耕地面积	0.20	1.01
社员异质性程度	0.34	1.13
重大决策产生方式	0.40	1.21
盈余分配决策方式	-0.27	1.00
理事会产生方式	0.06	1.57
利润分配方式	0.23	0.92

续表

变量	标准化平均值	方差
成都平原经济区	0.14	1.17

注：由于四大经济区的样本分布不均匀，且考虑到模型对样本量的要求，此处地区变量采用“是否地处成都平原经济区”进行衡量。

6.4.2 异质性社员公平感知差异分析

样本处理的ATT的估计结果陈列在表6-4中。可以看出，高资源禀赋组社员的ATT系数为0.550，在1%的水平上显著。这表明社员公平感知在其他条件不变的情况下，高资源禀赋组社员所拥有的公平感知比其拥有较低资源禀赋时所能够获得的公平感知更高。进一步分析发现，高资源禀赋组社员原本获得的公平感知，比其拥有低资源禀赋时所在合作中体验到的公平高出28.43%。这意味着社员的初始资源禀赋在社员参与合作中起着非常重要的作用，影响着社员在合作中的公平感知，一定程度上验证了假说5（高资源禀赋组社员的程序公平感知高于低资源禀赋组社员）。具体来讲，高资源禀赋组社员一般投入较多，承担风险较大。为了控制风险，该类社员往往会选择尽可能多地获取合作社的剩余控制权，最终实现掌控合作社的治理结构和产权制度安排的合作目标。在自己拥有更多控制权、能够较大影响合作规则时，所体验到的公平感知则会更强。对低资源禀赋组社员而言，由于缺乏关键性资产投资，也缺乏相关的管理能力和决策能力，往往被排斥在合作社相关决策之外。这种情况通常会降低社员对自己在组织内地位的认知、降低社员的归属感和公平感知（周霞和周玉玺，2018）。

表6-4 IPWRA估计方法估计结果

结果变量	ATT_{IPWRA}	ATT_{IPWRA}（%）
公平感知	0.550（0.182）***	28.43

注：***表示在1%的水平上显著，括号中数字为标准差。ATT表示处理组样本的平均处理效应（下同）。

6.4.3 稳健性分析

与上一章相同，本部分的稳健性检验采用与IPWRA估计方法同源的IPW和

RA 模型来测度社员异质性资源禀赋对其公平感知的影响效果。估计结果见表6-5。由表可知，使用 IPW 和 RA 两种模型所得到的估计结果与基准回归结果基本是一致的。具体而言，IPW 模型通过了 1% 的水平上的显著性检验，估计系数为0.60，且拥有高资源禀赋的社员原本的公平感知比其拥有较低资源禀赋所能获得的公平感知高出44.85%；RA 模型同样通过了1%的水平上的显著性检验，估计系数为0.59，且拥有高资源禀赋社员的公平感知比拥有低资源禀赋社员所能获得的公平感知高出44.54%。三个模型间的差异可能来自各个模型在第二阶段估计过程中所使用的概率权重的差异。

表6-5　IPW 模型和 RA 模型估计结果

结果变量	ATT_{IPW}	ATT_{IPW}（%）	ATT_{RA}	ATT_{RA}（%）
合作收益能力	0.600（0.064）***	44.85	0.593（0.063）***	44.54

6.4.4　进一步探析

资源禀赋较高的社员不一定会在合作社中担任投资者或管理者角色，并且合作社的投资者、管理者等核心社员角色不一定全是资源禀赋较高的社员担任，可能存在资源禀赋较低的社员担任核心社员角色的现象。进一步按照合作角色的不同，分组分析社员资源禀赋对公平感知的影响差异，有利于理清公平感知差异产生的深层次原因。此外，业务、资金和管理不同维度的参与可能也会给社员的公平感知带来显著影响，因此本节将首先按照合作角色差异对资源禀赋与公平感知的关系进行分组探析，然后分析社员在合作社的参与维度对其公平感知的影响。

6.4.4.1　基于合作角色的分组分析

上文探讨了初始资源禀赋对合作社社员公平感知的影响，本部分以社员在合作社中扮演的角色为分组依据，然后以社员初始资源禀赋作为处理变量，深入探究不同合作角色情境下，社员初始资源禀赋的水平差异（高或低）对其公平感知的影响。关于普通社员与核心社员就公平感知与资源禀赋方面的组间差异的统计描述陈列在表6-6中，通过对比分析可以看出，普通社员与核心社员的公平感知差异在1%的水平上显著，且核心社员高于普通社员，这表明在不控制其他变量影响的情况下，核心社员在合作中的公平感知强于普通社员。就资源禀赋而言，核心社员的初始资源禀赋在1%的水平上显著优于普通社员。这很可能是因为资源禀赋优厚的农户更有可能成为核心社员，也就是说丰富的初始资源禀赋与核心社员的身份之间可能存在反向决定关系。综上，这些统计结果并不能直接说明核心社员的公平感知优势是否来自其资源禀赋优势，为了进一步探明该问题，需要使用IPWRA估计方法分析不同组别社员间资源禀赋高低对其公平感知的影响。估计结果详见表6-7。

表6-6 普通社员与核心社员的均值差异

指标	普通社员	核心社员	差异
公平感知	1.490（0.035）	1.856（0.058）	0.366（0.075）***
资源禀赋	0.259（0.037）	0.382（0.018）	0.126（0.040）***

注：*** 表示在1%的水平上显著，括号中为标准差。

从表6-7可以看出，在普通社员中，资源禀赋对公平感知的处理效应为0.618，在1%的水平上显著，并且高资源禀赋组社员的公平感知比其拥有较低资源禀赋所能体验到的公平感知高出29.04%。这表明普通社员中，拥有更多的资源禀赋能够显著提升社员的合作公平感知，进一步证明了资源禀赋在合作中的重要性。核心社员的高资源禀赋组的平均处理效应系数为0.01，但其未通过显著性检验。这表明在核心社员中高资源禀赋组社员所拥有的公平感知并没有显著高于该组社员拥有低资源禀赋时所能获得的公平感知，即初始资源禀赋高低并不能影响核心社员的公平感知。这可能是因为无论初始资源禀赋如何，能够在合作社中担任重要角色，成为核心社员的社员通常能够通过利用自己对合作社的控制权来制定有利于自身的经营决策和分配制度，拥有更多的决策权和自主权，这能显著提升社员的公平感知（余丽燕和Nilsson，2017）。另外，由表6-6可知核心社员的初始资源禀赋较普通社员高，但是在核心社员内部资源禀赋差异较少。因此上述估计结果还可以解释为，在社员初始资源禀赋差异不大的情况下，由低初始资源禀赋变为高初始资源禀赋所能给该组社员带来的其他特征的变动就不会太大。

表6-7 异质性社员公平感知的平均处理效应——合作角色

类别	ATT_{IPWRA}	ATT_{IPWRA}（%）
普通社员	0.618（0.280）***	29.04
核心社员	0.010（0.213）	0.40

注：*** 表示在1%的水平上显著，括号中数字为标准差。ATT表示处理组样本的平均处理效应。

6.4.4.2 合作维度对社员公平感知的影响

进一步分析社员在合作维度上的差异对其公平感知的影响，有利于深入了解异质性社员合作公平感知差异产生的原因。在统计层面考察不同维度合作社员公平感知的差异，由表6-8可以看出，管理合作、资金合作、业务合作的组间差异依次递减，三者皆通过1%水平上的显著性检验。具体而言，管理组社员的公平感知比非管理组社员高1.23，股东组社员的公平感知比非股东组社员高0.72，交易社员的公平感知比非交易社员高0.22，这表明无论是参与管理，还是入股合作社，或是与合作社进行业务往来，均可以提升社员的公平感知。在三个维度的合作中，参与合作社的管理相较于业务合作和资金合作而言，更有利于提升社员的公平感知。由入股合作行为带来的公平感知的提升高于日常交易所能带来的公平感知增量。这为提高合作社社员的公平感知提供了方向遵循。即可以通过鼓励社员参与合作社的管理，鼓励有资金资源的社员尽可能地入股合作社，对既没有管理才能又缺乏资金的社员，可以鼓励其与合作社进行交易，进而提升社员的公平感知。但是，需要注意的是上述结论未控制其他因素的影响，为了获得更为精准的结论，本部分紧接着使用5.1介绍的实证模型，进一步估计异质性社员合作维度差异对其公平感知的影响。

表6-8 公平感知在不同合作维度的组间差异

变量	对照组	处理组	差异
公平感知	非股东组	股东组	
	1.195（0.040）	1.917（0.039）	0.722（0.056）***
	非管理社员组	管理社员组	差异
	1.308（0.030）	2.543（0.037）	1.234（0.063）***
	未交易社员组	交易社员组	差异
	1.740（0.077）	1.520（0.033）	0.220（0.077）***

注：*** 表示在10%的水平上显著，括号中数字为标准差。

从表6-9可知，以入股为处理变量，其ATT的估计系数为0.65，且通过1%水平上的显著性检验，表明相对于没有入股而言，进行了资金合作的社员所获得的公平感知会高出50.71%。对管理参与社员公平感知之间关系的考察，先将异质性社员分为管理社员（处理组）和非管理社员（参照组），然后通过比较两组社员公平感知的差异来实现。从估计结果可以看出，以管理合作为处理变量所得到的管理组社员的平均处理效应为1.15，并在1%水平上显著，表明管理社员所拥有的公平感知比其未进行管理所能获得的公平感知高83.02%，即管理合作能够显著提升社员的公平感知。以业务合作作为处理变量所获得的ATT为0.12，但并未通过显著性检验。可能的原因是社员业务参与的频率和层次相对比较低，与合作社之间的日常联系不太紧密。并且大多仅与合作社发生业务往来的社员均属于边缘社员，并没有实质性的参与到合作社中，对合作社缺乏主人翁意识，甚至认为合作社就是其他入股社员或管理社员的合作社，因而获得的公平感知较低。对比资金合作、管理合作与业务合作能够给社员带来的公平感知的增量可知，管理合作、资金合作、业务合作社的作用依次递减，与上述组间均值差异的比较结果一致。

表6-9 公平感知的平均处理效应——合作维度

变量	$ATT_{资金}$	$ATT_{资金}$（%）	$ATT_{管理}$	$ATT_{管理}$（%）	$ATT_{业务}$	$ATT_{业务}$（%）
合作收益能力	0.645 (0.058)***	50.71	1.153 (0.051)***	83.02	0.120 (0.188)	8.00

注：***和*表示在1%的水平上显著，括号中数字为标准差。ATT表示处理组样本的平均处理效应。

6.5 小结

基于对四川省蔬菜种植合作社及其社员的调研数据，使用IPWRA模型，分析了在控制户主个体特征、农户家庭特征等因素的影响下，异质性社员初始资源禀赋对其公平感知的影响，并使用与IPWRA估计方法同源的IPW和RA估计方法进行稳健性检验分析。旨在为后续作用于公平感知的对策建议提供进一步支撑。通过研究得出以下结论与启示：

（1）初始资源禀赋显著影响着社员后续在合作过程中的公平感知。较高的资源禀赋与较高的公平感知呈正相关关系。基于此，合作社在运营过程中更应该关注相对缺乏资金、人力和社会资本等资源要素的社员的公平感知度，以提升这类社员的归属感，促进合作社的可持续发展。

（2）初始资源禀赋对公平感知的影响作用对于核心社员而言并不显著，但对普通社员来讲其初始资源禀赋对公平感知起着显著的正向影响作用。因此，为了提升整体社员的公平感知，应该鼓励初始资源禀赋相对匮乏的社员积极参与到合作社中，在合作社担任一定职位。

（3）管理合作所带来的公平感知的提升最高，其次是资金合作，交易并不能对社员程序公平感知的产生影响。结合上一条结论，囿于决策能力，初始资源禀赋匮乏可以通过成为监事会成员和农场管理员等来参与到合作社的管理中。

第 7 章　异质性社员持续合作倾向的影响机理分析

近年来，伴随着合作社数量迅猛增长，合作社发展质量问题备受关注（黄宗智，2017；刘俊文，2017；Liu et al.，2019），社员合作程度问题进入学者们的视野（杨丹和刘自敏，2017）。合作社是多个分散经济主体的联合，在其健康发展过程中，一个不可忽略的问题就是社员合作的可持续性。然而，合作社社员实际合作程度不高已经成为中国合作社发展普遍面临的问题（李晓锦和刘易勤，2015）。在异质性社员普遍存在的情境下，异质性社员的持续合作决定着合作社的持续经营与健康发展。

从已有关于社员继续合作的研究中可以提炼出，学者们要么侧重于考虑合作社是否会给其社员带来净收益的增加对社员合作意愿或行为的影响（崔宝玉，2008；黄胜忠，2008），要么从社员对合作社的信任等主观角度分析社员合作的影响因素（刘宇翔，2010；邓军容和何蒲明，2016）。往往两者并不是完全独立的，因此需要将客观收益与主观感知纳入同一个分析框架下进行综合分析。于是，本章在前两章关于异质性社员合作收益能力和公平感知的基础上，基于 2.3 构建的逻辑分析框架，利用四川省成都平原经济区、川南经济区、川东北经济区和攀西经济区的 869 户蔬菜种植合作社社员的实地调查数据，运用有序 Probit 模型探讨社员合作收益能力和公平感知对其持续合作倾向的直接影响，并尝试分析合作收益能力和公平感知对持续合作倾向的交互作用。

7.1　研究假说

本章主要探讨社员客观合作收益能力与主观公平感知对其持续合作倾向的影响，遵循 2.3 架构的逻辑分析框架，旨在检验假说 1：合作收益能力越强，社员越倾向于继续合作，即社员持续合作倾向则越高；假说 2：较高的公平感知对社员持续合作倾向的形成具有正向作用。假说 3：合作收益能力与公平感知间的共同交互作用对持续合作倾向具有正向作用，两者间呈现“互补”关系。

7.2 实证模型

本部分旨在分析异质性社员持续合作倾向的影响因素，被解释变量是持续合作倾向的综合得分，属于有序型的离散数据。如果使用 Multinomial Logit 模型将无视数据内在排序，而 OLS 估计方法又把排序数据视为基数来处理（崔红志，2015）。因此，本章选择使用有序 Probit（Ordered Probit）模型进行估计。假设存在一个潜变量 y_i^*，那么模型的基本形式如下：

$$y_i^* = Q_i\beta + \varepsilon_i \tag{7-1}$$

其中，Q_i 表示社员 i 的个体特征、家庭特征、所属合作社的基本特征等影响社员持续合作倾向的其他可观测因素；ε_i 表示其他影响社员持续合作倾向的不可观测因素，即随机扰动项，服从标准正态分布；β 为待估参数，表示各解释变量对潜变量的边际影响，但不能直接表示其边际效应。这是因为有序选择模型本质上是非线性的模型，其系数往往没有简单的经济学含义，但由于被解释变量被转换为概率值，因此可以进一步分析 X 的边际变化对社员持续合作倾向概率的影响。但是 β 的符号能够决定自变量对社员两个极端评价，即“非常低”和“非常大”概率的影响方向，而不能决定中间评价，即“低”“一般”和“大”的概率影响方向。

如果用 α_1、α_2、α_3、α_4 和 α_5 分别表示社员持续合作倾向等级的未知分割点，且存在 $\alpha_1 < \alpha_2 < \alpha_3 < \alpha_4 < \alpha_5$，即选择规则为：

$$y = \begin{cases} 1, 若 y_i^* \leqslant \alpha_1 \\ 2, 若 \alpha_1 < y_i^* \leqslant \alpha_2 \\ 3, 若 \alpha_2 < y_i^* \leqslant \alpha_3 \\ 4, 若 \alpha_3 < y_i^* \leqslant \alpha_4 \\ 5, 若 \alpha_4 < y_i^* \end{cases} \tag{7-2}$$

即当潜变量的值小于或等于临界值 α_1 时，社员持续合作倾向为“非常低”；

当潜变量的值大于α_1但小于或等于临界值α_2时，社员持续合作倾向为“低”；当潜变量的值大于α_2但小于或等于临界值α_3时，社员持续合作倾向为“一般”；当潜变量的值大于α_3但小于或等于临界值α_4时，社员持续合作倾向为“高”；当潜变量的值大于α_4时，社员持续合作倾向为“非常高”。

$y=1$，2，3，4，5 的概率分别为：

$$P(y=1|x)=P(y_i^*\leqslant\alpha_1|x)=\Phi(\alpha_1-X_i'\beta) \quad (7-3)$$

$$P(y=2|x)=P(\alpha_1<y_i^*\leqslant\alpha_2|x)=\Phi(\alpha_2-X_i'\beta)-\Phi(\alpha_1-X_i'\beta) \quad (7-4)$$

$$P(y=3|x)=P(\alpha_2<y_i^*\leqslant\alpha_3|x)=\Phi(\alpha_3-X_i'\beta)-\Phi(\alpha_2-X_i'\beta) \quad (7-5)$$

$$P(y=4|x)=P(\alpha_3<y_i^*\leqslant\alpha_4|x)=\Phi(\alpha_4-X_i'\beta)-\Phi(\alpha_3-X_i'\beta) \quad (7-6)$$

$$P(y=5|x)=P(\alpha_4<y_i^*|x)=1-\Phi(\alpha_4-X_i'\beta) \quad (7-7)$$

Φ 为标准正态分布的累积密度函数。有序 Probit 模型的参数估计是采用极大似然估计方法（Maximum Likelihood Method）（庄天慧等，2011）。

7.3 数据来源与变量设置

7.3.1 数据来源

为了保证研究的连贯性，本章数据依然使用笔者参与的课题组于2017年5～8月所调研的数据，有关该数据的详细说明请参见“1.4.1 数据来源”部分。

7.3.2 变量设置

为了验证假说，合作收益能力、公平感知与社员持续合作倾向的逻辑关联，本部分设定社员持续合作倾向作为被解释变量，合作收益能力和公平感知作为解释变量，并将性别、年龄、受教育程度、距集市距离和所属合作社示范等级以及家庭耕地面积作为控制变量。各变量具体介绍如下：

7.3.2.1 因变量

关于社员持续合作倾向的问卷对应表述、其内涵以及统计描述已经在6.1做了详细解释，该部分主要对持续合作倾向综合值的得出给出详细介绍。持续合作倾向由“合作收益满意度”“收益分配方式满意度”和“主观持续合作意愿”三部分构成。想要综合考察社员持续合作倾向的影响因素，首先需要将持续合作倾向三个维度的指标合并为一个综合值。基于 4. 2. 1 介绍的主成分分析方法和 4. 2. 2 介绍的熵值法，通过组合赋权法求取指标权重，然后对三个维度指标数值进行加权求和，得到持续合作倾向综合值。这样能够一定程度上避免直接对三项得分进行加权平均求和造成的信息损失。最后，基于 4. 3. 3 介绍的聚类分析，将持续合作倾向分为 5 类，其统计描述详见表 7 – 1。

表 7 – 1　持续合作倾向的分类

持续合作倾向分类	样本数	频数（%）	持续合作倾向综合值范围
低持续合作倾向	92	10. 59	0. 010 ~ 0. 647
中低持续合作倾向	230	26. 47	0. 648 ~ 0. 889
中持续合作倾向	111	12. 77	0. 890 ~ 1. 099
中高持续合作倾向	182	20. 94	1. 100 ~ 2. 034
高持续合作倾向	254	29. 23	2. 035 ~ 4. 593

由表 7 – 1 可知，样本中持有低和中低持续合作倾向的社员分别为 92 位和 230 位，两项加总占比为 37. 06%；持有中高和高持续合作倾向的社员分别有 182 位和 254 位，两项加总占比为 50. 17%；对于持续合作倾向抱有观望态度的社员有 111 位，占总样本量的 12. 77%。整体来说，样本社员持续合作倾向较高，但仍有 37. 06% 持有消极态度。

7. 3. 2. 2　自变量

根据前文的理论分析，本研究的核心解释变量有两大板块，分别为合作收益能力和公平感知。其中，合作收益能力是一个通过预处理得到的变量，处理过程和统计描述详见 5. 1。由于社员初始资源禀赋特征的不同，有些社员合作收益能力显著高于其他社员。为了降低社员异质性带来的估计偏误，本部分进一步使用聚类分析方法，将合作收益能力分为低中高三类。详见表 7 – 2。

表 7 – 2　合作收益能力的分类

合作收益能力分类	样本数	频数（%）	合作收益能力取值范围
低合作收益能力	538	61. 91	0 ~ 1. 142
中合作收益能力	212	24. 40	1. 161 ~ 4. 404
高合作收益能力	119	13. 69	4. 530 ~ 110. 483

由表7－2可知，样本中大部分社员仅拥有较低的合作收益能力，这部分社员有538位，占样本总量的61.91%。有212位社员拥有中等合作收益能力，占样本社员总数的24.40%。还有13.69%的社员拥有较高合作收益能力。从各组社员的合作收益能力取值来看，低合作收益能力组社员内部合作收益能力差异最小，其次是中等合作收益能力组，而较高合作收益能力组社员的内部差异最大。低合作收益能力社员占比特别高的原因可能是在调研样本中，由于大部分社员既没有入股合作社，又没有参与合作社的管理事务，还有些并没有与社员进行交易，因此大部分社员没有合作收益，其合作收益能力为0。然而，没有合作收益并不能直接判定这些社员持续合作倾向低，甚至不愿意持续合作。基于上文的分析，社员没有合作收益，或合作收益能力为零，但如果其能够在合作过程中感受到公平，该类社员可能拥有较为积极的持续合作倾向。因此，需要进一步分析另一个核心解释变量。

表7－3 公平感知的分类

公平感知分类	样本数	频数（%）	公平感知综合值范围
低公平感知	335	38.41	0.000～1.268
高公平感知	534	61.59	1.352～3.492

另一个核心解释变量是公平感知。关于它的度量过程已在6.3.1做了论述，此处不再赘述。在公平感知综合值的基础上，基于4.2.3介绍的聚类分析，将公平感知分为2类，其统计描述详见表7－3。由表7－3可知，样本社员公平感知较高，仅有三分之一左右的社员公平感知偏低，其余61.59%的社员持有高公平感知。这表明，样本合作社在生产经营制度和利益分配制度制定过程中，基本遵循了《合作社法》要求的民主决策，并体现了较高的公平公正水平。

7.3.2.3 控制变量

从2.1.3可知影响农户参与合作社的意愿和行为的因素有很多。虽然主要研究合作社社员持续合作倾向的影响因素，且缺乏关于研究合作社社员持续合作倾向的文献作为借鉴，但依旧可以借鉴研究社员持续合作意愿的文献（孙亚范和余海鹏，2012；李晓锦和刘易勤，2015）以及农户参与合作社意愿或行为的文献（孙亚范，2014；陈雪等，2017；孙亚范和余海鹏，2012）所使用的控制变量。结合研究实际，设定户主性别、年龄、受教育程度、耕地面积、距集市距离和合作社示范等级6个控制变量。其他控制变量已经在5.2.2中进行了定义和描述统计，这里不再赘述。样本社员家庭平均耕地面积为 3.66 亩，标准差为 3.32，说明样本社员中家庭耕地面积的差异较大。

7.4 模型回归结果与分析

在模型构建和变量设置的基础上，运用 STATA14.0 软件分析异质性社员持续合作倾向的影响因素，社员合作收益能力与公平感知的交互作用采用有序 Probit 回归模型进行乘法交互作用分析。此举可以从统计学的角度，模拟出两大因素的改善对强化或弱化社员持续合作倾向的重要意义，进一步佐证研究结论的科学意义和对策建议的可靠性。

7.4.1 模型估计

模型估计结果如表 7－4 所示，其中，模型 1 仅控制了性别、年龄、受教育程度、耕地面积、距集市的距离和合作社示范等级等控制变量；模型 2 除了模型 1 的控制变量外，还将合作收益能力作为关键解释变量进行回归；模型 3 除了纳入控制变量和合作收益能力这一关键解释变量外，还新增了公平感知这一解释变量；模型 4 是在模型 3 的基础上，增加了合作收益能力与公平感知的交互项。为了消解由于交互项中所带来的共线性问题，本节中的所有交互项均是基于随原变量进行 Z 中心化后计算所得的交乘变量。

表 7－4　模型估计结果

变量	模型 1	模型 2	模型 3	模型 4
性别	0.148 (0.100)	0.179 (0.100) *	0.195 (0.099) **	0.189 (0.096) **
年龄	0.001 (0.004)	0.001 (0.004)	0.000 (0.004)	0.001 (0.004)
受教育程度	0.026 (0.013) **	0.027 (0.013) **	0.028 (0.013) **	0.030 (0.013) **
耕地面积	0.001 (0.004)	0.002 (0.005)	0.000 (0.005)	0.003 (0.005)

续表

变量	模型 1	模型 2	模型 3	模型 4
距集市的距离	0.008 (0.003)***	0.008 (0.003)***	0.007 (0.003)***	0.007 (0.003)***
合作社示范等级	0.082 (0.040)**	0.099 (0.040)**	0.096 (0.040)**	0.092 (0.041)**
高合作收益能力	—	0.590 (0.138)***	0.710 (0.147)***	0.639 (0.200)***
中合作收益能力	—	0.291 (0.161)*	0.486 (0.166)**	0.341 (0.158)**
公平感知	—	—	0.936 (0.176)***	0.390 (0.077)***
高合作收益能力×公平感知	—	—	—	0.586 (0.209)***
中合作收益能力×公平感知	—	—	—	0.849 (0.211)***
地区变量	已控制	已控制	已控制	已控制
临界点 1	0.100 (0.295)	1.299 (0.313)	1.362 (0.319)	1.155 (0.335)*
临界点 2	0.451 (0.296)	0.147 (0.314)	0.316 (0.321)	0.052 (0.334)
临界点 3	0.782 (0.297)***	0.481 (0.314)	0.651 (0.321)**	0.412 (0.333)
临界点 4	1.084 (0.300)***	0.799 (0.315)**	0.953 (0.322)***	0.726 (0.333)**
样本量	869	869	869	869
Pseudo R^2	0.132	0.163	0.170	0.190
对数似然值	-313.535	-209.144	-183.465	-158.722

注：①*、**和***分别表示10%、5%和1%的显著性水平；括号内的是标准差。②性别以女性为参照组，合作社示范等级以非示范社为参照组，合作收益能力以低合作收益能力为参照组，合作收益能力与公平感知的交互项以低合作收益能力与公平感知的交互项为参照组。③由于四大经济区的样本分布不均匀，且考虑到模型对样本量的要求，此处地区变量采用“是否地处成都平原经济区”进行衡量（下同）。

模型1的估计结果表明，受教育程度、距集市的距离和所属合作社示范等级等控制变量对社员持续合作倾向均有显著影响。其中，受教育程度越高，社员的持续合作倾向越高，在5%的水平上显著。这可能是因为社员受教育程度越高，越能接受新事物，看待新事物的眼光会更长远。因此，即使现阶段参与合作社所获得的收益较少，只要能够预见继续合作是有价值的，该社员依旧愿意持续合作下去。这与已有研究相关结论一致，例如，卢向虎等（2008）基于7个省份169户农户的数据与郭红东和蒋文华（2004）基于浙江省556份农户的调查数据，分别实证研究发现户主的文化程度会显著提升农户参与合作社的意愿。温涛等（2015）基于东中西部17个省份的调查数据，分析得出受教育程度与农户加入合作社的行为成正比。距最近集市的距离越远，社员越倾向于持续参与合作，这种相关性在1%的水平上显著。这可能是因为社员所在村庄距集市越远，社员要获得集市的销售或购买信息就越困难，社员购买农资或销售农产品所需要付出的交易成本就越高。为了降低自己从事农业生产的交易成本，这类社员倾向于继续参与合作社。因为合作社有利于降低其交易成本、为其提供相对稳定的销售渠道和较高的销售价格或较低的农资购买价格（Liu et al.，2019；刘宇荧等，2018）。

社员所属合作社示范等级越高，该合作社的社员持续合作倾向就越明显。这是因为合作社示范等级往往与合作社的盈利能力、服务能力等经营管理能力相关（Liu et al.，2019）。一个组织能够给社员带来更多的收益或福利，也不难理解该组织的社员更愿意继续参与该组织，进行持续合作。然而，学术界关于合作社示范等级预期服务效率的关系有着不同的声音。例如，张超（2016）研究指出在合作社公共服务效率方面，并不是示范社等级越高其效率越高。这些分析可能源自于调研区域差异，在通常情况下，在经济欠发达地区，合作社示范等级与其服务能力成正比，而在经济发达地区则不然。这可能是由各个地区合作社所面临的市场竞争环境决定的，经济发达地区市场竞争更加激烈，服务社员的意向相对较弱。

从模型1到模型4，除性别在加入了合作收益能力与公平感知的交互项后，由不显著变为逐渐显著之外，其他的无论是影响显著还是不显著的控制变量，对持续合作倾向的影响不管是系数还是显著性均没有明显变化，说明本研究的基础模型设定较为科学，结果较为稳健。

7.4.2 合作收益能力对持续合作倾向的影响

模型2中，高合作收益能力的系数为0.590，并在1%的水平上显著，表明在其他条件相同的情况下，同获得较低的合作收益率相比，获得较高的合作收益能力有助于提升社员持续参与合作的倾向。原因在于作为有限理性经济人的合作社社员，只有在预期通过合作能够获得较高的合作收益能力，或合作所带来的利益的增量比其他投资所带来的回报率高时，社员才更倾向于进行持续合作。较高的上一期合作收益能力能够给社员关于下一期合作收益以正向的信息反馈，即较高的合作社收益能力能够使社员对接下来的合作收益能力有个正向的预期。在短期利益得到满足的情况下，社员更可能拥有更为积极的持续合作倾向。

中等合作收益能力的系数为0.291，依然在10%的水平上显著。这说明，与获得较低的合作收益率相比，获得中等合作收益能力的社员继续参与合作的概率显著高于低合作收益能力组社员。对比高合作收益能力和中等合作收益能力系数可知，在其他条件不变的情况下，相比于较低的合作收益率而言，在提升社员持续合作倾向方面，高合作收益能力比中等合作收益能力的作用更加明显。这不难解释，合作收益能力越高表示参与合作所带来的收益率越高，对于参与合作的社员来讲越"划算"。作为有限理性经济人，在预期自己的行动所能带来的收益能够实现自己的行动目标，补偿行动所付出的成本时，社员就会更愿意持续合作，其持续合作倾向则会更高。这与李刚和刘灵芝（2019）的研究结论一致，他们指出投资回报率较低，农民在不能看到投资成效的情况下，农民不仅不会选择加入合作社，还会产生退出合作社的行为。因此，假说2得到实证结果的验证。

模型3显示，公平感知的系数为0.936，表明在其他条件不变情况下，相对于低公平感知的社员而言，高公平感知的社员更倾向于持续参与合作社。由此可以看出，合作社社员的持续合作倾向不仅受到社员在合作社中所能获得的物质回报影响，还受到社员在合作过程中公平体验的影响，即人的社会性追求。这一点体现了合作社的社会属性（黄胜忠等，2008；徐旭初和吴彬，2010）。根据公平理论可知，社员所体验到的程序公平感知能够正向影响社员的合作行为，体现在本研究的研究结果上则是高公平感知能够带来更高的持续合作倾向。公平的正向感知能够使社员对未来所能在合作社中获得的收益有着更为积极的预期，这也解释了高公平感知与高持续合作倾向的对应关系。此外，公平感知是社会交换和经济交换关系产生的基本元素（廖飞和施丽芳，2012），作为兼具社会属性和经济属性的互助性合作组织，合作社的社员在决定是否合作过程中受到公平感知的高度影响。上述逻辑可以很好地解释本研究关于公平感知与持续合作倾向关系的估计结果。

值得注意的是，当模型中加入公平感知变量，高合作收益能力和中等合作收益能力两个变量的系数均有所提高。这说明同较低的公平感知相比，较高的公平感知一定程度上能够加强合作收益能力对社员持续合作倾向的正向影响。为了进一步明确公平感知对高合作收益能力与中等合作收益能力的作用差异，在接下来的研究中将在模型 3 的基础上加入高合作收益能力与公平感知、中等合作收益能力与公平感知的交互项。至此，假说 3 亦得到实证结果验证。

7.4.3 合作收益能力与公平感知对持续合作倾向的交互作用

上述模型分别检验了合作收益能力与公平感知对持续合作倾向的影响。模型 4 加入了合作收益能力与公平感知的交互项，进一步考察合作收益能力与公平感知对持续合作倾向的交互作用。从模型估计结果来看（详见表 7－4 的第 5 列），高合作收益能力与公平感知的交互项的系数显著为正，系数为 0.586，说明在其他条件不变的情况下，高合作收益能力与公平感知对社员持续合作倾向存在着互补的交互作用。中等合作收益能力与公平感知的交互项的系数显著为正，且公平感知的系数也为正，说明中等合作收益能力与公平感知的交互作用对持续合作倾向具有显著的互补作用。这表明，在异质性社员持续合作倾向的形成机制当中，社员个体的合作收益能力并不能替代社员个人的公平感知。这意味着，在合作社发展的实现路径中不能偏颇于任何一方，即试图通过以忽视社员公平感知为代价发展某些社员合作倾向的方式不具备可持续性。至此，假说 3 得证。合作收益能力与公平感知在促进持续合作倾向过程中所体现出的互补作用，还表明合作收益能力与公平感知之间存在相互促进的作用。这意味着在某社员合作收益能力不足的情况下，如果合作社在生产经营决策制度和利益分配制度的制定过程中保持相对公平，让社员在这个过程中体验到足够的公平感知，那么该社员的持续合作倾向也不会太低。另外，在社员公平感知较低的情况下，如果社员能够实现高水平的合作收益能力，那么该社员也可能更倾向于持续合作。

值得注意的是，中等合作收益能力与公平感知的交互项系数大于高合作收益能力与公平感知的交互项的系数。这表明：公平感知在合作收益能力相对缺乏的条件下，对于社员持续合作倾向的作用，能够发挥出更强的“补充”作用。这说明：合作收益能力不足之时需要通过改善公平感知才能促进异质性社员的持续合作倾向，反之亦然。这与假说 3 的论证结果具有逻辑一致性，假说 3 再次得到佐证。

7.4.4 持续合作倾向影响因素的类别差异

为了保证样本量的合理性，增强回归结果的可靠性，分类别回归分析中将一些外部特征类似的样本进行简单归并（赵智和郑循刚，2015），本研究重点考察社员异质性导致的社员在合作中表现出的差异性。根据已有研究，合作社的核心社员与普通社员在行为和收益等方面存在较大差异（刘自敏和杨丹，2014；潘婷等，2015；李明贤和周蓉，2016）。因此，本部分按照社员初始资源禀赋、在合作社中所扮演的角色差异，将社员分别分为两组，即低资源禀赋组和高资源禀赋组，以及普通社员和核心社员。本部分旨在考虑合作收益能力与公平感知的交互作用对持续合作倾向影响的异质性。

7.4.4.1　不同资源禀赋社员差异

模型 5 和模型 6 是基于模型 3 关于资源禀赋的分组得到的，仅考虑了控制变量和合作收益能力与公平感知两个关键解释变量对社员持续合作倾向的直接影响。由表 7 – 5 的第 2 列和第 3 列可知，无论是合作收益能力还是公平感知对持续合作倾向的影响，低资源禀赋组社员的影响效果均高于高资源禀赋组社员。具体来讲，高合作收益能力变量在低资源禀赋组和高资源禀赋组的系数分别为 0.826 和 0.606，中等合作收益能力变量在低资源禀赋组和高资源禀赋组的系数分为别 0.449 和 0.101。且对于高资源禀赋组社员，只有高合作收益能力才能显著影响其持续合作倾向。该结果与上述模型 3 的结论基本一致，即高合作收益能力对持续合作倾向的影响效应大于中等合作收益能力的影响效应。此外还说明相比于高资源禀赋组，这种影响效应在低资源禀赋组社员中更大。这表明在合作收益能力增量既定的情况下，低资源禀赋组社员比高资源禀赋组社员更倾向于进行持续合作。可能的原因如下：高资源禀赋组社员投入合作社的机会成本较高，即使在合作社中拥有相对较高的合作收益能力，但相对于投资以外的项目能够获得的收益而言，在合作社中所能获得的收益较低。因此，由于高额的机会成本存在，高资源禀赋组社员的持续合作倾向对于合作收益能力并没有低资源禀赋组社员那么敏感。也就是说，相较于低资源禀赋社员而言，想留住资源禀赋较高的社员需要给出更高的投资回报率。或者说，应该提高资金资本、人力资本和社会资本的投资回报率。

表 7 – 5　模型分组估计结果——资源禀赋比较

变量	模型 5	模型 6	模型 7	模型 8
	低资源禀赋组	高资源禀赋组	低资源禀赋组	高资源禀赋组
高合作收益能力	0.826 (0.198)***	0.606 (0.223)***	0.773 (0.259)***	0.585 (0.230)**

续表

变量	模型 5	模型 6	模型 7	模型 8
	低资源禀赋组	高资源禀赋组	低资源禀赋组	高资源禀赋组
中合作收益能力	0.449 (0.224)**	0.101 (0.243)	0.406 (0.270)**	0.151 (0.341)
公平感知	0.511 (0.109)***	0.219 (0.106)**	0.471 (0.128)***	0.343 (0.101)***
高合作收益能力×公平感知	—	—	0.765 (0.282)***	0.600 (0.250)**
中合作收益能力×公平感知	—	—	0.815 (0.286)***	0.268 (0.357)
性别	0.376 (0.113)***	0.295 (0.220)	0.329 (0.109)***	0.245 (0.220)
年龄	0.003 (0.004)	0.002 (0.007)	0.005 (0.004)	0.003 (0.007)
受教育程度	0.016 (0.016)	0.055 (0.023)**	0.012 (0.016)	0.056 (0.023)**
耕地面积	0.039 (0.022)*	0.002 (0.005)	0.019 (0.023)	0.001 (0.006)
距集市的距离	0.008 (0.003)***	0.004 (0.005)	0.008 (0.003)***	0.002 (0.005)
合作社示范等级	0.081 (0.050)	0.088 (0.071)	0.090 (0.051)*	0.086 (0.073)
地区变量	已控制	已控制	已控制	已控制
临界点 1	0.110 (0.397)	0.155 (0.636)	0.140 (0.409)	0.289 (0.669)
临界点 2	0.238 (0.398)	0.454 (0.635)	0.248 (0.409)	0.340 (0.666)
临界点 3	0.495 (0.398)	0.610 (0.637)	0.409 (0.410)	0.503 (0.666)
临界点 4	0.782 (0.394)**	—	1.124 (0.409)***	—
样本量	581	288	581	288

续表

变量	模型5	模型6	模型7	模型8
	低资源禀赋组	高资源禀赋组	低资源禀赋组	高资源禀赋组
Pseudo R^2	0.150	0.128	0.136	0.114
对数似然值	-870.136	-338.012	-852.114	-333.649

两组社员的持续合作倾向均受到公平感知因素的正向影响，这种影响效应在低资源禀赋组社员中发挥得更充分，并且只在低资源禀赋组社员中显著。这意味着提高低资源禀赋组社员的公平感知能够带来持续合作倾向的显著增长。进一步讲，如果在合作社收益有限的情况下，可以通过提高合作社的分配公平、程序公平和互动公平来留住原有社员，并且更容易留住资源禀赋较低的社员。因此，合作社既可以通过提高其合作收益能力，还可以通过提高其公平感知来提高低资源禀赋组社员的持续合作倾向。但高资源禀赋组社员的持续合作倾向只有通过提高其在合作社中的收益能力来提高。这决定了合作社的良好运营需要综合考虑合作各方的差异化需求，并且在指定相关制度时需要统筹考虑。

模型7和模型8是在模型4的基础上，按照社员的资源禀赋高低分组得到的，估计结果陈列在表7-5的第4列和第5列。高合作收益能力在两组社员中的系数分别为0.773和0.585，分别在1%和5%的水平上显著，这表明无论资源禀赋高低，高合作收益能力均能带来更高的持续合作倾向。中等合作收益能力在两组社员中的系数分别为0.406和0.151，只有在对低资源禀赋组社员的持续合作倾向才具有显著的影响。这说明中等合作收益能力只能提高低资源禀赋组社员的持续合作倾向。这意味着，在其他条件不变的情况下，若需要通过提高社员的合作收益能力来促进社员的持续合作倾向，那么最明智的做法是提高低资源禀赋组中拥有较高合作收益能力社员的合作收益能力。由于通常情况下，低资源禀赋组社员的合作行为大多存在于业务交易，因此，保证或提升交易额分配比例是以最低组织协调成本提升社员持续合作倾向，最终保证合作社的可持续发展的有效措施。这证明了《合作社法》规定的合作社利益分配需要以按照交易额分配为主的实践意义与合理性。提升合作社社员持续合作倾向的第二有效的方式是提高高资源禀赋组中拥有较高资源禀赋的社员的合作收益能力。最后才是提升低资源禀赋组中拥有中等资源禀赋的社员的合作收益能力。“公平感知”变量在两组社员中的系数为0.471和0.343，均在1%水平上显著。这表明较高的公平感知能够给全体样本社员带来更高持续合作倾向。

高合作收益能力与公平感知的交互项在两组社员中的系数分别为0.765和0.600，分别在1%和5%的水平上显著。这表明全体社员的高合作收益能力与公平感知的交互作用对持续合作倾向影响显著。这意味对于拥有较高合作收益能力的社员，无论其资源禀赋高低，公平感知水平的持续增强均能增加其持续合作倾向。中等合作收益能力与公平感知的交互项系数分别为0.815和0.268，且只有对低资源禀赋组社员的持续合作倾向的影响是显著的。这表明对于低资源禀赋组社员而言，拥有中等合作收益能力能够显著正向提高社员的持续合作倾向，且较高的公平感知能够增强这种正向影响。但对于高资源禀赋组社员而言，这种关系在统计意义上并不显著。此外，在低资源禀赋组中，公平感知对中等合作收益能力与公平感知对持续合作倾向的交互作用（0.815）大于与高合作收益能力对持续合作倾向关系的交互作用（0.765）。这说明在两组社员内部，提高拥有中等合作收益能力社员的公平感知所带来的持续合作倾向的增加是高于提高拥有高合作收益能力社员的。也就是说，在其他条件不变的情况下，或在合作社无法提升合作收益能力的情况下，提升低资源禀赋组中拥有中等合作收益能力社员的公平感知所带来的持续合作倾向的提升效果是最好的，其次是低资源禀赋组中拥有较高合作收益能力的社员，最后才是高资源禀赋组中拥有较高合作收益能力的社员。

由模型5至模型8呈现出的控制变量对持续合作倾向的影响可以看出，高低资源禀赋组社员间存在着较大差异。具体来讲，性别、受教育程度和距集市的距离三个变量无论是否增加交互项，这三个变量的系数以及显著性均没有明显变化。就性别变量而言，无论是否考虑合作收益能力与公平感知对持续合作倾向的交互作用，对于低资源禀赋组来讲，男性户主社员均较女性户主社员更倾向于持续合作，这个结论对于高资源禀赋组社员而言一直都不成立。就受教育程度变量而言，低资源禀赋组社员中该变量对持续合作倾向的影响并不显著，但是对于高资源禀赋组社员该变量在5%的水平上显著提升社员的持续合作倾向。已有研究虽然没有对社员进行分组，但也发现社员的文化程度对社员的合作意愿呈现正相关关系（廖文虎和尚光辉，2017）。就所在村庄距最近集市的距离而言，无论是否加入交互项，对于低资源禀赋组社员该变量在1%的水平上显著提升社员的持续合作倾向，高资源禀赋组社员中该变量对持续合作倾向的影响并不显著。这可能是由于低资源禀赋组社员相对缺乏销售农产品或购买农资所需的资金资本资源、社会资本资源等，在市场交易方面更加依赖于合作社，距离集市的距离越远，这种依赖程度就会越高。而高资源禀赋组社员因为拥有更多的资源，例如交通工具、市场信息，其市场交易成本或难易程度并不会受到离集市的距离影响。

耕地面积和合作社示范等级两个指标对社员持续合作倾向的影响在加入交互项前后有所变化。具体而言，在加入交互项前，耕地面积对低资源禀赋组社员的持续合作倾向具有显著影响，在10%的水平上显著。在加入交互项后这种影响不再显著。“合作社示范等级”变量却是在加入交互项后，对低资源禀赋组社员的持续合作倾向的影响由不显著变为在10%的水平上显著。这表明家庭耕地面积和所在合作社的示范等级对社员持续合作倾向的影响不稳健，这种不稳健的根源在于耕地面积与合作社示范等级对社员持续合作倾向的刺激偏小，其影响在其他新增因素的作用下弱化，以至于最后难以左右社员的持续合作倾向。

7.4.4.2 不同合作角色社员差异

通过分析模型9和模型10的估计结果可知，合作收益能力与公平感知对普通社员和核心社员的持续合作倾向的直接影响存在较大差异。具体来讲，合作收益能力和公平感知显著正向影响普通社员的持续合作倾向，但这些影响在核心社员身上并不显著。其中高合作收益能力对其的影响系数为0.779，低合作收益能力的影响系数为0.357，公平感知的系数为0.453，分别在1%、10%和1%的水平上显著。比较这三个因素对核心社员和普通社员的持续合作倾向的影响效果发现，对普通社员的影响不仅显著性水平更高，影响系数也更大。这可能是因为核心社员进行合作所事先支付的成本较高，包括组织成本、资金成本、时间成本和人力资本资源等（杨龙等，2013；谭银清和王钊，2018）。这些投入具有较强的资产专用性，在投入较多专用性资产的情况下，合作收益能力和公平感知等因素对其持续合作倾向的边际贡献就会显著下降，甚至出现零弹性。换句话说，由于前期投入较多成本，核心社员离开合作社的沉没成本较高，因此，即使在合作收益能力不尽如人意，且公平感知较低的情况下，核心社员也不会轻易做出不进行持续合作的决策，即核心社员更倾向于持续合作（赵晓峰和王艺璇，2013）。

同时，普通社员加入合作社进行合作，其主要付出的成本包括入社门槛费、通过其他渠道销售农产品的机会成本、参与合作社会议的时间成本等（应瑞瑶等，2016；于欣慧和任大鹏，2017）。通过分析可知，普通社员通常支付的合作成本均是边际成本，少有固定成本。也就是说如果普通社员选择不继续合作，那么他们就不用再支付这些成本。由此可知，普通社员选择不继续合作的成本是极低的。这样一来就不难理解，在普通社员没有付出过多成本的情况下，作为有限理性经济人，只要看到有利可图（存在潜力利润）的项目，就会转向进行投资（周应恒和胡凌啸，2016）。也就是说，对于普通社员在合作社中违约成本较低，只有合作社对其具有持续的投资吸引力，即要么让普通社员见到短期收益，要么让其能够对远期收益有个正向预期，普通社员才会选择持续合作。

在模型 9 和模型 10 的基础上，进一步考虑合作收益能力与公平感知对持续合作倾向的交互作用，旨在探讨其交互作用因社员角色差异而产生差异的异质性问题。由表 7-6 的第 4 列和第 5 列可知，高合作收益能力对两组社员的持续合作倾向具有显著正向影响，分别在 1% 和 5% 水平上显著，且对普通社员的影响（系数为 0.679）大于核心社员（系数为 0.508）。中等合作收益能力对普通社员的持续合作倾向的影响系数为 0.522，在 5% 的水平上显著，对核心社员持续合作倾向的影响系数为 0.214，但并不具有统计意义上的显著性。这说明合作收益能力对普通社员持续合作倾向的影响更明显，这与没有加入交互项时的结论基本一致。对于普通社员而言，提高拥有中等合作收益能力社员的合作收益能力比高合作收益能力社员能够带来更大的持续合作倾向增量。值得注意的是，中等合作收益能力变量仅对普通社员的持续合作倾向产生显著影响。这意味着对于拥有中等合作收益能力的核心社员来讲，提升其合作收益能力和公平感知均不会对其持续合作倾向产生显著的影响。这可能是因为核心社员往往在合作社中担任重要角色，或是合作社的组建人（灵魂人物），对于这类核心社员而言，合作社能给他们带来的不仅是经济收入，还有获得社会声誉，或者政府补贴（政绩）的机会等，这类社员往往在合作社中担当“燃烧自己照亮他人”的地位（杨龙等，2013；郭锦墉等，2017）。因此他们的持续合作倾向受合作收益能力和公平感知的影响较弱。与此相对应，在社员持续合作倾向普遍较低的情况下，应该尽可能地先满足普通社员的利益需求，提升其合作收益能力和公平感知度，实现在较低成本下最大限度地提升社员的持续合作倾向。这与大部分现有研究主要关注普通社员利益的思路一致（任大鹏和于欣慧，2013；高海，2018）。此外，公平感知对普通社员合作收益能力对持续合作倾向的交互作用显著。这说明相比于核心社员而言，改善普通社员的合作收益能力和公平感知更能够有效提高社员的持续合作倾向。

表 7-6　模型分组估计结果——合作角色比较

变量	模型 9	模型 10	模型 11	模型 12
	普通社员	核心社员	普通社员	核心社员
高合作收益能力	0.779 (0.171) ***	0.587 (0.404)	0.679 (0.233) ***	0.508 (0.302) **

续表

变量	模型9	模型10	模型11	模型12
	普通社员	核心社员	普通社员	核心社员
中合作收益能力	0.357 (0.194)*	0.230 (0.332)	0.522 (0.242)**	0.214 (0.419)
公平感知	0.453 (0.090)***	0.168 (0.151)	0.319 (0.102)***	0.266 (0.181)*
高合作收益能力×公平感知	—	—	0.502 (0.145)***	0.244 (0.132)*
中合作收益能力×公平感知	—	—	0.607 (0.245)**	0.364 (0.473)
性别	0.157 (0.112)	0.302 (0.224)	0.138 (0.110)	0.326 (0.218)
年龄	0.003 (0.004)	0.016 (0.009)*	0.003 (0.004)	0.016 (0.009)*
受教育程度	0.028 (0.015)*	0.042 (0.029)	0.031 (0.015)**	0.040 (0.029)
耕地面积	0.002 (0.005)	0.003 (0.008)	0.001 (0.005)	0.005 (0.008)
距集市的距离	0.005 (0.003)*	0.015 (0.008)*	0.005 (0.003)*	0.014 (0.008)*
合作社示范等级	0.081 (0.046)*	0.154 (0.088)*	0.081 (0.047)*	0.152 (0.089)*
地区变量	已控制	已控制	已控制	已控制
临界点1	0.021 (0.362)	1.083 (0.718)	0.102 (0.375)	0.907 (0.762)
临界点2	0.357 (0.362)	1.664 (0.721)**	0.308 (0.376)	1.502 (0.763)**
临界点3	0.526 (0.363)	1.838 (0.720)**	0.487 (0.374)	1.683 (0.760)**
临界点4	0.606 (0.360)*	1.905 (0.723)***	0.927 (0.377)**	1.751 (0.762)**
样本量	696	173	696	173
Pseudo R^2	0.134	0.142	0.150	0.150
对数似然值	-1040.472	-218.860	-1018.823	-216.946

与模型9和模型10的结果比对后可知，加入交互项后，公平感知对核心社员的持续合作倾向的影响由不显著变为在10%的水平上显著。结合高合作收益能力以及其与公平感知的交互项的正向显著性可知，公平感知与高合作收益能力对核心社员持续合作倾向交互作用正向显著。也就是说在其他条件不变的情况下，高合作收益能力能够提升核心社员的持续合作倾向，并且积极的公平感知能够增强前者的作用机制。

从模型9到模型12的控制变量结果来看，户主年龄、受教育程度、所在村庄距最近集市的距离以及所属合作社示范等级等因素对社员持续合作倾向具有显著影响，并且在加入合作收益能力与公平感知的交互项前后无论是影响程度还是显著性均没有表现出较大差异，因此这些控制变量的影响具有稳健性。但这些影响在普通社员与核心社员间存在较大差异。户主年龄仅对核心社员的持续合作倾向具有显著的正向影响，而受教育程度仅对普通社员具有显著的正向影响。距集市的距离和合作社示范等级两个变量对两组社员的持续合作倾向都具有正向影响，且对核心社员的影响更大。

7.5 小结

基于四川蔬菜种植合作社社员的调研数据，使用有序Probit模型，本章检验了2.3提出的理论假说，从合作收益能力和公平感知角度，探析了异质性社员持续合作倾向的产生机理，得出以下主要结论：

（1）合作收益能力对社员的持续合作倾向具有显著的正向影响。高合作收益能力能够带来持续合作倾向的增量高于中等合作收益能力。无论社员资源禀赋高或低，高合作收益能力能够使其形成更高的持续合作倾向；中等合作收益能力只能使低资源禀赋组社员形成更高的持续合作倾向，对于高资源禀赋组社员的持续合作倾向并没有显著效果。对于不同合作角色的社员而言，高合作收益能力与中合作收益能力就能提高普通社员的持续合作倾向，且高合作收益能力提高的幅度更大；合作收益能力无论高低，与核心社员的持续合作倾向，均不存在显著的相关关系。基于此，为了吸引更优质的社员入社并持续合作，需要更为充分地承认他们所付出的稀缺资源。具体来讲，要么为高资源禀赋组社员提供管理职位，鼓励其成为核心社员；要么尽可能多地承认其所付出的资金资本、人力资本和社会资本，特别是不可直接测量的人力资本和社会资本。

（2）公平感知对社员的持续合作倾向具有显著的正向影响。就不同资源禀赋社员而言，公平感知能够给低资源禀赋组带来的持续合作倾向的增量大于高资源禀赋组。公平感知对普通社员持续合作倾向具有正向显著的影响，对核心社员的持续合作倾向不具有显著影响。这说明，在合作社运营过程中，应该注重民主治理的建设，给予核心社员所付出的人力资本和社会资本以充分的肯定与投资回报，给普通社员以充分的公平感知，这样既能维持合作社的本质规定性，又能充分调动各类社员的合作积极性，推动其持续合作。

（3）公平感知与社员合作收益能力对持续合作倾向发挥着正向的交互作用，两者间呈现互补经济关系，这说明，忽视社员公平感知为代价发展某些社员合作倾向的方式无助于改善合作社社员的持续合作倾向。其中，公平感知对较高合作收益能力作用于持续合作倾向的交互影响参数低于中等合作收益能力对持续合作倾向的影响参数。这说明，合作收益能力的不足需要通过改善公平感知才能促进异质性社员的持续合作倾向，反之亦然。

（4）对于异质性社员来说，就公平感知与高合作收益能力对持续合作倾向产生的交互作用而言，对低资源禀赋组社员持续合作倾向的交互作用大于对高资源禀赋组社员；对普通社员的效果大于核心社员。就中等合作收益能力与公平感知对持续合作倾向的交互作用而言，对低资源禀赋组社员是显著的，但对高资源禀赋组社员不显著；对普通社员的效果大于核心社员，且对核心社员的效果不显著。这说明在合作过程中更加应该关注普通社员的公平感知，尽量提升低资源禀赋组社员和普通社员的合作收益能力。结合合作社实际情况来讲，一方面，应该提升一次返利的水平或按交易额分红的比例；另一方面，应该做到合作社经营管理决策过程的公开性、透明化，提升民主决策水平。

第8章　研究结论与对策建议

本研究主要探讨了异质性社员的合作收益能力、公平感知与持续合作倾向的关系等多个问题，基于上述分析，本章将对本研究的诸多内容进行回顾和概括，并指明研究中可能存在的局限和进一步的研究方向。

8.1　研究结论

本研究以合作社的异质性社员作为研究对象，从农户行为理论、期望理论、分配理论、交易成本理论、资源基础理论和公平理论的视角，构建了“客观收益—主观感知—持续合作倾向”的理论分析框架。通过梳理中国合作社的发展历程与社员异质性的历史演进，厘清中国合作社异质性社员产生的根源。然后基于笔者组织的针对四川成都平原经济区、川南经济区、川东北经济区和攀西经济区的蔬菜种植合作社社员的调查，所获取的第一手数据资料，完成了异质性背景下社员合作收益能力与公平感知的分析，并考察了社员合作收益能力、公平感知与持续合作倾向的内在关联，以及在资源禀赋异质性社员之间的差异。本研究的主要结论如下：

8.1.1　合作社异质性社员的研究结论

（1）社员异质性是中国合作社发展所必须正面应对的客观实际。

根据本书第3章对合作社发展历程与社员异质性历史演进的分析，我们能很明显地知道合作社社员异质性是嵌入于农村社会分化的客观实际中，是合作社发展不可回避的客观存在。社员的异质性是中国经济发展、农民分化的现实产物，是农业发展过程中弥补生产要素结构性缺乏的必由之路，是政府鼓励合作社发展的现实结果，更是随着农业与第二产业和第三产业融合发展的必然结果。异质性社员最本质的差异在于资源禀赋的异质性，具体表现为自然资本、人力资本、资金资本和社会资本资源的差异。对于合作社而言，社员异质性会对其生成机制产生影响，会打破传统、经典合作社的治理机制，对合作社利益分配机制的“与时俱进”提出新要求，还会激发合作社的创新机制。

（2）合作社社员资源禀赋主要由自然、人力、资金、社会四方面资源构成，且其初始资源禀赋普遍较低。

经过文献研究发现，社员异质性主要表现为社员在自然资本、人力资本、资金资本和社会资本四方面资源禀赋上的差异。通过从这四个维度构建社员资源禀赋衡量指标体系，度量社员的初始资源禀赋，通过K-平均算法聚类分析结果，即低资源禀赋组社员581位，其初始资源禀赋取值区间为0到1.17，高资源禀赋组社员288位，其初始资源禀赋在1.17到5.44之间。可知，样本社员的初始资源禀赋普遍较低。同时，高低资源禀赋组社员在样本中的占比，与中国合作社发展的实际情况相符。

（3）合作收益能力、公平感知和持续合作倾向都存在高资源禀赋组社员显著高于低资源禀赋组社员的情况。

就合作贡献而言，无论是利益创造阶段还是利益实现阶段，高资源禀赋组社员的合作贡献显著高于低资源禀赋组，这种显著优势在利益创造阶段更加明显。就合作收益而言，高资源禀赋组社员的合作收益显著高于低资源禀赋组，且在合作收益的不同维度表现出不同程度的差异。合作收益的不同维度差异从大到小排列为股金收入、一次返利、二次分红、土地租金收入和工资性收入。就公平感知而言，社员公平感知普遍不高，但高资源禀赋组社员的公平感知水平普遍高于低资源禀赋组社员。就持续合作倾向而言，社员首先是对合作社持续提供合作平台能力的判断普遍较积极，其次是对自身合作能力的判断，持续合作意愿相对最低。就三者整体而言，高资源禀赋组社员的态度较低资源禀赋组社员积极，两组社员态度方面的差异由大到小分别是：对合作社持续提供合作平台能力的态度、持续合作意愿和对自己合作能力的判断。

8.1.2 异质性社员合作社收益能力和公平感知差异的研究结论

（1）初始资源禀赋差异决定着社员合作收益能力与公平感知的差异。

通过使用IPWRA估计方法，分析社员加入合作社前的资源禀赋对社员合作过程中合作收益与合作贡献之比的影响，发现社员初始资源禀赋能够正向显著影响社员的合作收益能力。这表明资源越丰富，在合作过程中资源转换为收益的能力越强。使用同样的方法，分析社员初始资源禀赋对合作社异质性社员公平感知的影响发现，其能够正向显著地影响社员对合作社生产经营制度制定过程和利益分配制度制定过程的公平感知。

（2）合作角色与合作维度的差异会影响社员合作收益能力与公平感知。

核心社员的合作收益能力显著强于普通社员，股金合作更能提升合作收益能力，管理合作更能提升社员的公平感知。具体来讲，就合作角色而言，在合作社中拥有理事会或监事会职位的核心社员与其他普通社员相比，合作收益能力显著较高。合作角色所能带来的合作收益能力的增量大于初始资源禀赋所带来的增量。对于公平感知而言，核心社员的公平感知显著高于普通社员，但是其初始资源禀赋所带来的增量并不显著，且绝对值低于普通社员初始资源禀赋所能带来的公平感知的增加。就合作维度而言，入股能够给社员合作收益能力带来最大的提升，其次是业务合作，最后是管理合作。就公平感知而言，管理合作所带来的公平感知的提升最高，其次是资金合作，交易合作并不能对社员公平感知产生影响。结合“核心社员这一合作角色能够给公平感知带来较大提升”这一研究结论，可以推断出，核心社员在合作社中扮演的重要角色对其公平感知的影响更大，这种作用足够显著，以至于让核心社员的初始资源禀赋对其公平感知的影响显得并不那么重要。

8.1.3 异质性社员持续合作倾向形成机理的研究结论

（1）社员的合作收益能力与公平感知是其持续合作倾向形成的重要决定因素。

根据理论分析结果可知，短期利益的满足、长期利益的正向预期能够激励社员继续进行合作，具体表现在主客观两个方面，就客观方面而言，社员若拥有较高的合作收益能力，该社员的短期利益实现程度则越高，进而更可能具有更为积极的持续合作倾向。就主观方面而言，某社员若在合作过程中的感知越公平，那么该社员对长期利益的预期更加积极，最终形成更为积极的持续合作倾向。社员的合作收益能力或公平感知越强，其持续合作倾向越高。根据实证研究结果可知，可以通过提升社员的合作收益能力和公平感知来促进社员的持续合作。对于合作收益能力较低的社员，或对于暂时无法提高其合作收益能力的社员，可以通过进一步提升其公平感知来推动该类社员持续合作。

（2）合作收益能力与公平感知对资源禀赋不同的社员持续合作倾向的提升效果有差异。

初始资源禀赋决定着社员在合作过程中的行为与预期，其初始资源禀赋不同，则合作收益能力与公平感知均会有所差异，而合作收益能力与公平感知对其持续合作倾向的影响也会有所差异。实证结果表明，就低资源禀赋组社员而言，如果合作收益能力达到所有样本合作社社员的中等水平，他们就会具有较为积极的持续合作倾向。而对于高资源禀赋组社员，只有当合作收益能力处于较高水平时，他们的持续合作倾向才会受到其合作收益能力的影响。换句话说，当他们的合作收益能力没有达到一定水平时，合作收益能力并不能对其持续合作倾向产生影响。此外，相较于高资源禀赋组社员，较高的公平感知能够给低资源禀赋组社员带来更积极的持续合作倾向。这表明，对于低资源禀赋组社员而言，提高其公平感知更能够促进其持续合作。然而，对于核心社员而言，无论合作收益能力和公平感知如何，均不能对其持续合作倾向产生显著的影响。

8.2 对策建议

基于以上研究结论，可得出以下启示：提升合作社异质性社员是持续合作倾向的关键，不仅在于客观的合作收益能力方面，也体现在社员主观的公平感知上，促进社员持续合作需要同时关注社员的合作收益能力和公平感知。在理论阐释与实证分析的基础上，给出既有历史感又有时代性，既有一般规律又有地区特色的，具有较强操作性的异质性社员持续合作推进建议。

当且仅当合作社自身的收益能力得到提升，其社员的普遍合作收益能力才能得以增加，因此，需要以提升合作社的收益能力为目标提出对策建议。结合目前“创新、协调、绿色、开放、共享”五大发展理念，以农业绿色发展为契机，从发展绿色农业视角，推动合作社收益能力的提升。饼做大之后，为了调动社员的积极性，需要对分配制度进行优化。结合研究结论，即资源禀赋对其合作收益能力的影响，本书提出按照资源要素投入给予社员回报。同时，由于研究发现公平感知能够提升社员的持续合作倾向，因此也应该优化合作社制度制定环境，提升社员的公平体验。并且，由于研究结果显示，低资源禀赋社员能够通过在合作社中担任重要角色、与合作社发生更多的业务往来来改变自己的合作收益能力，因此，在资金资本和社会资本有限的情况下，社员可以通过在合作社承担重要角色、增加业务合作来提高自身的合作收益能力。此外，通过研究发现，当社员合作收益能力有限时，公平感知的增加也会促进社员持续合作收益能力的提升，因此，需要营造“效率”与“公平”兼顾的合作社制度环境。

（1）以绿色农业为导向，提升合作社的收益能力。

第一，依据绿色发展理念，统一生产技术、生产资料和生产流程，坚持农业投入品的绿色化、生产过程绿色化、废物处理绿色化、销售流程绿色化。合作社通过统一生产和绿色发展强化市场竞争能力，提升农产品价值，优化农产品销售价格，改善生产技术，引进先进设备，降低从事绿色生产的成本，从而增加自身的盈利能力。

第二，鼓励具有企业家精神、丰富要素资本和社会资源的农村能人、种养大户投入生产要素，利用自身优势资源开拓市场，创建品牌。合作社盈利能力的提升需要推力，仅拥有土地等常见生产资源的社员难以通过合作实现农业产业的纵向一体化或农产品的增值。为了扩大产品影响力，争取更优的市场价格，通过表彰对合作社发展起到重大贡献的社员，承认其对合作社的贡献，提升其社会声誉，以此来激励其推动合作社开拓市场，创建品牌，进而提升合作社的盈利能力。

第三，充分发挥社员的社会资本和人力资本，引进并采用优质品种、农业机械、喷灌等先进技术，旨在通过技术改良，节约土地、劳动力、资金等生产资料，降低合作社生产成本。

（2）优化合作社分配制度，按资源要素投入给予社员回报。

切实赋予和维护合作社社员所投要素资源的投资价值，并给予相应回报。

第一，完善合作社按股分红、按惠顾额分红、一次或二次返利等利益分配制度，保证社员的获利公平。优惠的农资价格、不低的农产品销售价格以及股份分红和二次返利是社员加入合作社的主要收益来源，也是社员从合作获得好处的主要依据。因此，原有分配制度亟须完善，适度控制按股分红比例、增加管理层工资、提升一次返利和二次分红的比例，应尽可能考虑到每种类型社员的合作贡献和利益需求。

第二，承认核心管理人员的额外时间、资金等投入，将其纳入合作社利益分配依据。结合社员对合作社的实际贡献，应当适度将社员额外投入农资购买渠道、销售渠道拓展、先进技术引进扩散、日常经营管理中的精力、管理才能、资金、社会关系资源等作为利益分配依据，按付出程度赋予社员相应的回报，激励社员主动投入更多稀缺资源发展壮大合作社。例如，按照合作社实现的交易量来支付核心社员、管理人员工资，或将管理人员、技术人员等核心社员为合作社付出的额外劳动作为资本折价入股，并按照一定比例作为年底分红的依据。通过设置合理的利益分配制度确保社员加入合作社后可以获得公平的收益，提升其合作收益率，提高社员持续合作倾向，促进社员持续合作。

（3）提升合作社民主决策水平，强化社员合作的公平体验。

第一，完善合作社民主决策程序。在合作社决策实践中，应当清晰界定社员大会、理事会、监事会、股东社员和经营管理人员的权力责任分布，规范决策的程序和方式。根据合作社不同的决策，例如筹资决策、投资决策、利益分配决策或日常决策等设置不同的决策方式，或由理事长根据其管理才能和市场经验进行决策，或由理事会进行决策，或由社员大会进行决策等，提高决策效率，促进民主管理。

第二，合作社及时主动公开重大决策的流程与结果，实现合作社运营的透明化。及时公告未来几期决策制定的时间与地点，鼓励有兴趣的社员参与决策会议，并积极发言。定期公示合作社经营情况、利益分配情况等。提升社员对合作社的了解程度、增强社员的主人翁意识和组织承诺，实现社员公平感知的提升。

第三，加强民主决策程序的宣传，培养小农户合作意识。合作社首先应该通过落实合作社法和章程等法律、规章制度，规范治理结构，完善治理机制。同时加强对社员的教育培训，适时组织对合作社规章制度的学习讨论会，让小农户社员更加充分了解自己的组织，明晰自己的权利和义务，明白如何参与到组织中。

第四，有针对性地鼓励和吸纳低资源禀赋农户入股或参与到合作社的日常管理中，赋予其对合作社的剩余索取权和剩余控制权。鼓励这类社员积极发言，以及在制定生产经营决策或利益分配制度时需要征求该类社员的意见。通过鼓励该类社员积极参与合作，提升其合作公平感知来促进其持续合作。

（4）营造“效率”与“公平”兼顾的合作社制度环境。

第一，以“效率”优先为指导，制定和实施扶持推动合作社发展的战略措施。社员合作的目的在于获得更高的经济利益和更稳定的经济收入，合作社只有在经济效益较好的情景下，才能留下更多的社员进行持续合作。在合作社仍处于市场竞争弱势地位的今天，政府依旧需要采取适度措施，扶持合作社，提高其在市场竞争中的地位，增加其获取经济利益的能力。

第二，以“公平”发展为指导，制定并实施促进合作社民主决策的方针策略。改进对合作社民主经营、民主决策的监管，不定期抽查合作社事务公开、决策透明等相关经营管理程序的完成情况，对遵守民主决策的合作社予以适当资金等物质奖励，对未遵守的合作社提出严重警告，责令改正，情况严重者给予公示，并取消对其的政策支持。

第三，秉持“以人为本”的原则，构建提升社员合作意识与合作能力的支撑体系。联合发动基层政府与相关农技部门，全方位提升社员的持续合作意识与能力。基层政府定时组织“合作组织规章制度学习大会”，普及合作社制度，让更多的农户，特别是合作社社员从客观层面了解合作社。政府农技部门加强社员农业生产技术培训，为社员推荐优质、高效、优价的农资，提升业务合作能力。

8.3 研究不足与未来展望

本研究对合作社社员合作收益能力、公平感知及持续合作倾向影响因素的研究尚属尝试。鉴于中国农业合作社种类多样性、各区域的政策制度差异性和客观条件，以及经历和认识水平的限制，本研究不可避免地存在一些不完善之处，诸如：社员的持续合作倾向的影响因素是错综复杂的、动态的，其他因素是否存在某种影响及其作用机制如何，合作社社员初始资源禀赋衡量指标体系是否能进一步改进以提高精确度，不同省份的调研样本是否会得出同样的研究结论等。

关于合作社异质性社员持续合作问题未来的研究方向主要集中在以下方面：

第一，扩大样本区域和样本数量，结合不同地区经济、文化现状及发展趋势，因地因需探索推动社员持续合作的有效路径。

第二，合作社的可持续发展是一个动态变化的过程，因此有必要对调研样本进行定期动态追踪调查，以对调研样本进行时空差异的对比分析，进一步将合作社持续发展研究推向深入。

参考文献

[1] Abebaw D, Haile M G. The impact of cooperatives on agricultural technology adoption: Empirical evidence from Ethiopia [J]. Food Policy, 2013, 38 (1): 82-91.

[2] Adams J S, Freedman S. Equity theory revisited: Comments and annotated bibliography [J]. Advances in Experimental Social Psychology, 1976, 9: 43-90.

[3] Adams J S. Inequity in social exchange [M]. New York: Academic Press, 1965: 267-299.

[4] Albaok S, Schultz C. On the relative advantage of cooperatives [J]. Economics Letters, 1998, 3 (59): 397-401.

[5] Alho E. Farmers' self-reported value of cooperative membership: Evidence from heterogeneous business and organization structures [J]. Agricultural and Food Economics, 2015, 3 (1): 1-22.

[6] Alho E. Survey evidence of members' willingness to invest in agricultural hybrid cooperatives [J]. Journal on Chain and Network Science, 2016, 16 (1): 41-58.

[7] Amit R, Schoemaker P J H. Strategic assets and organizational rent [J]. Strategic Management Journal, 1993, 1 (14): 33-46.

[8] Cechin A, Bijman J, Pascucci S, et al. Drivers of pro-active member participation in agricultural cooperatives: Evidence from Brazil [J]. Annals of Public and Cooperative Economics, 2013, 84 (4): 443-468.

[9] Aryee S, Chay Y W. Workplace justice, citizenship behavior, and turnover intentions in a union context: Examining the mediating role of perceived union support and union instrumentality [J]. Journal of Applied Psychology, 2001, 1 (86): 154.

[10] Bamiatzi V, Bozos K, Cavusgil S T, et al. Revisiting the firm, industry, and country effects on profitability under recessionary and expansion periods: A multilevel analysis [J]. Strategic Management Journal, 2016, 37 (7): 1448-1471.

[11] Banerjee A, Mookherjee D, Munshi K, et al. Inequality, control rights, and rent seeking: Sugar cooperatives in Maharashtra [J]. Journal of Political Economy, 2001, 109 (1): 138 – 190.

[12] Barney J. Firm resources and sustained competitive advantage [J]. Journal of Management, 1991, 17 (1): 99 – 120.

[13] Barry B. Why social justice matters [M]. Cambridge: Polity Press, 2005: 37.

[14] Batenan D I, Edwards J R, Levay C. Agricultural cooperatives and the theory of the firm [J]. Oxford Agrarian Studies, 1979, 1 (8): 63 – 81.

[15] Becchetti L, Castriota S, Conzo P. Cooperative membership as a trust and trustworthiness reinforcing device: Results from a field experiment in the Philippines [J]. Journal of Development Studies, 2013, 49 (3): 412 – 425.

[16] Becker. A theory of the allocation of time [J]. The Economic Journal, 1965: 493 – 517.

[17] Berglas E. On the theory of clubs [J]. American Economic Review, 1976, 66 (66): 116 – 121.

[18] Berkhout E D, Schipper R A, Van Keulen H, et al. Heterogeneity in farmers' production decisions and its impact on soil nutrient use: Results and implications from northern Nigeria [J]. Agricultural Systems, 2011, 104 (1): 63 – 74.

[19] Bhuyan S. The "people" factor in cooperatives: An analysis of members' attitudes and behavior [J]. Canadian Journal of Agricultural Economics, 2007, 55 (3): 275 – 298.

[20] Bies R J, Moag J S. Interactional communication criteria of fairness [J]. Research in Organizational Behavior, 1986, 9: 289 – 319.

[21] Bogetoft P, Olesen H B. Cooperatives and payment schemes: Lessons from theory andexamples from Danish agriculture [M]. Copenhagen: Copenhagen Business School Press, 2007.

[22] Bose P. Oil palm plantations vs. shifting cultivation for indigenous peoples: Analyzing Mizoram's New Land use policy [J]. Land Use Policy, 2019, 81: 115 – 123.

[23] Gijselinckx C, Bussels M. Farmers' cooperatives in Europe: Social and historical determinants of cooperative membership in agriculture [J]. Annals of Public

and Cooperative Economics, 2014, 4 (85): 509 – 530.

[24] Cadsby C B, Song F, Tapon F. Sorting and incentive effects of pay for performance: An experimental investigation [J]. Academy of Management Journal, 2007, 50 (2): 387 – 405.

[25] Carrell M R, Dittrich J E. Equity theory: The recent literature, methodological considerations, and new directions [J]. Academy of Management Review, 1978, 2 (3): 202 – 210.

[26] Cattaneo M D. Efficient semiparametric estimation of multi – valued treatment effects underignorability [J]. Journal of Econometrics, 2010, 155 (2): 138 – 154.

[27] Chaddad F R, Cook M L. Understanding New Cooperative Models: An Ownership – control Rights Typology [J]. Review of Agricultural Economics, 2004, 26 (3): 348 – 360.

[28] Chagwiza C, Muradian R, Ruben R. Cooperative membership and dairy performance among smallholders in Ethiopia [J]. Food Policy, 2016, 59: 165 – 173.

[29] Christopher G, Morris. Academic press dictionary of science and technology [M]. New York: Academic Press, 1996: 1018.

[30] Cinneide M. Cooperatives and Local Development: Theory and Applications for the 21st Century [J]. Journal of Rural Studies, 2004, 20 (4): 512 – 513.

[31] Coase R H. The nature of the firm [J]. Economica, 1937, 16 (4): 386 – 405.

[32] Cohen Charash Y, Spector P E. The role of justice in organizations: A meta – analysis [J]. Organizational Behavior and Human Decision Processes, 2001, 86 (2): 278 – 321.

[33] Iliopoulos C, Valentinov V. Member Preference Heterogeneity and System – lifeworld Dichotomy in Cooperatives An Exploratory Case Study [J]. Journal of Organizational Change Management, 2017, 30 (7): 1063 – 1080.

[34] Iliopoulos C, Cook M L. The Efficiency of Internal Resource Allocation Decisions in Customer – owned Firms: The Influence Costs Problem [M]. Washington: D. C., 1999.

[35] Michael L Cook, Constantine Iliopoulos. Ill – Defined Property Rights in Collective Action: The Case of US Agricultural Cooperatives [J] Institutions, Con-

tracts and Organizations: Perspectives from New Institutional Economics. 2015 (2): 163 - 173.

[36] Cook M L, Burress M J. A Cooperative life cycle framework [M]. Columbia: Columbia MO, 2009.

[37] Cook M L, Iliopoulos C. Generic solutions to coordination and organizational costs: Informing cooperative longevity [J]. Journal on Chain and Network Science, 2016, 16 (1): 19 - 27.

[38] Cottrell C A, Neuberg S L, Li N P. What do people desire in others? A socio - functional perspective on the importance of different valued characteristics [J]. Journal of Personality & Social Psychology, 2007, 92 (2): 208 - 231.

[39] Cropanzano R, Bowen D E, Gilliland S W. The management of organizational justice [J]. Academy of Management Perspectives, 2007, 21 (4): 34 - 48.

[40] Emelianoff I V. Economic theory of cooperation [M]. Ann Arbor: Edward Brother, 1942.

[41] Enke S. Consumer cooperatives and economic efficiency [J]. The American Economic Review, 1945, 1 (35): 148 - 155.

[42] Fischer E, Qaim M. Linking smallholders to markets: Determinants and impacts of farmer collective action in Kenya [J]. World Development, 2012, 40 (6): 1255 - 1268.

[43] Folger R, Greenberg J. Procedural justice: An interpretive analysis of personnel systems [J]. Research in Personnel and Human Resources Management, 1985, 3 (1): 141 - 183.

[44] Fulton M. The future of Canadian agricultural cooperatives: A property rights approach [J]. American Journal of Agricultural Economics, 1995, 77 (5): 1144 - 1152.

[45] Loury G C. A dynamic theory of racial income differences [C]. Discussion Papers 225, Northwestern University, Center for Mathematical Studies in Economics and Management Science.

[46] Grant R M. The resource - based theory of competitive advantage: Implications for strategy formulation [J]. California Management Review, 1991, 3 (33): 114 - 135.

[47] Greenberg J. Justice and organizational citizenship: A commentary on the

state of the science [J]. Employee Responsibilities and Rights Journal, 1993, 6 (3): 249-256.

[48] Hakelius K, Hansson H. Measuring changes in farmers' attitudes to agricultural cooperatives: Evidence from Swedish agriculture 1993-2013 [J]. Agribusiness, 2016, 32 (4): 531-546.

[49] Hansmann H B. The ownership of enterprise [M]. Cambridge: Harvard University Press, 2000.

[50] Harrell W A. Husbands' involvement in housework: Effects of relative earning power and masculine orientation [J]. Psychological Reports, 1995, 77 (3): 1331-1337.

[51] Harris A, Stefanson B, Fulton M. New generation co-operatives and cooperative theory [J]. Journal of Co-operatives American Cooperation, 1996 (11): 15-28.

[52] Hatfield E, Sprecher S. Equity theory and behavior in organizations [J]. Research in the Sociology of Organizations, 1984 (3): 95-124.

[53] Helmberger P, Hoos S. Cooperative enterprise and organization theory [J]. Journal of Farm Economics, 1962, 2 (44): 275-290.

[54] Hendrikse G. On the emergence of new growers' associations: Self-selection versus countervailing power [J]. European Review of Agricultural Economics, 2002, 29 (2): 255-269.

[55] Hendrikse G. Pooling, access, and countervailing power in channel governance [J]. Management Science, 2011, 57 (9): 1692-1702.

[56] Hobsbawm E J. Peasants in history essays in honor of Daniel thornier [J]. Economic History Review, 1980, 2 (35): 63-78.

[57] Hochschild J L. What's fair: American beliefs about distributive justice [M]. Cambriglge: Harvard University Press, 1981.

[58] Höfer H, Rommel J. Internal governance and member investment behavior in energy cooperatives: An experimental approach [J]. Utilities Policy, 2015, 36: 52-56.

[59] Huseman R C, Hatfield J D, Miles E W. A new perspective on equity theory: The equity sensitivity construct [J]. Academy of Management Review, 1987, 12 (2): 222-234.

[60] Iliopoulos C, Valentinov V. Member heterogeneity in agricultural cooperatives: A systems – theoretic perspective [J] . Sustainability, 2018, 10 (4): 1271.

[61] Ito J, Bao Z, SU Q. Distributional effects of agricultural cooperatives in China: Exclusion of smallholders and potential gains on participation [J] . Food Policy, 2012, 37 (6): 700 – 709.

[62] James H S, Sykuta M E. Farmer trust in producer – and investor – owned firms: Evidence from Missouri corn and soybean producers [J] . Agribusiness, 2006, 22 (1): 135 – 153.

[63] Jean – Marc Bourgeon, Robert G Chambers. Producer organizations, bargaining, and asymmetric information [J] . American Journal of Agricultural Economics, 1999, 81 (3): 602 – 609.

[64] Jensen M C, Meckling W H. Rights and production functions: An application to labor – managed firms and codetermination [J] . Journal of Business, 1979: 469 – 506.

[65] Nilsson J, L. W. L. Institutional changes in the Swedish meat industry [J] . British Food Journal, 2015, 117 (10): 2501 – 2514.

[66] Jewett J, Lind L W. Aggression and cooperation: Helping young children develop constructive strategies [M] . TaiBei: ERIC Clearinghouse, 1992.

[67] Jia X, Huang J. Contractual arrangements between farmer cooperatives and buyers in China [J] . Food Policy, 2011, 36 (5): 656 – 666.

[68] Hansen M H, Morrow J L, Batista J C. The impact of trust on cooperative membership retention, performance, and satisfaction: An exploratory study [J]. International Food and Agribusiness Management Review, 2002 (5): 41 – 59.

[69] Kaiser H F. An index of factorial simplicity [J] . Psychometrika, 1974, 39 (1): 38 – 56.

[70] Kalogeras N, Pennings J M E, Van D L, et al. Understanding heterogeneous preferences of cooperative members [J] . Agribusiness, 2009, 25 (1): 90 – 111.

[71] Karli B, BilgiÇ A, Çelik Y. Factors affecting farmers' decision to enter agricultural cooperatives using random utility model in the south eastern Anatolian region of Turkey [J] . Journal of Agriculture and Rural Development in the Tropics and Subtropics, 2006, 107 (2): 115 – 127.

[72] Kernan M C, Hanges P J. Survivor reactions to reorganization: Antecedents

and consequences of procedural, interpersonal, and informational justice [J]. Journal of Applied Psychology, 2002, 87 (5): 916 – 928.

[73] Kogut B Z U. Knowledge of the firm, combinative capabilities, and the replication of technology [J]. Organization Science, 1992, 3 (3): 383 – 397.

[74] Kumar N, Scheenkamp S J B E M. The effects of supplier fairness on vulnerable resellers [J]. Journal of Marketing Research, 1995, 1 (32): 54 – 65.

[75] Kumar A, Saroj S, Joshi P K, et al. Does cooperative membership improve household welfare? Evidence from a panel data analysis of smallholder dairy farmers in Bihar, India [J]. Food Policy, 2018, 75: 24 – 36.

[76] Kyriakopoulos K, Meulenberg M, Nilsson J. The impact of cooperative structure and firm culture on market orientation and performance [J]. Agribusiness, 2004, 20 (4): 379 – 396.

[77] Leventhal G S. What should be done with equity theory? New approaches to the study of fairness in social relationships [J]. Social Exchange Advances in Theory & Research, 1980: 52.

[78] Liang Q, Hendrikse G. Pooling and the yardstick effect of cooperatives [J]. Agricultural Systems, 2016, 143: 97 – 105.

[79] Lijia W, Xuexi H. Transaction costs comparison between cooperatives and conventional apple producers: A case study of northwestern China [J]. Annals of Public and Cooperative Economics, 2014, 85 (2): 233 – 255.

[80] Lind E A, Tyler T R. The social psychology of procedural justice [M]. Berlin: Springer Science & Business Media, 1988.

[81] Liu Y, Ma W, Renwick A, et al. The role of agricultural cooperatives in serving as a marketing channel: Evidence from low – income regions of Sichuan province in China [J]. International Food and Agribusiness Management Review, 2019: 1 – 20.

[82] MA W, Abdulai A. Does cooperative membership improve household welfare? Evidence from apple farmers in China [J]. Food Policy, 2016, 58: 94 – 102.

[83] MA W, Renwick A, Yuan P, et al. Agricultural cooperative membership and technical efficiency of apple farmers in China: An analysis accounting for selectivity bias [J]. Food Policy, 2018, 81: 122 – 132.

[84] Masterson S S, Lewis K , Taylor B M G S . Integrating justice and social exchange: The differing effects of fair procedures and treatment on work relationships

[J] . The Academy of Management Journal, 2001, 43 (4): 738 -748.

[85] Merel P, Saitone T L, Sexton R J. Cooperative stability under stochastic quality and farmer heterogeneity [J] . European Review of Agricultural Economics, 2015, 42 (5): 765 -795.

[86] Michael L, Cook F R C. Organizational architecture: Redefining cooperative boundaries [J] . American Journal of Agricultural Economics, 2004, 5: 1249 -1253.

[87] Mojo D, Fischer C, Degefa T. The determinants and economic impacts of membership in coffee farmer cooperatives: Recent evidence from rural Ethiopia [J] . Journal of Rural Studies, 2017, 50: 84 -94.

[88] Nickols S Y, Metzen E J. Housework time of husband and wife [J] . Home Economics Research Journal, 1978, 7 (2): 85 -97.

[89] Nilsson J. Organizational principles for co - operative firms [J] . Scandinavian Journal of Management, 2001, 17 (3): 329 -356.

[90] Olson M. The logic of collective action [M] . Cambridge: Harvard University Press, 1965.

[91] Österberg P, Nilsson J. Members' perception of their participation in the governance of cooperatives: The key to trust and commitment in agricultural cooperatives [J] . Agribusiness, 2009, 25 (2): 181 -197.

[92] Pascucci S, Gardebroek C, Dries L. Some like to join, others to deliver: An econometric analysis of farmers' relationships with agricultural co - operatives [J] . European Review of Agricultural Economics, 2011, 39 (1): 51 -74.

[93] Pitelis C. The growth of the firm: The legacy of Edith Penrose [M] . Oxford: Oxford University Press, 2002.

[94] Plakias Z T, Goodhue R E. Producer heterogeneity and voting power in mandatory US agricultural marketing organizations [J] . European Review of Agricultural Economics, 2015, 42 (5): 739 -763.

[95] Donald S, Zagoria. The rational peasant: The political economy of rural society in Vietnam [M] . California: Unit of California Press, 1979.

[96] Pozzobon D M, Zylbersztajn D. Democratic costs in member - controlled organizations [J] . Agribusiness, 2013, 29 (1): 112 -132.

[97] Prahalad C K, Hamel G. The core competence of the corporation [M] . Boston: Butterworth - Heinemann, 1999: 41 -59.

[98] Sanchez R. Managing articulated knowledge in competence – based competition [M]. Urbana – Champaign: University of Illinois, 1995.

[99] Sexton R J. Imperfect competition in agricultural markets and the role of cooperatives: A spatial analysis [J]. American Journal of Agricultural Economics, 1990, 72 (3): 709 – 720.

[100] Sexton R J. The formation of cooperatives: A game – theoretic approach with implications for cooperative finance, Decision making, and stability [J]. American Journal of Agricultural Economics, 1986, 68 (2): 214 – 225.

[101] Singapurwoko A. The effect of management of founder, sibling partnership and cousin consortium on profitability and leverage [J]. International Business Management, 2017, 11 (6): 1307 – 1315.

[102] Soboh R A M E, Lansink A O, Giesen G, et al. Performance measurement of the agricultural marketing cooperatives: The gap between theory and practice [J]. Review of Agricultural Economics, 2009, 31 (3): 446 – 469.

[103] Spender J C, Grant R M. Knowledge and the firm: Overview [J]. Strategic Management Journal, 1996, 17 (S2): 5 – 9.

[104] Teece D J, Pisano G, Shuen A. Dynamic capabilities and strategic management [M]. Boston: Butterworth – Heinemann, 1999.

[105] Thibaut J., et al. Procedural justice as fairness [J]. Stanford Law Review, 1974, 26 (6): 1271.

[106] Trechter, David D, King, et al. Using communications to influence member commitment in cooperatives [J]. Journal of Cooperatives, 2002, 17.

[107] Trianni A, Cagno E, Bertolotti M, et al. Energy management: A practice – based assessment model [J]. Applied Energy, 2019, 235: 1614 – 1636.

[108] Bos K V D, RIËL V, Wilke H A M. Procedural and distributive justice: What is fair depends more on what comes first than on what comes next [J]. Journal of Personality and Social Psychology, 1997, 1 (72): 95 – 101.

[109] Van R B, Elbers W, Ruben R, et al. The ambivalent impact of coffee certification on farmers' welfare: A matched panel approach for cooperatives in central Kenya [J]. World Development, 2016, 77: 277 – 292.

[110] Vercammen J, Fulton M, Hyde C. Nonlinear pricing schemes for agricultural cooperatives [J]. American Journal of Agricultural Economics, 1996, 78 (3):

572 – 584.

[111] Vroom V H. Work and Motivation [M]. San Fvanciso: Jossey – Bass, 1994.

[112] Vitaliano P. Cooperative enterprise: An alternative conceptual basis for analyzing a complex institution [J]. American Journal of Agricultural Economics, 1983, 65 (5): 1078 – 1083.

[113] Ma W, Abfulai A, Goetz R. Agricultural cooperatives and investment in organic soil amendments and chemical fertilizer in China [J]. American Journal of Agricultural Economics, 2018, 2 (100): 502 – 520.

[114] Wernerfelt B. A resource – based view of the firm [J]. Strategic Management Journal, 1984, 2 (5): 171 – 180.

[115] Whyte M. Myth of the social volcano: Perceptions of inequality and distributive injustice in contemporary China [M]. Palo Alto: Stanford University Press, 2010.

[116] Williamson O E. Markets and hierarchies [J]. American Economic Review, 1973, 2 (63): 316 – 325.

[117] Williamson O E. The economics of organization: The transaction cost approach [J]. American Journal of Sociology, 1981, 3 (87): 548 – 577.

[118] Wossen T, Abdoulaye T, Alene A, et al. Impacts of extension access and cooperative membership on technology adoption and household welfare [J]. Journal of Rural Studies, 2017, 54: 223 – 233.

[119] Yang H, Klerkx L, Leeuwis C. Functions and limitations of farmer cooperatives as innovation intermediaries: Findings from China [J]. Agricultural Systems, 2014, 127: 115 – 125.

[120] CohenCharash Y, Spector P E. The role of justice in organizations: A meta – analysis [J]. Organizational Behavior & Human Decision Processes, 2001, 86 (2): 278 – 321.

[121] Yu C, Frenkel S J. Explaining task performance and creativity from perceived organizational support theory: Which mechanisms are more important? [J]. Journal of Organizational Behavior, 2013, 34 (8): 1165 – 1181.

[122] Zusman P. Constitutional selection of collective – choice rules in a co-opera tive enterprise [J]. Journal of Economic Behavior and Organization, 1992 (17): 353 – 362.

［123］A. 恰亚诺夫．农民经济组织［M］．北京：中央编译出版社，1996.

［124］安家鹏，李霞．非营利组织员工财务公平感知对工作满意度的影响分析［J］．统计与决策，2018，34（1）：178－181.

［125］蔡荣，马旺林，王舒娟．小农户参与大市场的集体行动：合作社社员承诺及其影响因素［J］．中国农村经济，2015（4）：44－58.

［126］蔡荣，蔡书凯．农业生产环节外包实证研究——基于安徽省水稻主产区的调查［J］．农业技术经济，2014（4）：34－42.

［127］蔡荣，韩洪云．合作社内部"影响成本"决定因素的实证分析——基于山东省苹果专业合作社的调查数据［J］．经济评论，2011（5）：106－112.

［128］蔡荣，韩洪云．农户参与合作社的行为决策及其影响因素分析——以山东省苹果种植户为例［J］．中国农村观察，2012（5）：32－40.

［129］蔡荣，刘婷．合作社内源性资本供给的成员合作意愿及影响因素——以鲁陕 2 省 320 户果农社员为例［J］．财贸研究，2019（1）：74－86.

［130］蔡荣，易小兰．合作社治理的成员态度与参与行为——以鲁陕 2 省 672 位果农调查为例［J］．农业技术经济，2017（1）：98－108.

［131］柴寿升，张道远，郑玮．社区居民旅游公平感知与旅游参与、旅游收益的结构关系——以崂山风景区为例［J］．中国石油大学学报（社会科学版），2016，32（6）：23－30.

［132］陈畅东．经济法概论［M］．合肥：合肥工业大学出版社，2017.

［133］陈春峰，莫水凤．基层员工组织公平感知对建言行为的影响研究［J］．海南金融，2018（1）：75－83.

［134］陈春生．中国农户的演化逻辑与分类［J］．农业经济问题，2007（11）：79－84.

［135］陈东平，任芃兴．成员异质性与农村资金互助组织非"民主治理"——以苏北地区为例［J］．南京农业大学学报（社会科学版），2013，13（4）：45－53.

［136］陈啸．农民专业合作组织成员投资意愿的实证研究［J］．经济问题，2015（6）：104－108.

［137］陈雪，傅新红，刘国强．贫困地区农户对农民专业合作社参与意愿影响因素分析——基于四川省秦巴山贫困片区 320 名农户的调查［J］．广东农业科学，2017，44（2）：177－185.

［138］崔宝玉，简鹏，王纯慧．农民专业合作社：绩效测度与影响因素——

兼析中国农民专业合作社的发展路径［J］．中国农业大学学报（社会科学版），2016（4）：106－115.

［139］崔宝玉，李晓明．异质性合作社内源型资本供给约束的实证分析——基于浙江临海丰翼合作社的典型案例［J］．财贸研究，2008（4）：36－42.

［140］崔宝玉，王纯慧．论中国当代农民合作社制度［J］．上海经济研究，2017（2）：118－127.

［141］崔宝玉．农民专业合作社的治理逻辑［J］．华南农业大学学报（社会科学版），2015，14（2）：9－19.

［142］崔宝玉．农民专业合作社中的委托代理关系及其治理［J］．财经问题研究，2011（2）：102－107.

［143］崔彩贤，边丽瑾，赵晓峰．农民合作社信用合作满意度实证研究——基于内部社会资本分析视角［J］．西北农林科技大学学报（社会科学版），2020，20（1）：42－51.

［144］崔红志．农村老年人主观幸福感影响因素分析——基于全国8省（区）农户问卷调查数据［J］．中国农村经济，2015（4）：72－80.

［145］崔丽莹．中小学生人际信任、成就动机及其与合作倾向的关系研究［J］．心理科学，2011（3）：613－618.

［146］邓衡山，徐志刚，应瑞瑶等．真正的农民专业合作社为何在中国难寻？——一个框架性解释与经验事实［J］．中国农村观察，2016（4）：72－83.

［147］邓衡山，王文烂．合作社的本质规定与现实检视——中国到底有没有真正的农民合作社？［J］．中国农村经济，2014（7）：15－26.

［148］邓宏图，鹿媛媛．同质性农户、异质性大户、基层政府与合作社——经济解释与案例观察［J］．中国经济问题，2014（4）：88－97.

［149］邓军蓉，何蒲明．粮食类合作社成员的合作意愿及原因分析——基于湖北省159个合作社成员的调查［J］．湖北农业科学，2016，55（8）：2142－2145.

［150］邓睿，冉光，肖云等．生活适应状况、公平感知程度与农民工的城市社区融入预期［J］．农业经济问题，2016，37（4）：58－69.

［151］丁琳琳，吴群．财产权制度、资源禀赋与农民土地财产性收入——基于江苏省1744份农户问卷调查的实证研究［J］．云南财经大学学报，2015（3）：80－88.

［152］风笑天．社会学研究方法［M］．北京：中国人民大学出版

社，2009.

［153］冯娟娟，霍学喜．成员参与合作社治理行为及其影响因素——基于273个苹果种植户数据的实证分析［J］．农业技术经济，2017a（2）：72－81.

［154］冯娟娟，霍学喜．何种合作社治理模式更加有效？——以苹果种植户合作社为例［J］．华中农业大学学报（社会科学版），2017b（6）：9－19.

［155］付榕，王静．不同农业类型下农户合作意愿及影响因素的差异分析［J］．统计与决策，2015（17）：116－118.

［156］傅新红．农业经济学［M］．北京：高等教育出版社，2016：137.

［157］高钰玲．农民专业合作社服务功能：理论与实证研究［D］．浙江大学博士学位论文，2014.

［158］郭红东，蒋文华．影响农户参与专业合作经济组织行为的因素分析——基于对浙江省农户的实证研究［J］．中国农村经济，2004（5）：10－16.

［159］郭锦墉，徐磊，梅晨．企业家精神、合作社能力与“农超对接”——基于无形资源竞争观［J］．华东经济管理，2017，31（5）：140－146.

［160］郭熙保，黄灿．刘易斯模型、劳动力异质性与中国农村劳动力选择性转移［J］．河南社会科学，2010，18（2）：64－68.

［161］郭晓鸣，廖祖君．公司领办型合作社的形成机理与制度特征——以四川省邛崃市金利猪业合作社为例［J］．中国农村观察，2010（5）：48－55.

［162］郭晓鸣，宋相涛．以制度创新促进农民合作组织可持续发展——“《农民专业合作社法》颁布后中国农民合作组织发展新动向”国际研讨会综述［J］．中国农村经济，2008（11）：74－78.

［163］国鲁来．合作社制度及专业协会实践的制度经济学分析［J］．中国农村观察，2001（4）：36－48.

［164］韩宏稳．新生代员工为何频频离职——基于组织公平视角的实证研究［J］．贵州财经大学学报，2016（1）：61－69.

［165］韩利丹，李桦．资源禀赋、经营方式与农户林地流入行为［J］．林业经济问题，2018（1）：7－14.

［166］韩喜平，李恩．异质性视角下农民专业合作社管理协同研究［J］．学习与探索，2011（6）：166－168.

［167］韩喜艳，刘伟，高志峰．小农户参与农业全产业链的选择偏好及其异质性来源——基于选择实验法的分析［J］．中国农村观察，2020（2）：81－99.

［168］何安华，邵锋，孔祥智．资源禀赋差异与合作利益分配——辽宁省

HS 农民专业合作社案例分析［J］．江淮论坛，2012（1）：11－18.

［169］何安华．中国特色农业发展40年：历程、特征与经验［J］．当代农村财经，2018（9）：13－16.

［170］何安华，孔祥智．农民专业合作社对成员服务供需对接的结构性失衡问题研究［J］．农村经济，2011（8）：6－9.

［171］何国平，刘殿国．影响农民加入合作社的决策的因素：一个新制度经济学视角及其来自海南的经验证据［J］．江西财经大学学报，2016（2）：77－89.

［172］何学欢，胡东滨，粟路军．旅游地居民感知公平、关系质量与环境责任行为［J］．旅游学刊，2018，33（9）：117－131.

［173］洪名勇，尚名扬．地权认知、资源禀赋、信任与农地流转的实证研究［J］．中国农学通报，2015（26）：274－278.

［174］侯国庆．环境规制视角下的农户蛋鸡养殖适度规模研究［D］．中国农业大学博士学位论文，2017.

［175］胡安宁．社会科学因果推断的理论基础［M］．北京：社会科学文献出版社，2015.

［176］胡燕．试论农民专业合作社成员权救济制度之构建——基于四川省成都市 S 县农民专业合作社的实证调查研究［J］．农村经济，2011（12）：34－37.

［177］胡宜挺，王丹，叶红敏．农民专业合作社自我发展能力评价指标体系的构建及其应用［J］．贵州农业科学，2015，43（10）：224－227.

［178］黄珺，朱国玮．异质性成员关系下的合作均衡——基于中国农民合作经济组织成员关系的研究［J］．农业技术经济，2007（5）：38－43.

［179］黄胜忠，伏红勇．成员异质性、风险分担与农民专业合作社的盈余分配［J］．农业经济问题，2014，35（8）：57－64.

［180］黄胜忠，伏红勇．公司领办的农民合作社：社会交换、信任困境与混合治理［J］．农业经济问题，2019（2）：53－62.

［181］黄胜忠，林坚，徐旭初．农民专业合作社的成员承诺研究——基于浙江省的实证［J］．华南农业大学学报（社会科学版），2007（4）：1－7.

［182］黄胜忠，林坚，徐旭初．农民专业合作社治理机制及其绩效实证分析［J］．中国农村经济，2008（3）：65－73.

［183］黄胜忠，徐旭初．成员异质性与农民专业合作社的组织结构分析［J］．南京农业大学学报（社会科学版），2008（3）：1－7.

［184］黄胜忠．转型时期农民专业合作社的成长机制研究［J］．经济问题，

2008（1）：87－90.

［185］黄胜忠，徐鹏．农民专业合作社的成员选择与激励机制分析［J］．农林经济管理学报，2014（6）：577－583.

［186］黄胜忠，徐旭初．成员异质性与农民专业合作社的组织结构分析［J］．南京农业大学学报（社会科学版），2008（3）：1－7.

［187］黄勇．基于Shapley值法的猪肉供应链利益分配机制研究［J］．农业技术经济，2017（2）：122－128.

［188］黄宗智．华北的小农经济与社会变迁［M］．北京：中华书局，1986.

［189］黄宗智．长江三角洲小农家庭与乡村发展［M］．北京：中华书局，2000.

［190］黄宗智．中国农业发展三大模式：行政、放任与合作的利与弊［J］．开放时代，2017（1）：128－152.

［191］黄祖辉，徐旭初，冯冠胜．农民专业合作组织发展的影响因素分析——对浙江省农民专业合作组织发展现状的探讨［J］．中国农村经济，2002（3）：13－21.

［192］黄祖辉．农民合作：必然性、变革态势与启示［J］．中国农村经济，2000（8）：4－8.

［193］江玮，郭朝阳．双元能力对产品创新的影响研究［J］．厦门大学学报（哲学社会科学版），2018（5）：43－52.

［194］孔祥智，蒋忱忱．成员异质性对合作社治理机制的影响分析——以四川省井研县联合水果合作社为例［J］．农村经济，2010（9）：8－11.

［195］孔祥智，谭玥琳，郑力文．精英控制、资产专用性与合作社分配制度安排［J］．地方财政研究，2014（10）：4－8.

［196］孔祥智．十九大之后的合作社发展［J］．中国农民合作社，2017（12）：32.

［197］孔祥智．中国农民合作经济组织的发展与创新（1978—2018）［J］．南京农业大学学报（社会科学版），2018（6）：1－10.

［198］孔祥智，穆娜娜．实现小农户与现代农业发展的有机衔接［J］．农村经济，2018（2）：1－7.

［199］孔祥智，史冰清．中国农民专业合作社运行机制与社会效应研究：百社千户口调查［M］．北京：中国农业出版社，2012.

[200] 黎莉莉. 重庆市农民合作社可持续发展影响分析 [J]. 中国农业资源与区划, 2018 (5): 7-12.

[201] 李爱国. 数据挖掘原理、算法及应用 [M]. 西安: 西安电子科技大学出版社, 2012.

[202] 李秉龙, 薛兴利. 农业经济学 (第2版) [M]. 北京: 中国农业大学出版社, 2013.

[203] 李刚, 刘灵芝. 交易额返利率对农民参与度的影响——以贵州省盘州市村级农民专业合作社为例 [J]. 农业经济问题, 2019 (10): 111-120.

[204] 李佳. 农民合作: 必然性、困境及化解逻辑——一个基于集体行动逻辑的分析框架 [J]. 前沿, 2008 (8): 60-62.

[205] 李琳琳, 任大鹏. 不稳定的边界——合作社成员边界游移现象的研究 [J]. 东岳论丛, 2014 (4): 93-98.

[206] 李霖, 郭红东. 产业组织模式对农户种植收入的影响——基于河北省、浙江省蔬菜种植户的实证分析 [J]. 中国农村经济, 2017 (9): 62-79.

[207] 李敏, 王礼力, 郭海丽. 农户参与合作社意愿的影响因素分析——基于陕西省杨凌示范区的数据 [J]. 云南社会科学, 2015 (3): 63-67.

[208] 李明贤, 周蓉. 异质性社员参与农村资金互助业务的博弈分析 [J]. 农业经济问题, 2016, 37 (2): 77-82.

[209] 李棚, 郑恒斌. 沪深农林牧渔类企业业绩质量分析 [J]. 合作经济与科技, 2018 (19): 86-89.

[210] 李萍, 田世野. 如何看待现阶段我国农民合作社的"规范性"?——一个政治经济学的探讨 [J]. 四川大学学报 (哲学社会科学版), 2019 (1): 159-169.

[211] 李荣. 社员的公平感知对其工作绩效的影响路径研究 [D]. 华中农业大学硕士学位论文, 2016.

[212] 李晓锦, 刘易勤. 合作社成员深化合作的意愿及其影响因素分析——基于浙江省农民专业合作社的调查数据 [J]. 湖南农业大学学报 (社会科学版), 2015, 16 (3): 26-31.

[213] 梁凡, 朱玉春. 资源禀赋对山区农户贫困脆弱性的影响 [J]. 西北农林科技大学学报 (社会科学版), 2018 (3): 131-140.

[214] 梁剑峰, 李静. "精英俘获": 农民专业合作社成长之困 [J]. 宏观经济研究, 2015 (3): 58-62.

［215］梁巧，吴闻，刘敏等．社会资本对农民合作社社员参与行为及绩效的影响［J］．农业经济问题，2014（11）：71－79.

［216］梁巧，黄祖辉．关于合作社研究的理论和分析框架：一个综述［J］．经济学家，2011（12）：77－85.

［217］廖飞，施丽芳．创业投资人公平感知与合作行为研究——基于公平启发理论与不确定管理理论［J］．科学学与科学技术管理，2012（9）：147－152.

［218］廖文虎，尚光辉．农户参与专业合作社意愿的影响因素研究——基于合作社自身运行机制的角度［J］．江汉学术，2017，36（2）：95－104.

［219］廖小静，应瑞瑶，邓衡山等．收入效应与利益分配：农民合作效果研究——基于农民专业合作社不同角色农户受益差异的实证研究［J］．中国软科学，2016（5）：30－42.

［220］廖媛红．农民专业合作社的内部信任、产权安排与成员满意度［J］．西北农林科技大学学报（社会科学版），2013，13（5）：48－56.

［221］廖媛红．农民专业合作社内部社会资本对成员满意度的影响——以管理正规化程度为调节变量［J］．经济社会体制比较，2012（5）：169－182.

［222］林坚，黄胜忠．成员异质性与农民专业合作社的所有权分析［J］．农业经济问题，2007（10）：12－17.

［223］林坚，马彦丽．农业合作社和投资者所有企业的边界——基于交易费用和组织成本角度的分析［J］．农业经济问题，2006（3）：16－20.

［224］林坚，王宁．公平与效率：合作社组织的思想宗旨及其制度安排［J］．农业经济问题，2002（9）：46－49.

［225］林聚任，刘玉安．社会科学研究方法［M］．济南：山东人民出版社，2004.

［226］刘滨，刘小红，肖小华等．资源禀赋异质性农户对农业补贴政策满意度比较研究——以江西省为例［J］．调研世界，2017（3）：46－52.

［227］刘畅．合资企业程序公平、跨职能整合与新产品开发成功——新产品导入战略的调节作用［D］．吉林大学博士学位论文，2018.

［228］刘冬文．农民专业合作社融资困境：理论解释与案例分析［J］．农业经济问题，2018（3）：78－86.

［229］刘凤仪．薪酬公平理论及其与业绩关系研究综述［J］．金融经济，2012（16）：63－65.

［230］刘洪仁．农民分化问题研究综述［J］．山东农业大学学报（社会科

学版)，2006 (1)：64－68.

[231] 刘怀宇．中国农户经济行为与乡村治理 [M]．北京：社会科学文献出版社，2016.

[232] 刘静，周玉玺．成员异质性背景下农民专业合作社盈余分配分析 [J]．农业展望，2017 (9)：29－32.

[233] 刘俊文．农民专业合作社对贫困农户收入及其稳定性的影响——以山东、贵州两省为例 [J]．中国农村经济，2017 (2)：44－55.

[234] 刘同山．农民合作社的幸福效应：基于 ESR 模型的计量分析 [J]．中国农村观察，2017 (4)：32－42.

[235] 刘同山，孔祥智．精英行为、制度创新与农民合作社成长——黑龙江省克山县仁发农机合作社个案 [J]．商业研究，2014 (5)：73－79.

[236] 刘同山，孔祥智．协作失灵、精英行为与农民合作秩序的演进 [J]. 商业经济与管理，2015 (10)：29－38.

[237] 刘西川，陈立辉，杨奇明．成员主导型金融组织治理：理论框架与比较分析 [J]．农业经济问题，2014，35 (10)：70－80.

[238] 刘西川，徐建奎．再论“中国到底有没有真正的农民合作社”——对《合作社的本质规定与现实检视》一文的评论 [J]．中国农村经济，2017 (7)：72－84.

[239] 刘易勤，李晓锦．合作社成员深化合作的意愿及其影响因素分析——基于浙江省农民专业合作社的调查数据 [J]．湖南农业大学学报（社会科学版)，2015，16 (3)：30－35.

[240] 刘宇翔．农民合作组织成员投资意愿的影响因素分析 [J]．农业技术经济，2010 (2)：110－118.

[241] 刘宇翔．农民专业合作社发展中信任的影响因素分析——以陕西省为例 [J]．农业经济问题，2012 (9)：66－71＋113.

[242] 刘宇荧，王雪姣，傅新红．农民合作社提升农户自我发展能力的效果分析——基于四川秦巴山区的实证 [J]．四川农业大学学报，2018 (3)：413－420.

[243] 刘雨欣，李红，郭翔宇．异质性视角下农机合作社内部监督缺失问题的博弈分析——以黑龙江省为例 [J]．农业经济问题，2016，37 (12)：31－38.

[244] 刘园园．初创企业家长式领导对员工绩效的作用机制研究 [D]．南京理工大学硕士学位论文，2017.

[245] 刘志娟．内蒙古绿色农产品生产行为、农户收入效应及消费驱动研究［D］．内蒙古农业大学博士学位论文，2018.

[246] 刘自敏，杨丹．基于成员异质性的农民股份合作社收益分配研究——双边专用性投资的视角［J］．南京农业大学学报（社会科学版），2014，14（1）：59－67.

[247] 楼栋，孔祥智．农民合作社成员异质性研究回顾与展望［J］．华中农业大学学报（社会科学版），2014（3）：75－81.

[248] 楼佳俊，郑雨倩．资源禀赋、收入结构与就业特征对农地承包权退出意愿的影响［J］．贵州农业科学，2017（10）：161－164.

[249] 卢梭．社会契约论［M］．杨国政译．上海：上海译文出版社，2018.

[250] 陆迁，王昕．社会资本综述及分析框架［J］．商业研究，2012（2）：141－145.

[251] 陆学艺．当代中国社会阶层研究报告［M］．北京：社会科学文献出版社，2002.

[252] 陆学艺．当前农村形势和社会主义新农村建设［J］．江西社会科学，2006a（4）：7－21.

[253] 陆学艺．发展变化中的中国农业、农村与农民［J］．中国社会科学院研究生院学报，2006b（4）：42－48.

[254] 陆学艺．改革中的农村与农民对大寨、刘庄、华西等13个村庄的实证研究［M］．北京：中共中央党校出版社，1992.

[255] 陆学艺，张厚义．农民的分化、问题及其对策［J］．农业经济问题，1990（1）：16－21.

[256] 罗必良．经济组织的制度逻辑　一个理论框架及其对中国农民经济组织的应用研究［M］．太原：山西经济出版社，2000.

[257] 罗必良．现代农业发展理论逻辑线索与创新路径［M］．北京：中国农业出版社，2009.

[258] 罗明忠，罗琦，陈江华．农业分工、资源禀赋与农村劳动力农业产业内转移［J］．江苏大学学报（社会科学版），2018（2）：13－20.

[259] 罗明忠，陈江华．农民合作社的生成逻辑——基于风险规避与技术扩散视角［J］．西北农林科技大学学报（社会科学版），2016（6）：43－49.

[260] 罗明忠，陶志．农地资源禀赋对农民农内创业选择影响［J］．农业经济与管理，2016（2）：32－41.

［261］罗攀柱．林业专业合作社异化：类型、形成要因及其机制——以 H 省为例［J］．农业经济问题，2015，36（2）：40－46.

［262］罗玉峰，邓衡山，陈菲菲等．农民专业合作社的农户参与：自选择还是被参与［J］．农业现代化研究，2017（1）：103－110.

［263］吕美晔，王凯．菜农资源禀赋对其种植方式和种植规模选择行为的影响研究——基于江苏省菜农的实证分析［J］．农业技术经济，2008（2）：64－71.

［264］马超，薛电芳，毛重琳．组织公平感对离职意图的影响［J］．华南师范大学学报（社会科学版），2014（1）：74－82.

［265］马克思，恩格斯．马克思恩格斯选集［M］．北京：人民出版社，1972.

［266］马彦丽，施轶坤．农户加入农民专业合作社的意愿、行为及其转化——基于 13 个合作社 340 个农户的实证研究［J］．农业技术经济，2012（6）：101－108.

［267］毛敏，李启洋，冯春．成员异质性视角下合作社农户收益比较分析［J］．系统科学学报，2018，26（4）：73－78.

［268］梅德平．中国农村微观经济组织变迁研究 1949—1985：以湖北省为中心的个案分析［M］．北京：中国社会科学出版社，2004.

［269］孟祥东，薛兴利．农民专业合作社多元参与主体的利益驱动机制分析——基于山东邹平县的调研［J］．新疆农垦经济，2015（8）：27－32.

［270］倪细云．菜农参与蔬菜专业合作社的意愿及影响因素——基于 3 省 607 户的调查分析［J］．西北农林科技大学学报（社会科学版），2014，14（3）：45－52.

［271］农业部农村经济体制与经营管理司和农业部农村合作经济经营管理总站．2016 年中国农村经营管理统计年报［M］．北京：中国农业出版社，2017.

［272］农业部农村经济体制与经营管理司和农业部农村合作经济经营管理总站．2017 年中国农村经营管理统计年报［M］．北京：国农业出版社，2018.

［273］诺斯．制度、制度变迁与经济绩效［M］．北京：生活·读书·新知三联书店，1994.

［274］潘劲．对农民专业合作社成员边界问题的思考［J］．理论研究，2013（2）：69－73.

［275］潘婷，何广文，潘淑娟．基于利益共享机制构建的异质性合作社内部融资路径分析［J］．金融理论与实践，2015（2）：1－6.

［276］庞维国，程学超．9—16 岁儿童的合作倾向与合作意图的发展研究

[J]．心理发展与教育，2001（1）：31－35.

[277] 朋文欢，黄祖辉．农民专业合作社有助于提高农户收入吗？——基于内生转换模型和合作社服务功能的考察［J］．西北农林科技大学学报（社会科学版），2017（4）：57－66.

[278] 彭曦．社会保障、储蓄与经济增长理论与实证研究［D］．重庆大学博士学位论文，2017.

[279] 齐文娥，彭朵芬．农民专业合作社成员异质性对其履约行为的影响研究［J］．广东农业科学，2014（19）：208－212.

[280] 钱文荣，李宝值．初衷达成度、公平感知度对农民工留城意愿的影响及其代际差异——基于长江三角洲16城市的调研数据［J］．管理世界，2013（9）：89－101.

[281] 秦启文，黄希庭．社会技能构成因素及其意义［J］．心理学探析，2001（1）：54－57.

[282] 曲承乐，任大鹏．农民专业合作社利益分配困境及对策分析——惠顾返还与资本报酬有限原则本土化的思考［J］．农业经济问题，2019（3）：100－107.

[283] 饶盼，康小兰，刘滨．不同资源禀赋稻农对农业补贴政策需求优先序及其影响因素研究——基于江西省的数据［J］．广东农业科学，2015（20）：158－163.

[284] 任大鹏，郭海霞．多主体干预下的合作社发展态势［J］．农村经营管理，2009（3）：22－24.

[285] 任大鹏，李琳琳，张颖．有关农民专业合作社的凝聚力和离散力分析［J］．中国农村观察，2012（5）：13－20.

[286] 任大鹏，于欣慧．论合作社惠顾返还原则的价值——对“一次让利”替代二次返利的质疑［J］．农业经济问题，2013，34（2）：44－48.

[287] 任若恩，王惠文．多元统计数据分析［M］．北京：国防工业出版社，1997.

[288] 邵科，徐旭初．成员异质性对农民专业合作社治理结构的影响——基于浙江省88家合作社的分析［J］．西北农林科技大学学报（社会科学版），2008（2）：5－9.

[289] 邵科．民主视域下的成员参与及对农业合作社等组织的影响——一个研究进展综述［J］．农业部管理干部学院学报，2013（2）：26－31.

［290］邵科．农民专业合作社社员参与行为研究［D］．浙江大学博士学位论文，2012.

［291］邵科，徐旭初．成员异质性对农民专业合作社治理结构的影响——基于浙江省 88 家合作社的分析［J］．西北农林科技大学学报（社会科学版），2008（2）：5－9.

［292］邵科，徐旭初．合作社社员参与：概念、角色与行为特征［J］．经济学家，2013（1）：85－92.

［293］邵科，朱守银．农民专业合作社发展的不良类型、成因与应对思路［J］．农业经济与管理，2014（1）：35－41.

［294］石旭斋．合作社社员权益保障的价值取向［J］．财贸研究，2006（4）：135－141.

［295］史会斌，王龙伟，李垣．不同学派对联盟中公平的研究综述［J］．现代管理科学，2008（7）：39－41.

［296］史文婧．论我国农民收入分配现状——基于马克思的按劳分配理论［J］．经济研究导刊，2016（12）：24－25.

［297］舒尔茨．改造传统农业［M］．北京：商务印书馆，1987.

［298］宋言东，蒋秀莲，张雪峰．农民专业合作社利益机制的建构——基于江苏省 85 个农民专业合作社的问卷调查［J］．农村经济，2012（10）：121－124.

［299］苏楠，杨学军，王辉等．农民专业合作社农户合作意愿分析——基于杨凌现代农业示范园的实证研究［J］．中国农业资源与区划，2012，33（1）：62－66.

［300］苏群，陈杰．农民专业合作社对稻农增收效果分析——以江苏省海安县水稻合作社为例［J］．农业技术经济，2014（8）：93－99.

［301］孙健，李鹤尊．程序公平理论发展述评及其在管理会计中的应用［J］．财务研究，2016（1）：86－95.

［302］L. 基什 Leslie. 抽样调查［M］．孙山泽译．北京：中国统计出版社，1997.

［303］孙亚范，余海鹏．农民专业合作社成员合作意愿及影响因素分析［J］．中国农村经济，2012（6）：48－58.

［304］孙亚范．农民专业合作经济组织利益机制分析［M］．北京：社会科学文献出版社，2009.

［305］孙亚范．农民专业合作社治理中的社员参与意愿影响因素研究——基

于江苏省的调查数据［J］．经济问题，2014（3）：93－98.

［306］孙亚范．现阶段中国农民合作需求与意愿的实证研究和启示——对江苏农户的实证调查与分析［J］．江苏社会科学，2003（1）：204－208.

［307］孙亚范，余海鹏．农民专业合作社成员合作意愿及影响因素分析［J］．中国农村经济，2012（6）：48－58.

［308］孙亚范，余海鹏．农民专业合作社制度安排对成员行为及组织绩效影响研究［J］．南京农业大学学报（社会科学版），2012（4）：61－69.

［309］孙亚范，余海鹏．社员认知、利益需求与农民合作的制度安排分析——基于江苏的调研数据［J］．南京农业大学学报（社会科学版），2009，9（2）：1－8.

［310］孙艳华，晏书诚．内部信任对社员合作意愿与参与行为的影响［J］．湖南农业大学学报（社会科学版），2018，19（3）：46－52.

［311］覃杰，袁久和，朱腾．从成员异质性到组织同一性：中国农民专业合作社演进机制研究［J］．中国市场，2016（3）：13－15.

［312］谭银清，王钊．资本集中必然导致合作社民主管理异化吗？——基于重庆市163家种植合作社的调查与分析［J］．农村经济，2018（3）：118－123.

［313］谭智心，孔祥智．不完全契约、内部监督与合作社中小社员激励——合作社内部“搭便车”行为分析及其政策含义［J］．中国农村经济，2012（7）：17－28.

［314］唐宗焜．合作社功能和社会主义市场经济［J］．经济研究，2007（12）：11－23.

［315］仝志辉，温铁军．资本和部门下乡与小农户经济的组织化道路——兼对专业合作社道路提出质疑［J］．开放时代，2009（4）：5－26.

［316］V. 帕累托．普通社会学纲要［M］．北京：社会科学文献出版社，2016.

［317］王建．村庄非农化、社会资本与农民家庭收入［J］．华南农业大学学报（社会科学版），2019，18（2）：71－83.

［318］万江红，耿玉芳．合作社的人际信任和系统信任研究［J］．农业经济问题，2015，36（7）：80－87.

［319］万能，原新．1978年以来中国农民的阶层分化：回顾与反思［J］．中国农村观察，2009（4）：65－73.

［320］汪菲．基于资源基础理论的国家竞争力评价研究［D］．天津大学博

士学位论文，2007.

［321］王博．合作社社员资格的法律制度探析［J］．北京化工大学学报（社会科学版），2013（2）：31－35.

［322］王昌海．效率、公平、信任与满意度：乡村旅游合作社发展的路径选择［J］．中国农村经济，2015（4）：59－71.

［323］王国敏，翟坤周．我国农民专业合作社发展的政治经济学分析［J］．经济问题探索，2012（2）：65－72.

［324］王洪丽．吉林省小农户农产品质量安全控制行为研究［D］．吉林大学博士学位论文，2018.

［325］王丽佳，霍学喜．成员异质性对合作社绩效评估影响及比较分析［J］．农林经济管理学报，2016（3）：254－261.

［326］王云，张光强，霍学喜．合作社提高了种植户的增收能力吗？——来自陕西省600户苹果种植户的经验证据［J］．西北农林科技大学学报（社会科学版），2017（3）：95－103.

［327］王芸，吴秀敏，赵智晶．农户持续参与建立农产品可追溯体系的意愿及其影响因素——基于四川137个农户的调查分析［J］．农村经济，2012（9）：36－39.

［328］王真．合作社治理机制对社员增收效果的影响分析［J］．中国农村经济，2016（6）：39－50.

［329］王正沛．基于期望确认理论的奖励众筹用户持续参与意愿研究［J］．软科学，2018，32（10）：135－139.

［330］韦惠兰，赵龙．畜牧业合作社成员参与度及影响因素分析［J］．甘肃社会科学，2018（1）：153－157.

［331］温涛，王小华，杨丹等．新形势下农户参与合作经济组织的行为特征、利益机制及决策效果［J］．管理世界，2015（7）：82－97.

［332］温铁军．农民专业合作社发展的困境与出路［J］．湖南农业大学学报（社会科学版），2013，14（4）：4－6.

［333］温忠麟，刘红云，侯杰泰．调节效应和中介效应分析［M］．北京：教育科学出版社，2012.

［334］文雷．农民专业合作社治理机制会影响其绩效吗？——基于山东、河南、陕西三省153份问卷的实证研究［J］．经济社会体制比较，2016（6）：134－144.

［335］翁贞林，徐俊丽．资源禀赋、农户认知与农地转入行为——基于江西省619份样本农户数据［J］．山西农业大学学报（社会科学版），2018（11）：8－16.

［336］沃尔夫冈，利奥波德．应用多元统计分析（第二版）［M］．陈诗一译．北京：北京大学出版社，2014.

［337］西蒙．管理行为［M］．北京：北京经济学院出版社，1988.

［338］郗玉松．合作社的起源与合作主义思想在中国的传播［J］．中国集体经济，2011（22）：64－65.

［339］肖慧婷，谢芳婷，杜娟等．农户资源禀赋差异性对林地流转行为影响实证研究——基于江西集体林区10县503农户的调查［J］．林业经济，2018（11）：44－51.

［340］肖全良，王厚俊，刘一芹．农民合作社成员合作意愿影响因素实证分析——基于广东农民合作社成员的调查［J］．南方农村，2015，31（1）：47－52.

［341］肖云，陈涛，朱治菊．农民专业合作社成员“搭便车”现象探究——基于公共治理的视角［J］．中国农村观察，2012（5）：47－53.

［342］谢建斌．绩效薪酬、薪酬公平和员工薪酬满意度关系研究［J］．工业工程与管理，2014，19（2）：35－39.

［343］徐龙志，包忠明．农民合作经济组织的优化：内部治理及行为激励机制研究［J］．农村经济，2012（1）：112－116.

［344］徐同道，吴冲．农户资源禀赋对优质小麦新品种选择影响之实证分析——以江苏丰县为例［J］．中国农学通报，2008（1）：224－228.

［345］徐旭初，邵科．合作社成员异质性：内涵特征、演化路径与应对方略［J］．农林经济管理学报，2014，13（6）：571－576.

［346］徐旭初．理想与现实中的合作社收益分配［J］．中国农民合作社，2018（6）：39.

［347］徐旭初．农民专业合作经济组织的制度分析［D］．浙江大学博士学位论文，2005.

［348］徐旭初．农民专业合作社发展辨析：一个基于国内文献的讨论［J］．中国农村观察，2012（5）：2－12.

［349］徐旭初．贫困中的合作贫困地区农村合作组织发展研究［M］．杭州：浙江大学出版社，2016.

［350］徐旭初，邵科．合作社成员异质性：内涵特征、演化路径与应对方略

[J]．农林经济管理学报，2014（6）：571－576.

［351］徐旭初，吴彬．异化抑或创新？——对中国农民合作社特殊性的理论思考［J］．中国农村经济，2017（12）：2－17.

［352］徐旭初，吴彬．治理机制对农民专业合作社绩效的影响——基于浙江省526家农民专业合作社的实证分析［J］．中国农村经济，2010（5）：43－55.

［353］徐志刚，张森，邓衡山等．社会信任：组织产生、存续和发展的必要条件？——来自中国农民专业合作经济组织发展的经验［J］．中国软科学，2011（1）：47－58.

［354］许荣，肖海峰．养殖户资源禀赋条件对养殖效益影响的实证研究——基于绒毛用羊农户调查数据［J］．农业经济与管理，2017（6）：88－96.

［355］颜华，冯婷．农民专业合作社普通成员的利益实现及其保障机制研究——基于黑龙江省25家种植业合作社的调查［J］．农业经济问题，2015，36（2）：34－40.

［356］闫联飞．马克思收入分配理论视阈下的我国居民收入差距分析与思考［J］．决策咨询，2013（1）：38－42.

［357］杨春华．资源基础理论及其未来研究领域［J］．商业研究，2010（7）：26－29.

［358］杨丹，刘自敏．农户专用性投资、农社关系与合作社增收效应［J］.中国农村经济，2017（5）：45－57.

［359］杨国强，殷秋霞，郭锦墉等．农业补贴政策对不同资源禀赋稻农土地流转意愿影响机理研究——基于江西样本数据［J］．中国农学通报，2014（20）：100－105.

［360］杨军．不同模式农民合作社绩效的差异分析——基于广东、安徽148家农民合作社的调查［J］．西北农林科技大学学报（社会科学版），2014（3）：40－44.

［361］杨龙，仝志辉，李萌．农村精英对合作社非线性发展的影响机制研究——基于北京郊区四个农民专业合作社的案例分析［J］．探索，2013（6）：159－163.

［362］杨雪梅，王征兵，刘婧．信任、风险感知与合作社社员参与行为［J］.农村经济，2018（4）：117－123.

［363］姚文．家庭资源禀赋、创业能力与环境友好型技术采用意愿——基于家庭农场视角［J］．经济经纬，2016（1）：36－41.

［364］易家林，郭杰，欧名豪等．城市扩张与耕地利用强度：工业发展与农户资源禀赋的调节效应［J］．中国人口·资源与环境，2018（11）：56-64.

［365］应瑞瑶，唐春燕，邓衡山等．成员异质性、合作博弈与利益分配——一个对农民专业合作社盈余分配机制安排的经济解释［J］．财贸研究，2016，27（3）：72-79.

［366］应瑞瑶，朱哲毅，徐志刚．中国农民专业合作社为什么选择"不规范"［J］．农业经济问题，2017（11）：4-13.

［367］于海琳．基于双重治理结构的农业合作社发展研究［J］．理论探讨，2015（4）：79-82.

［368］于会娟，韩立民．要素禀赋差异、成员异质性与农民专业合作社治理［J］．山东大学学报（哲学社会科学版），2013（2）：150-154.

［369］于欣慧，任大鹏．农民专业合作社的"圈层结构"——从单点合作到多点合作［J］．农村经济，2017（5）：1-5.

［370］袁国玲．提升农民专业合作社组织绩效的思考［J］．南方农村，2016（2）：48-51.

［371］袁久和，祁春节．异质性农民专业合作社成员合作关系及其稳定性研究［J］．财贸研究，2013（3）：54-60.

［372］苑鹏．"公司+合作社+农户"下的四种农业产业化经营模式探析——从农户福利改善的视角［J］．中国农村经济，2013（4）：71-78.

［373］苑鹏，丁忠兵．小农户与现代农业发展的衔接模式：重庆梁平例证［J］．改革，2018（6）：106-114.

［374］余丽燕，Jerker Nilsson. 农民合作社资本约束：基于社会资本理论视角［J］．中国农村观察，2017（5）：87-101.

［375］翟振才，罗政华．农民专业合作社可持续发展主要约束因素分析——以湖南省为例［J］．经济研究导刊，2013（3）：39-41.

［376］张超．合作社公共服务效率及其影响因素分析——基于浙江省的调查［J］．财贸研究，2016（3）：63-71.

［377］张聪颖，霍学喜．社会资本多维视角与农户销售渠道选择——基于微观调研数据的实证［J］．华中农业大学学报（社会科学版），2017（1）：23-31.

［378］张德峰．合作社集体社员权论［J］．政法论坛，2014，32（5）：3-12.

［379］张高亮，张璐璐，邱咸等．基于计划行为理论的渔民参与专业合作组

织行为的产生机理［J］. 农业经济问题，2015（8）：97－104.

［380］张红宇. 中国现代农业经营体系的制度特征与发展取向［J］. 中国农村经济，2018（1）：23－33.

［381］张慧. 农民专业合作社联合社成员合作意愿及影响因素研究［D］. 华中农业大学硕士学位论文，2018.

［382］张佳良，刘军. 个人要组织匹配：文献评述与研究展望［J］. 现代管理科学，2018，298（1）：5－7.

［383］张靖会. 同质性与异质性对农民专业合作社的影响——基于俱乐部理论的研究［J］. 齐鲁学刊，2012（1）：86－90.

［384］张连刚，柳娥. 组织认同、内部社会资本与合作社成员满意度——基于云南省263个合作社成员的实证分析［J］. 中国农村观察，2015（5）：39－50.

［385］张娜. 对农民专业合作社盈余分配现状的思考——基于湖北省荆州市105家合作社的调查［J］. 经济研究导刊，2015（3）：28－29+45.

［386］张启文，周洪鹏，吕拴军等. 农户参与合作社意愿的影响因素分析——以黑龙江省阿城市料甸乡为例［J］. 农业技术经济，2013（3）：98－104.

［387］张晓山. 促进中国农民合作社健康发展的几点思考［J］. 中国农民合作社，2014（4）：44－46.

［388］张寅. 基于权益分配思路的划拨土地使用权权益价格评估方法研究［D］. 浙江大学硕士学位论文，2012.

［389］张永强，张晓飞，高延雷等. 合作社中"大农吃小农"的博弈研究［J］. 运筹与管理，2017，26（8）：54－58.

［390］赵彩云，王征兵，邹润玲. 农民专业合作社利益机制及其绩效实证分析——以陕西省为例［J］. 农村经济，2013（10）：121－125.

［391］赵凯. 论农民专业合作社社员的异质性及其定量测定方法［J］. 华南农业大学学报（社会科学版），2012，11（4）：57－66.

［392］赵泉民，井世洁. 合作社组织与乡村公民共同体构建［J］. 学术论坛，2016，39（4）：67－72.

［393］赵想，张明. 农民参与专业合作社意愿影响因素综述［J］. 青藏高原论坛，2018，6（3）：107－110.

［394］赵晓峰，王艺璇. 阶层分化、派系竞争与村域合作社发展——基于河

南省先锋村新型农民合作社发展实践的调查［J］．中国农村观察，2013（3）：72－79.

［395］赵晓峰，邢成举．农民合作社与精准扶贫协同发展机制构建：理论逻辑与实践路径［J］．农业经济问题，2016（4）：23－29.

［396］赵智．权益保障、公平感知与市民化倾向［D］．四川农业大学博士学位论文，2016.

［397］赵智，郑循刚．农业转移人口的构成类型、地域特征与市民化意愿［J］．华南农业大学学报（社会科学版），2015（4）：72－80.

［398］赵智，郑循刚．期望激励、公平感知与留城倾向——基于四川省农业转移人口的调查分析［J］．农村经济，2015（11）：100－107.

［399］郑丹，王伟．中国农民专业合作社发展现状、问题及政策建议［J］．中国科技论坛，2011（2）：138－142.

［400］郑鹏，李崇光．“农超对接”中合作社的盈余分配及规制——基于中西部五省市参与“农超对接”合作社的调查数据［J］．农业经济问题，2012，33（9）：77－85.

［401］中共中央马克思恩格斯列宁斯大林著作编译局．马克思恩格斯全集第46卷上［M］．北京：人民出版社，1965.

［402］钟颖琦，黄祖辉，吴林海．农户加入合作社意愿与行为的差异分析［J］．西北农林科技大学学报（社会科学版），2016（6）：66－74.

［403］钟真，王舒婷，孔祥智．成员异质性合作社的制度安排与合作稳定性：以三家奶农合作社为例［J］．华中农业大学学报（社会科学版），2017（6）：1－8.

［404］钟智利，周娟，肖艳春．辽宁省农户参与农民合作经济组织行为的影响因素分析［J］．农业经济，2008（1）：65－93.

［405］周浩，龙立荣．家长式领导与组织公正感的关系［J］．心理学报，2007（5）：909－917.

［406］周娟．农民分化结构下农民合作组织的建设？——韩国的经验与启示［J］．农业经济问题，2017（5）：102－109.

［407］周蓉，李明贤．农民专业合作社社员异质性的定量测定——基于沅陵县王家岭合作社的数据［J］．农林经济管理学报，2019，18（5）：618－626.

［408］周霞，周玉玺．能人带动、组织承诺与农民专业合作社社员满意度研究——基于差序格局调节效应的跨层次分析［J］．经济与管理评论，2018（5）：

84－96.

［409］周艳华，彭玉旺．农民专业合作社成员的异质性：问题与对策［J］．人民论坛，2013（11）：94－95.

［410］周应恒，胡凌啸．中国农民专业合作社还能否实现“弱者的联合”？——基于中日实践的对比分析［J］．中国农村经济，2016（6）：30－38.

［411］周月书，赵敏．西部地区农户对合作经济组织的需求及影响因素分析——对陕西眉县猕猴桃果农的调查［J］．江苏农业科学，2007（6）：61－64.

［412］周振，孔祥智．盈余分配方式对农民合作社经营绩效的影响——以黑龙江省克山县仁发农机合作社为例［J］．中国农村观察，2015（5）：19－30.

［413］朱月季，周德翼，游良志．非洲农户资源禀赋、内在感知对技术采纳的影响——基于埃塞俄比亚奥罗米亚州的农户调查［J］．资源科学，2015（8）：1629－1638.

［414］朱哲毅，邓衡山，廖小静．资本投入、利益分配与合作社生产性集体投资［J］．农业经济问题，2019（3）：120－128.

［415］朱智贤．心理学大辞典［M］．北京：北京师范大学出版社，1988.

［416］祝浩轩．农民合作社成员异质性演化进程及对策分析［J］．当代经济，2017（36）：154－155.

［417］庄天慧，张海霞，傅新红．少数民族地区村级发展环境对贫困人口返贫的影响分析——基于四川、贵州、重庆少数民族地区67个村的调查［J］．农业技术经济，2011（2）：41－49.

附　录

近5年合作社国家层面相关政策

序号	时间	出台部门	政策文件
1	2015－2019	中共中央、国务院	《中央一号文件》
2	2019－2－31	中共中央办公厅、国务院办公厅	《关于促进小农户和现代农业发展有机衔接的意见》
3	2019－2－14	农业农村部、国家发展改革委等7部门	《国家质量兴农战略规（2018—2022年）》
4	2018－12－25	农业农村部、国家发展改革委等15部门	《关于促进农产品精深加工高质量发展若干政策措施的通知》
5	2018－12－21	国务院	《关于加快推进农业机械化和农机装备产业转型升级的指导意见》
6	2018－7－10	国家发展改革委、教育部等17部门	《关于大力发展实体经济积极稳定和促进就业的指导意见》
7	2017－10－13	农业部、国家发展改革委等6部门	《关于促进农业产业化联合体发展的指导意见》
8	2017－5－31	中共中央办公厅、国务院办公厅	《关于加快构建政策体系培育新型农业经营主体的意见》
9	2017－2－17	国家发展改革委等7部门	《关于扎实推进高标准农田建设的意见》

续表

序号	时间	出台部门	政策文件
10	2016－12－06	国务院办公厅	《关于推进农村一二三产业融合发展的指导意见》
11	2016－11－24	国务院办公厅	《关于完善支持政策促进农民增收的若干意见》
12	2016－11－18	国务院办公厅	《关于支持返乡下乡人员创业创新促进农村一二三产业融合发展的意见》
13	2016－11－14	农业部	《全国农产品加工业与农村一二三产业融合发展规划（2016—2020年）》
14	2016－7－8	农业部、国家发展和改革委员会等14部门	《关于大力发展休闲农业的指导意见》
15	2016－6－29	农业部	《农村土地经营权流转交易市场运行规范》
16	2016－4－25	财政部、农业部	《关于全面推开农业"三项补贴"改革工作的通知》
17	2016－4－22	农业部、国家发展和改革委员会等8部门	《"互联网＋"现代农业三年行动实施方案》
18	2016－4－15	国家发展改革委、工业和信息化部等7部门	《农村产业融合发展试点示范实施方案》
19	2015－12－30	国务院办公厅	《关于推进农村一二三产业融合发展的指导意见》
20	2015－11－9	国务院办公厅	《关于促进农村电子商务加快发展的指导意见》
21	2015－6－2	财政部	《农业综合开发推进农业适度规模经营的指导意见》
22	2015－3－23	中共中央、国务院	《关于深化供销合作社综合改革的决定》
23	2015－2－1	中共中央、国务院	《关于加大改革创新力度加快农业现代化建设的若干意见》

后 记

本书是由刘宇荧博士的博士学位论文修改而成的。它的顺利完成和付梓印刷得到了众多人士的悉心指导、无私帮助和倾力支持，如中国人民大学的孔祥智教授、西北农林科技大学的霍学喜教授、浙江大学的黄祖辉教授和徐旭初教授、内蒙古农业大学的田艳丽教授、新西兰林肯大学的 Alan Renwick 教授和马旺林博士以及四川省西昌市、彭州市、什邡市、巴州区、安居区、大邑县、安岳县、资中县、荣县、合江县、岳池县、开江县、剑阁县农业农村局等部门领导和工作人员，在此一并致谢。借此机会，还要感谢四川农业大学“现代农业产业组织及制度创新研究团队”广大师生在入户调研、资料收集等过程中付出的汗水和艰辛。

在本书的撰写过程中，尽最大努力将所参考的文献资料陈列在文末，以表达对原作者所做工作的敬意和感谢，但难免有疏漏，如有不当之处，敬请谅解。尽管笔者试图将本书打造成精品，但因学术水平有限，疏漏和欠缺在所难免，敬请读者批评指正。本书得到国家自然科学基金面上项目和四川省科技厅软科学项目的资助，在此表示感谢。

从学位论文到成书出版，笔者对各章节进行了修订、润色，其分工如下：刘宇荧负责第 1 章、第 2 章、第 3 章，张社梅负责第 4 章，王燕负责第 5 章，汪为负责第 6 章，李后建负责第 7 章，傅新红负责第 8 章。

在此，谨将此书献给所有为中国农民合作社事业辛勤工作、默默付出的人们！

笔者

2020 年 12 月 2 日